Anders Hallgren

Hundeprobleme – Problemhunde?

Hundeprobleme – Problemhunde?

Ratgeber für die bessere Erziehung

Von Anders Hallgren

Verlagshaus Reutlingen · Oertel + Spörer

Übersetzung der 5. überarbeiteten Auflage 1994 von Christiane Müller,
77855 Achern.

Die Deutsche Bibliothek – CIP-Einheitsaufnahme

Hallgren, Anders:
Hundeprobleme – Problemhunde? : Ratgeber für die bessere Erziehung /
von Anders Hallgren.
[Übers. der 5. überarb. Aufl. 1994 von Christiane Müller]. –
2. Aufl. – Reutlingen :
Verl.-Haus Reutlingen Oertel und Spörer, 1997
Einheitssacht.: Problemhund och hundproblem <dt.>
ISBN 3-88627-200-1

© Copyright: 1971 ICA-förlaget AB,
Västerås, Sverige.
Titel der Originalausgabe: Problemhund
och hundproblem

© Verlagshaus Reutlingen · Oertel + Spörer · 1997
Postfach 16 42, D-72706 Reutlingen
Alle Rechte vorbehalten
Schrift: StoneSerif
Übersetzung: Christiane Müller, Achern
Lektorat: Dr. Gabriele Colditz, Reutlingen
Satz: typoscript GmbH, Kirchentellinsfurt
Druck: Oertel + Spörer, Reutlingen
Einband: Heinrich Koch, Tübingen
Printed in Germany
ISBN 3-88627-200-1

Vorwort

Sie sprechen mit einem Freund über die Probleme mit Ihrem Hund und bekommen ein paar gut gemeinte Ratschläge. Ihr Nachbar teilt Ihnen seine Meinung darüber mit, was Sie tun sollten. Ein Passant, der zufällig Ihre Unterhaltung mitbekommen hat, versucht wohlwollend, aufgrund seiner eigenen Erfahrungen, Ratschläge zu erteilen. Verschiedene Hundeexperten, die Sie vielleicht konsultieren, äußern ebenso verschiedene Meinungen und geben unterschiedliche Anweisungen.

Aber weshalb gibt es überhaupt so viele Ansichten? Die meisten Ratschläge sind gut aber sie stehen oftmals im gegenseitigen Widerspruch und stimmen deshalb selten mit dem eigenen gesunden Menschenverstand überein.

Diese widersprüchlichen Ansichten kommen daher, dass die vielen verschiedenen Theorien eher auf Hypothesen als auf Wissen gründen. Gewöhnlich geht man davon aus, dass man ein bisschen über Hunde Bescheid weiß. Auf diese „Kenntnisse" gestützt, legt man sich seine eigene Antwort dafür zurecht, womit dieses oder jenes Verhalten des Hundes wohl zusammenhängen mag. Eine einmal gefasste Meinung verteidigt man tapfer, weil deren Änderung mit einem Prestigeverlust verbunden wäre.

Die meisten Menschen urteilen über Hunde aufgrund ihrer Erfahrungen mit einem, höchstens zwei oder drei Hunden. Hier liegt eine der größten Fehlerquellen. Hunde sind so unterschiedlich, dass einzelne Beobachtungen nicht ausreichen, um sich einen Einblick in Probleme von und mit Hunden zu verschaffen und darüber zu urteilen.

Der erste Hund, den ich besaß, war ein Problemhund. Er hatte Angst vor Menschen, Autos, Fahrrädern, Hunden und vielem anderen. Die Angst in ihm war von Anfang an tief verwurzelt. Aber im Glauben daran, dass ich ihm über seine Angst hinweghelfen könnte, machte ich mit meinem 15 Jahre alten Unverstand alles, was ich bei einem ängstlichen Hund nicht hätte tun dürfen. Als er nach einer ernsthaften Krankheit im Alter von vier Jahren starb, hatte ich starke Schuldgefühle. Auf Grund dieses Erlebnisses begann ich, mich mit ängstlichen Hunden zu beschäftigen. Man konnte sie nämlich heilen, wenn man sich ihnen gegenüber richtig benahm. Bei dieser Arbeit stieß ich auf weitere Probleme: Aggressivität, andauerndes Bellen, übertriebener Jagdeifer, streunende Hunde usw. Es war jedoch möglich, auch bei diesen Hunden eine Verhaltensänderung zu erreichen.

Ich musste jedoch auch Grenzen bei meiner Arbeit mit Hunden erkennen. Es war schwierig, den ursächlichen Mechanismus hinter den Verhaltensproblemen zu erkennen; ich vermisste einen theoretischen Hintergrund. Deshalb begann ich an der Universität in Stockholm, Psychologie zu studieren, und verstand dadurch besser, wodurch viele Verhaltensweisen verursacht wurden.

Das Verständnis der zugrunde liegenden Faktoren für eine bestimmte Verhaltensweise des Hundes muss beim Training berücksichtigt werden, um das gewünschte Ziel zu erreichen. Gleichzeitig muss man auf die Individualität eines jeden Hundes Rücksicht nehmen, man kann nicht mit zwei Hunden in gleicher Weise arbeiten. Ich habe im Kapitel über das Training am Schluss dieses Buches versucht, Methoden und Vorgehensweisen zu zeigen, mit denen die Dressurarbeit für die Hundebesitzer vereinfacht werden kann. Manchen Ausbildern werden diese Methoden vielleicht ein bisschen kompliziert erscheinen. Aber wenn man versucht, sich deren Hintergrund und die Entstehung bewusst zu machen, wird man das jeweilige Prinzip einer bestimmten Methode auch verstehen.

Anders Hallgren

Vorwort zur 5. Originalauflage

Auch „ewige Wahrheiten" sind inzwischen überholt. Tatsachen, die vor 20 Jahren zutrafen, sind heute falsch. Was damals „in" war, ist heute „out". Alles wird von der Weiterentwicklung und dem Fortschritt beeinflusst. Das Fachgebiet, das die Grundlagen der Hundepsychologie bildet, verändert und erneuert sich ständig. Neue Erkenntnisse verändern alte Theorien. Es ist nicht so wichtig, was wir lernen, sondern dass wir für neue Kenntnisse offen bleiben und die neuen Erkenntnisse bei unseren Überlegungen berücksichtigen. Nun 23 Jahre nach der ersten Ausgabe von „Problemhunde und Hundeprobleme" haben sich die Ethologie und die Psychologie weiterentwickelt ebenso wie die Trainingsmethoden. Zum Beispiel begann die wichtige Aktivierung eine große Rolle zu spielen. Neue Trainingsmethoden haben alte ersetzt und die Abschnitte über die Ursachen von Problemverhalten sind nun umfassender als in den alten Auflagen.

Anders Hallgren

Inhalt

Kapitel 1:
Hunde sind fantastisch!

Laut zweier Untersuchungen in Schweden haben etwa die Hälfte aller Hundebesitzer Probleme mit ihren Hunden. Ein ähnliches Resultat ergab auch eine Umfrage in den Vereinigten Staaten. Rund 20% der Hunde, die z. B. in Stockholm getötet werden, erleiden dieses Schicksal, weil sie Problemhunde sind. Das gleiche trifft wahrscheinlich auch anderswo zu. Aggressivität ist der häufigste Grund dafür, dass ein Hund getötet wird.

Ein bissiger Hund ist ja ein gewisses Risiko für die Menschen und Tiere in seiner Umgebung. Das bedeutet jedoch nicht, dass Aggression das am häufigste auftauchende Problem beim Zusammenleben mit Hunden ist. Weniger ernste Probleme führen zwar seltener dazu, dass ein Hund getötet wird, aber sie können trotzdem ein gutes Zusammenleben mit einem bestimmten Hund verhindern.

So kann darüber diskutiert werden, ob es moralisch vertretbar ist, einen Hund zu töten, weil er zu einer Belastung geworden ist. Natürlich wollen wir in diesem Buch von der Empfehlung Abstand nehmen, einen Hund zu töten, ohne zu versuchen, die Ursachen zu analysieren und mit dem Hund zu trainieren. Nach meiner Meinung wird durch das Einschläfern ein unheilbarer Hund von seinem Leiden erlöst, es entlässt jedoch nicht den Besitzer aus seiner Verantwortung, die er gerade gegenüber einem problematischen Hund hat. Es ist falsch, einen Hund zu töten, bevor nicht alles versucht wurde, das bestehende Problem zu lösen.

Kann man einen Problemhund beeinflussen?

Bei keinem Hund ist es ganz unmöglich, ihn zu beeinflussen. Jedes höher stehende Tier besitzt eine gewisse Anpassungsfähigkeit und kann in der einen oder anderen Richtung beeinflusst

Rosemarie -79

Im Allgemeinen stellen wir Menschen an unsere Hunde hohe und anspruchsvolle, aber leider nicht immer konsequente Anforderungen. Das Bemerkenswerte ist dabei jedoch, dass diese Anforderungen von den meisten Hunden trotzdem erfüllt werden.

werden. Gäbe es diese Anpassungsfähigkeit nicht, könnten Tiere in der Natur mit all ihren Veränderungen und wechselnden Lebensbedingungen nie überleben. Eine der entscheidendsten Fähigkeiten höherer Lebewesen ist ja gerade die Fähigkeit, sich unabhängig vom Erbe an die Umwelt anzupassen. Doch finden sich auch Grenzen bei den Möglichkeiten, einen Hund zu beeinflussen und zu ändern. Aber diese Grenzen liegen eher beim Menschen als beim Hund. Es mangelt uns an Wissen, Mitteln und Methoden, wie man ein bestimmtes Problem lösen kann. Wir werden in unserem Können immer begrenzt sein und dies führt leider dazu, dass nicht alle Problemhunde „gerettet" werden können. Unsere Möglichkeiten werden von vielen Faktoren beeinflusst: Zeit, Wissen, Geschicklichkeit, Interesse, korrekten Ratschlägen, moralischen Überlegungen und den richtigen Hilfsmitteln.

Dieses Buch soll Ihnen größeres Wissen vermitteln und bessere Hilfsmittel an die Hand geben. Zeit und Geschicklichkeit kann man sich jedoch leider nicht anlesen, selbst wenn man sich dies oft wünschen würde. Ihr Interesse ist jedoch offenbar geweckt – sonst stünde dieses Buch noch im Regal des Buchhändlers.

Wo kommen Problemhunde vor?

In aller Regel findet man Problemhunde bei jemandem, der erstmals einen Hund besitzt. Es hat sich leider gezeigt, dass es meist der erste Hund ist, bei dem viel falsch gemacht wird. Aus diesen Fehlern wird dann für die Zukunft gelernt. In erster Linie fehlt dem neuen Hundebesitzer ein grundlegendes Wissen über das Verhalten von Hunden, das Wissen um die Entwicklung des jungen Hundes und die Probleme, die hier und später auftreten können, und das Wissen darüber, wie man Abhilfe schaffen kann. Dieses und die Neigung der „neuen" Hundebesitzer, alle möglichen Ratschläge auszuprobieren, führen häufig zu Problemen. Schwierigkeiten können jedoch meist überwunden werden. Sind Sie selbst erstmals Besitzer eines Hundes, so verzweifeln Sie nicht! Sorgen Sie gut für ihn und vertiefen Sie Ihre Kenntnisse über Hunde.

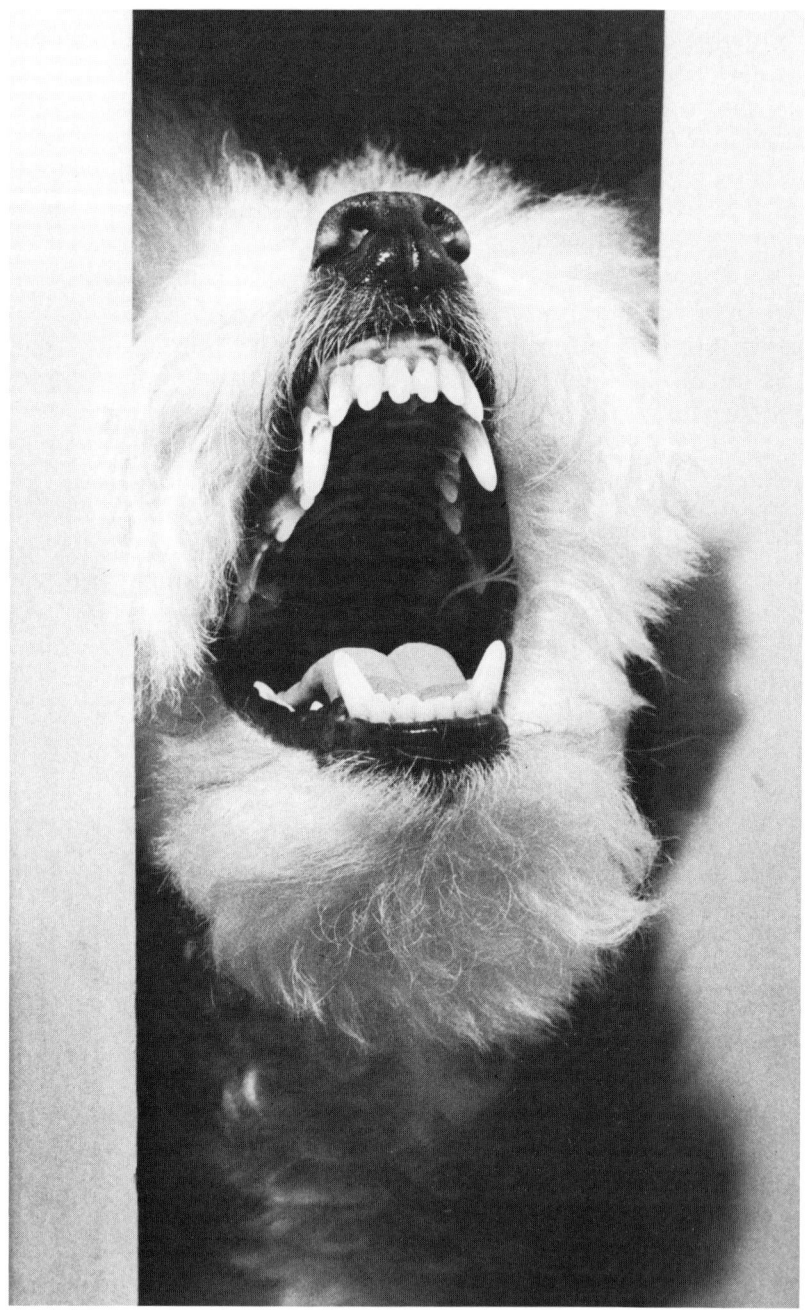

Welche Anforderungen stellen wir an unsere Hunde?

Eigentlich ist es nicht schwer zu verstehen, dass viele Hunde problematisch sind, wenn man bedenkt, was wir von ihnen alles fordern:

Der Hund soll sich im Haus still und unauffällig verhalten – sich aber lauthals bemerkbar machen, wenn ein ungebetener Gast kommt. Er soll gegen Menschen freundlich und gut sein – aber verdächtige Personen anknurren. Er soll zu Kindern immer freundlich sein – aber die Kinder brauchen nicht immer ihm gegenüber freundlich zu sein. Er soll den Postboten und den Schornsteinfeger hereinlassen – aber nicht den Einbrecher. Er soll ruhig sein und nichts zerstören – aber er soll bei Gelegenheit auch lebhaft und spielfreudig sein. Er soll Temperament haben – aber er soll auch im Schneckentempo „bei Fuß" an der Seite seines Besitzers gehen können. Er soll alles verstehen, was man zu ihm sagt, ohne dass man ihm zuerst die Bedeutung der verwendeten Worte beigebracht hat. Er soll augenblicklich gehorchen – aber auch selbstständig handeln können und Charakter haben.

Man darf wirklich sagen, dass Hunde prachtvolle Tiere sind, weil sie meistens diese Anforderungen im Grunde erfüllen.

Welche Anforderungen müssen wir an uns selbst stellen?

Wenn man einen Problemhund verstehen und mit ihm arbeiten möchte, muss man zuerst wissen, wie ein „normaler" Hund reagiert und sich verhält. Häufig besteht nämlich ein Konflikt zwischen den natürlichen, angeborenen Instinkten des Hundes und den Forderungen, die die Gesellschaft und wir selbst an den Hund stellen. Dieser Konflikt kann Probleme verursachen. Nehmen wir z. B. einen Hund mit einem starken instinktiven Willen und dem Bedürfnis, sein Territorium zu beschützen und zu verteidigen. Das kann Probleme in Form von Aggressivität gegenüber Menschen verursachen.

Die folgenden Kapitel haben das Ziel, das „normale" Verhalten von Hunden zu erklären. Physiologie, Ethologie, Lernmuster, Ver-

erbung und Mentalität sind die Themen, die uns beschäftigen werden.

Der zweite Teil soll Ihnen dabei helfen zu verstehen, welche Probleme es gibt und wie eine Diagnose zu erstellen ist. Man muss wissen, welche Ursachen hinter einem Problem liegen, wie Probleme entstehen können und ob man vielleicht selbst dafür verantwortlich ist. Der letzte Teil diese Buches behandelt das Training. Ein Trainingsprogramm kann je nach dem zugrunde liegenden Problem und dem Individuum ganz unterschiedlich aussehen. Das Wichtigste dabei ist, dass der Hund mit Rücksicht und Respekt behandelt wird. Es gibt viele Personen, die harte Methoden bevorzugen, weil sie die Ansicht vertreten, dass ein Leitwolf im Rudel hart und autoritär auftritt. Sie werden die Probleme Ihres Hundes darauf zurückführen, dass Sie ein schlechter, weil zu freundlicher Hundeführer sind. Ich opponiere grundsätzlich gegen jede Brutalität beim Training und gegen vereinfachte Verhaltensdiagnosen. Ich habe während dreißig Jahren niemals Gewalt benötigt, um das Verhalten eines Hundes zu verändern. Es gibt immer mehrere Ursachen, die zu einem Problemverhalten führen können, aber es ist ganz selten „schlechte Führerschaft".

Bereits im Alter von sieben Wochen hat sich im Wurf eine Rangordnung etabliert. Vor allem der dominierende Welpe kann versuchen, auch in der Familie seines Käufers das Kommando zu übernehmen. Ob ihm das gelingt, bleibt dem neuen Besitzer überlassen.

Kapitel 2:
Physiologie des Hundes

Wird über die Physiologie des Hundes geschrieben, entsteht der Eindruck, es würde eher eine Maschine als ein fühlendes Geschöpf mit Bewusstsein beschrieben. Aber vieles im Verhalten sind vorprogrammierte Reflexe und automatische Reaktionen. Jede Veränderung von außen ist ein Signal, das von einem der Sinnesorgane registriert wird. Der Impuls läuft über die Nervenbahnen zu den inneren Organen. Die Reaktion ist die Antwort des Körpers auf dieses Signal. Nicht immer ist die Reaktion ein bewusster, überlegter Vorgang. Sie kann in den Erbanlagen des Hundes fixiert sein und dient dem Überleben der Art.

Betrachten wir als Beispiel einige Reflexe beim Menschen: das Blinzeln, das Abwehren mit den Händen oder das Ducken, wenn sich etwas Drohendes nähert. Das Wütend- oder Ängstlichwerden ist oft auch eine reflexartige, automatische Reaktion. Stellen Sie sich einmal vor, eine Person kommt auf der Straße auf Sie zu und belästigt Sie. Sie werden entweder ängstlich oder wütend. Diese Reaktionen können Sie im ganzen Körper spüren: der Magen verkrampft sich, die Hände werden zu Fäusten geballt, der Mund wird trocken und die Arme fahren hoch zur Brust in die Verteidigungsposition.

Bei Hunden sieht man täglich, wie das Verhalten durch innere und äußere Kontrolleinheiten gesteuert wird. Zum Beispiel reagiert der erwachsene Rüde auf die Urinmarkierung eines anderen Rüden dadurch, dass er an der gleichen Stelle sein Bein hebt, um den Geruch mit seinem eigenen Duft zu überdecken. Selbstverständlich wissen die Hunde genau, wie sie sich verhalten. Aber die Reaktion ist dennoch rein automatisch und einem Hund ist es nicht bewusst, warum er immer das Bein hebt, wenn ihm der Geruch eines anderen Rüden begegnet. Dieses Verhalten ist dem Hund angeboren. Vergleichen wir den Hund mit einem Computer, so kann man sagen, dass sein Zentralnervensystem (Gehirn, Rückenmark und Nerven) die eigentliche Maschine ist. Die Sinne

(Riechen, Sehen, Hören usw.) sind die unterschiedlichen Möglichkeiten, um Aufgaben und Informationen eingeben zu können. Es finden sich verschiedene „Programme", mit denen die Informationen bearbeitet werden. Ein „Programm" ist das Hormonsystem, andere Programme sind z. B. die Instinkte und erlernte Erfahrungen.

In diesem Kapitel wollen wir uns ausschließlich mit der Physiologie beschäftigen. Das einzige „Programm", das wir hier behandeln wollen, ist das Hormonsystem. Instinkte und erlernte Eigenschaften werden später erörtert.

Die Sinne

Alle Informationen aus der Umwelt werden von den Sinnen erfasst. Dies sind der Geruchs-, Gehör-, Gesichts-, Tast-, Geschmacks-, Wärme- und Kältesinn. Wir werden hier nur die wichtigsten Sinne ansprechen, nämlich Geruchs-, Hör-, Gesichts- und Tastsinn.

Geruchssinn

Der Geruchssinn des Hundes ist dessen feinstes Instrument und der wichtigste Informationsempfänger. Mit Hilfe des Geruchs entscheidet der Hund, ob etwas gefährlich oder ungefährlich, essbar oder ungenießbar ist. Hier verwendet der Mensch hauptsächlich den Gesichtssinn, aber der Hund vertraut mehr auf seine Nase. Man kann sagen, dass der Geruchssinn der „Definitionssinn" des Hundes ist, d. h., er definiert und beurteilt die Umwelt mit Hilfe seiner Nase.

Riechzellen (Riechepithel)
Die Luft, die man einatmet, beinhaltet viele Gerüche, das heißt gasförmige, chemische Bestandteile. Diese gelangen mit dem Eintritt der Luft durch die Nasenhöhlen zum Riechepithel, welches weit hinten in der Nasenhöhle liegt. Das Riechepithel besteht aus sehr vielen Zellen, die alle auf die chemischen Stimuli der Ge-

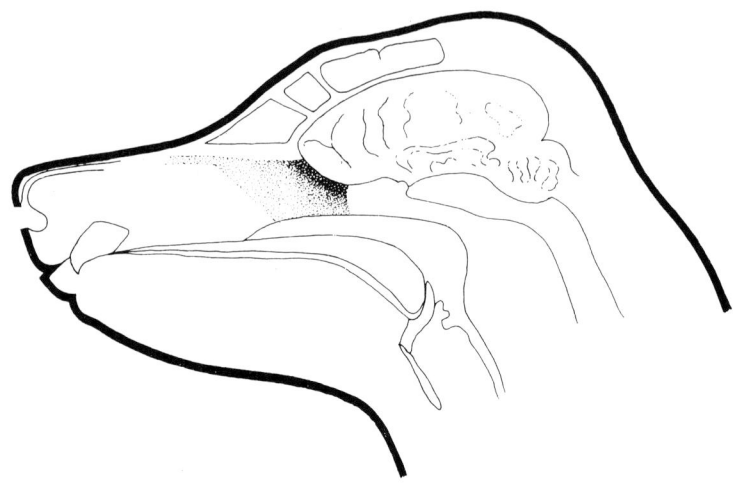

Der Hund registriert seine Umgebung mit Hilfe des Geruchssinns. Die Zeichnung zeigt, wie das Riechepithel an den vordersten Teil des Gehirns angrenzt. Hier liegt das „Riechzentrum".

ruchsstoffe mit dem Weitersenden der Impulse zum Riechkolben reagieren, worauf die Impulse zum Riechnerv und über diesen zum Riechzentrum im Großhirn gelangen. Das Riechzentrum registriert den einzelnen Impuls, bearbeitet ihn, entziffert die Information und sendet diese weiter zu anderen Teilen des Gehirns, die dann die Reaktion aufgrund dieser Information auslösen. Vergleicht man die Größen der Riechepithelien von Mensch und Hund, so kann man sich ein gutes Bild von der Riechfähigkeit des Hundes im Vergleich zu der des Menschen machen. Das Riechepithel des Menschen umfasst etwa 5 cm^2, das des Hundes etwa 150 cm^2. Auf dieser Fläche hat der Mensch etwa 5 Millionen Riechzellen, während z. B. ein Schäferhund etwa 220 Millionen besitzt.

Die Luft, die vom Menschen eingeatmet wird, hat einen langen und gewundenen Weg bis zum Riechepithel zurückzulegen. Viel Geruch geht auf diesem Weg verloren. Dieser lange Weg dient dem Zweck, die Luft aufzuwärmen, damit das Riechepithel nicht unterkühlt wird. Die Hundenase ist dagegen so aufgebaut, dass die

Luft das Riechepithel schneller erreicht und nicht soviel Information unterwegs verloren geht.

Der Geruchsspezialist
Es gibt einen Bericht über die Riechfähigkeit des Hundes verglichen mit der des Menschen von Vitus B. Dröscher (1969). Er sagt, dass diese Riechfähigkeit einmillionenmal besser sei. Ob das stimmt, lässt sich schwer nachprüfen, aber es ist nicht ganz unwahrscheinlich. Fährtensuchhunde, Rauschgiftspürhunde, Minensuchhunde usw. zeigen, dass die Riechleistung des Hundes ganz unvergleichlich größer als die des Menschen ist.

Wenn Sie einen Hund beobachten, der an etwas schnüffelt, werden Sie sehen, dass das Einatmen stoßweise geschieht. Der Hund schnüffelt in sehr kurzen Atemzügen an Stelle eines langen Atemzuges. Die Ursache hierfür ist die schnelle Ermüdung und Sättigung des Riechepithels. Wir kennen dies auch von uns selbst: Man bemerkt einen bestimmten Geruch, aber kurz danach ist er wieder verschwunden. Wenn man einen Raum betritt, in dem schlechte Luft herrscht, bemerkt man dies sofort und möchte ein Fenster öffnen. Aber hält man sich für kurze Zeit in diesem Raum auf, wird der Geruch „verschwinden". Man hat sich daran gewöhnt, das Riechepithel ist gesättigt. Eine Möglichkeit, dem entgegenzuwirken, besteht darin, wie Hunde zu schnüffeln und damit stoßweise seinem Riechorgan den Geruch zu präsentieren.

Gehörsinn

Der Hund hat einen gut entwickelten Gehörsinn. Es ist schwierig, Hunde und Menschen auf diesem Gebiet zu vergleichen, da der Gehörsinn aus vielen Komponenten zusammengesetzt ist: den Ohrreaktionen auf Lautstärke und Tonhöhe einschließlich der Eigenschaft, die Lautquelle zu lokalisieren. Aber hinsichtlich der Lautstärke kann gesagt werden, dass der Hund normalerweise einen Laut aus viermal größerem Abstand als der Mensch erfassen kann. Wenn wir einen Laut aus 100 m Abstand registrieren, kann der Hund diesen bereits aus 400 m Abstand erfassen. Der Physiologe Buytendijk berichtet sogar von einem Experiment, das zeigte, dass ein Hund aus beinahe sechsmal so großem Abstand wie der Mensch hören konnte.

Tonhöhe
Wenn man von der Tonhöhe im Unterschied zur Tonstärke spricht, meint man die Tonlagen Bass und Diskant, also die Schwingung der Schallwelle pro Sekunde. Der Mensch kann den Gesang einer Grille noch hören. Noch höhere Töne hören wir im Allgemeinen nicht. Die Tonhöhe kann mit speziellen Messgeräten bestimmt werden, die die Tonhöhe als Schwingungen pro Sekunde angeben. Der Hund kann Laute erfassen, die viermal so hoch sind wie der höchste hörbare Ton für das menschliche Ohr. Der Mensch ist in der Lage, bis zu 20 000 Schwingungen pro Sekunde zu hören, der Hund jedoch bis zu 80 000 Schwingungen. Daher können wir den extrem hohen Ton, den die „lautlose" Hundepfeife mit über 20 000 Schwingungen produziert, nicht hören, der Hund reagiert jedoch darauf.

Lokalisierung von Geräuschen
Auch hier übertrifft die Fähigkeit des Hundes unsere eigene bei weitem. Man nimmt an, dass der Hund beim Lokalisieren des Ortes einer Lautquelle etwa viermal besser ist als wir.

Bei einem Versuch hat man einen Hund in einen aus Lautsprechern aufgebauten Kreis gebracht. Man erhöhte dann stufenweise die Anzahl der Lautsprecher, sobald es sich zeigte, dass der Hund zwischen den bereits vorhandenen und dem neu hinzukommenden unterscheiden konnte. Das Ergebnis war, dass der Hund schließlich 60 Lautsprecher sicher anzeigen konnte. Der gleiche Versuch, mit Menschen durchgeführt, zeigte, dass sie nur auf 16 Lautsprecher kamen. Der Gehörsinn des Hundes ist unserem also stark überlegen, sowohl was die Lautstärke betrifft, als auch bezüglich der Tonhöhe und der Fähigkeit, eine Lärmquelle zu lokalisieren.

Erwartungshaltung
Folgende Tatsache gilt im Grunde für alle Sinne, wird jedoch beim Gehörsinn besonders deutlich, nämlich dass der Hund dann am allerbesten etwas erfasst, wenn er bereits darauf eingestellt ist, es

Hunde haben einen gut entwickelten Gehörsinn. Wenn ein Mensch in der Lage ist, z. B. einen Laut auf 100 m zu hören, so gelingt dies einem Hund bereits bei einem Abstand von 400 m.

also erwartet. Wenn der Hund lange gelegen hat und es Zeit wird, hinauszugehen, hört er die Aufforderung des Besitzers „Gehen wir aus?" viel deutlicher und klarer. Er kann den Satz dennoch falsch übersetzen, wenn etwas Ähnliches gesagt wird, z. B. „Wie siehst Du aus?" und dieses nun als eine lang erwartete Frage auffassen. War der Hund bereits draußen, kann es sein, dass er nun auf die Frage überhaupt nicht reagiert.

Auch andere Laute, die für den Hund von großer Bedeutung sind, werden fantastisch gut gehört. Öffnet man z. B. die Kühlschranktür, wird dies blitzschnell erkannt. Aber wenn Sie sagen: „Runter vom Sofa", kann es vorkommen, dass das Gehör des Hundes mindestens viermal schlechter als das des Menschen ist.

Gesichtssinn

Dieser Sinn spielt wahrscheinlich beim Hund keine so große Rolle verglichen mit dem Geruchs- oder Hörsinn. Es hat sich auch gezeigt, dass es schwer ist, die Fähigkeit des Hundes auf diesem Gebiet zu messen. In der Literatur findet man Hinweise darauf, dass der Hund auf größere Entfernung besser sehen soll als auf kurze, und das scheint auch glaubhaft, weil der Geruchssinn nicht für einen größeren Abstand ausreicht. Der Hund braucht hier eine Ergänzung, einen Sinn für die Ferne. Die Augen werden eingesetzt, um zu erkennen, was in einem größeren Abstand geschieht. Bei geringer Entfernung ist es der Geruchssinn, der den Hund über die Beschaffenheit der Umgebung informiert, er benötigt also keine Hilfe durch die Sehkraft. Man weiß auch, dass Hunde am besten Dinge in Bewegung erkennen. Ein Hund erfasst Bilder nicht so wie wir. Sobald sich das Motiv zu bewegen beginnt, wird der Hund seine Aufmerksamkeit darauf richten. Aber diese wird sofort wieder abnehmen, wenn die Bewegung nicht zu einer weiteren Handlung führt oder mit einem interessanten Geruch oder Laut kombiniert ist. Beobachten Sie einen Hund, der zum ersten Mal vor dem Fernseher sitzt, werden Sie erleben, dass er beginnt, den Bewegungen auf dem Bildschirm zu folgen. Aber da kein Geruch aus dem Gerät dringt und keine interessanten Dinge geschehen, z. B. kommt keiner dieser netten Menschen aus dem Gerät gehüpft, verliert der Hund schnell das Interesse, er beobachtet das Bild nicht mehr. Wenn jedoch plötzlich ein interessanter Laut vom Fernsehgerät her kommt – z. B. Hundegebell o. Ä. – reagiert der Hund sofort und wendet seinen Blick wieder dem Apparat zu. Sie können beobachten, wie er zuerst mit dem Gehör reagiert. Seine Aufmerksamkeit wurde geweckt und er versucht nun seinerseits, mit Hilfe des Geruchs- und des Gesichtssinns mehr Informationen zu erhalten. Aber kein Duft steigt ihm in die Nase, kein kleiner Hund kommt aus dem Bildschirm gesprungen und es ist leider unmöglich, selbst hineinzukommen, um ihn zu suchen. Das Interesse schwindet. Der Hund benötigt also mit dem Gesichtssinn eine Kombination mit anderen Sinnen. Der Gesichtssinn ist nur ein Entdeckungssinn.

Nicht farbenblind

Es hat für uns keine Bedeutung, ob ein Hund Farben sehen kann oder nicht. Aber da es ein viel diskutiertes Thema ist, soll es hier kurz gestreift werden. Im Auge befinden sich zwei Arten von Sinneszellen, die sogenannten Seh- oder Fotorezeptoren. Einige reagieren auf Schwarz und Weiß (Stäbchen) und einige registrieren die Farben (Zapfen).

In der Literatur wird angegeben, dass die Netzhaut des Hundes überwiegend aus Stäbchen besteht (Schwedischer Hundeklub 1957). Dies führt dazu, dass der Hund Farben schlechter erkennt, dafür aber im Halbdunkel besser sieht.

Beim Menschen gibt es vier Arten von Fotorezeptoren, die Stäbchen und drei Zapfenarten, die ihre maximale Empfindlichkeit jeweils im blauen, grünen und gelben Bereich des Spektrums besitzen. Da es beim Hund bisher nur Hinweise für zwei Zapfenarten gibt, wird er möglicherweise Farben in anderer Zusammenstellung wahrnehmen als der Mensch.

Oft wird der Eindruck erweckt, als könnte ein Hund zwischen verschiedenen Farben unterscheiden. Dass Führhunde anscheinend den Unterschied zwischen rotem und grünem Licht einer Ampel sehen können, kann sowohl daran liegen, dass der Hund nur den Platz des Lichtes unterscheidet, (oben – Stopp, unten – Geh) als auch daran, dass er auf ganz andere Faktoren reagiert, z. B. das Stehenbleiben des Verkehrs oder der Nachbar, der beginnt, die Fahrbahn zu betreten. Selbst wenn der Hund die Farben nicht sieht und unterscheidet, nutzt er immer deren unterschiedliche Grautöne aus. Fotografiert man einen bunten Gegenstand mit einem Schwarzweißfilm, wird man auf dem Bild die Farben als unterschiedliche Grautöne erkennen können. Farben haben eigentlich keinen so großen Informationswert für Hunde, Farben riechen ja nicht.

Tastsinn

Überall in der Haut befinden sich sensible Nervenenden. Das sind die äußersten Enden der Nervenbahnen. Einige reagieren auf Berührung, andere auf Wärme, Kälte und Schmerzen. Die

Schmerzrezeptoren empfangen einen Reiz z. B. in der Form eines Schlages und senden diesen Impuls weiter zum Gehirn oder zum verlängerten Rückenmark. Hier wird der Impuls als Schmerz entziffert.

Der Hund hat mehr sensible Nervenenden im Gesicht und an den Pfoten, weniger z. B. in der Nackenhaut. Im Vergleich zu Menschen hat er weniger Schmerzrezeptoren und außerdem besitzt er ein schützendes Fell. Das führt dazu, dass der Hund den Schmerz nicht auf die gleiche Art wie wir empfindet.

Es gibt Menschen, die ihre Hunde durch Schläge bestrafen. Eine Vorgehensweise, die hoffentlich zum Aussterben verurteilt ist. Häufig ist es nicht der Schmerz, der den Hund beeinflusst, sondern die Drohung, die in der erhobenen Hand und der wütenden Stimme liegt. Der Hund ist ganz einfach eingeschüchtert.

Schmerz kann durch Stress blockiert werden. Das erlebt man z. B. bei einem Hund, der in einer vorangegangenen Situation verletzt wurde und nicht auf den Schmerz reagiert, weil dieser durch die Stressfaktoren eliminiert worden ist. Es gibt da den Bericht von einem Rennhund, der durch die Jagd auf einen Hasen sehr aufgeregt und dadurch gestresst war. Er verrenkte sich bei der Hatz ernsthaft ein Fußgelenk, aber er hielt trotzdem nicht an. Erst als er im Ziel war und sich wieder beruhigt hatte, begann er plötzlich auf drei Beinen zu hinken und vor Schmerzen zu jaulen.

Ähnliches kann auch beim Menschen beobachtet werden. Zum Beispiel sind bei einem Verkehrsunfall nicht sofort Schmerzen festzustellen, sondern erst, wenn man sich wieder beruhigen konnte. Manchmal vergeht eine Stunde, bis der Betroffene Schmerzen empfindet. Häufig bewegen sich Personen, die Schmerzen haben, schnell, z. B. machen sie einen schnellen Spaziergang. Chronische Schmerzpatienten empfinden eine Schmerzlinderung, wenn sie über witzige Geschichten Lachen können.

Viele Hunde, die Schmerzen haben, suchen sich ein Stresserlebnis. Dies ist eine effektive Form der Schmerzlinderung. Es ist sehr wahrscheinlich, dass der Hund schnell herausfindet, dass er sich Erleichterung schaffen kann, wenn er tobt und Krach schlägt. Das bedeutet, dass Schmerzen zu einem Stressfaktor werden können.

Das Nervensystem

Das Nervensystem besteht aus dem Gehirn, dem Rückenmark und den Nervenverzweigungen überall im Körper. Sämtliche Sinnesorgane innerhalb und außerhalb des Körpers haben Nervenverbindungen mit dem Gehirn oder dem Rückenmark über sensible, nach „innen" führende Nervenbahnen. Im Gehirn werden die Informationen bearbeitet und gespeichert. Hier geschieht das Erleben. So kann es vorkommen, dass eine Person, der man ein Bein amputiert hat, immer noch Schmerzen in diesem amputierten Bein fühlt, sogenannte Phantomschmerzen. Es ist das Gehirn, das einen Schmerz erlebt. Es ist auch das Gehirn, das dem Rest des Körpers befiehlt, wie dieser auf einen gegebenen Stimulus reagieren soll.

Wenn das Gehirn eine Information von den Sinnesorganen empfangen und entschieden hat, welche Reaktion zweckmäßig ist, wird diese Anweisung zu bestimmten Muskelgruppen geleitet, die eine bestimmte Bewegung auszuführen haben. Diese Anwei-

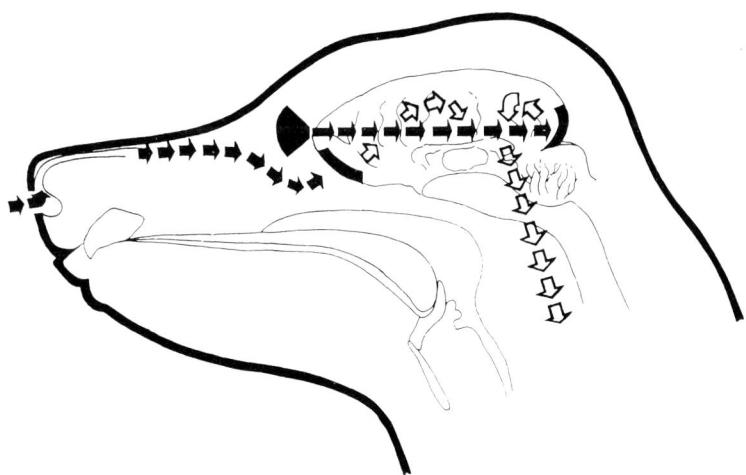

Stimulus-Reaktion mit dem Gehirn als dem beschließenden Organ. Ein Stimulus wird durch ein Sinnesorgan erfasst. Von dort aus werden Impulse zum Gehirn gesandt. Dieses übersetzt und bearbeitet die Information. Erinnerungen werden daran gekoppelt. Das Gehirn sendet die Befehle zu den Muskeln, die die Reaktion durchführen.

sung wird über die motorischen, „hinausführenden" Nervenbahnen gesendet. Die Nervenimpulse bewegen sich in Form von elektrischen Impulsen und chemischen Bestandteilen. Die Geschwindigkeit, mit der sich ein Nervenimpuls ausbreitet, ist von der Dicke der Nervenbahn abhängig, aber man spricht von einer Durchschnittsgeschwindigkeit von ca. 100 m/s.

Die Nervenbahnen, die mit den verschiedenen Sinnesorganen in Verbindung stehen, treffen sich in bestimmten Zentren des Gehirns. So sammeln sich die Nervenbahnen, die von den Augen kommen, im Sehzentrum, das im hinteren Bereich des Gehirns liegt. Die Nervenbahnen der Riechorgane treffen sich im Riechzentrum im vorderen Gehirnteil. Außerdem bestehen Verbindungen zwischen den einzelnen Zentren des Gehirns, so dass auch Assoziationen entstehen können. Der Duft einer Rose kann einmal die Vorstellung der Blume hervorrufen, zum anderen erinnert man sich an den Schmerz, den die Dornen einst verursachten.

Rückenmark

Reize, die von anderen Körperteilen als den Sinnesorganen registriert werden, z. B. Schmerzen auf der Haut oder ein Hungergefühl im Magen, werden vom Entstehungsort über die Nervenbahnen zuerst zum Rückenmark und von dort aus zum Gehirn geleitet. Das Rückenmark umfasst eine große Anzahl von Nervenbahnen, die vom ganzen Körper zusammenkommen und in den ganzen Organismus gehen. Man kann sagen, dass das Rückenmark die Autobahn für Nervenimpulse darstellt. Ein starker Schlag auf das Rückgrat kann die Nervenbahnen beschädigen und eine Lähmung des Körpers von der geschädigten Stelle aus abwärts verursachen.

Der Reflex

Das Rückenmark kann selbstständig ohne Einschaltung des Gehirns reagieren. Wenn ein Stimulus eine Reaktion auslöst, ohne dass das Gehirn eingeschaltet wird, wird der Reaktionsverlauf als Reflex bezeichnet. Es gibt verschiedene Arten von Reflexen. Zu Beginn dieses Kapitels sprachen wir vom Blinzelreflex und vom Schutzreflex. Dies sind Beispiele für ganz automatische, unbe-

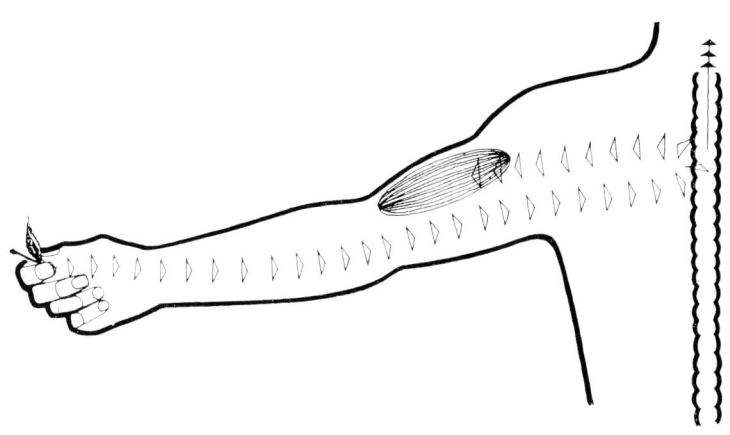

Reflex: Die Schmerz-Sensoren der Hand registrieren den Schmerz, der durch das brennende Streichholz verursacht wird. Der Impuls wird zum Rückenmark geleitet. Schnell
erhalten die Armmuskeln den Befehl, sich zusammenzuziehen und das Streichholz fallen
zu lassen. Erst danach erfährt das Gehirn, was geschehen ist.

dingte Reflexe, die wir mit der Willenskraft (Gehirn) nicht hemmen können. Es handelt sich um Schutzreflexe, die den Körper
vor Verletzungen bewahren sollen. Sollte das Gehirn in einem
solchen Fall zu Rate gezogen werden, würde das viel zu viel Zeit
beanspruchen. Eine wirkungsvolle Reaktion, die vor Schäden be-
wahrt, ist dann vielleicht nicht mehr möglich. Berührt man z. B.
eine heiße Herdplatte, zuckt man sofort zurück. Das Gehirn wurde
nicht eingeschaltet. Dies ist ein Reflex.

Die Gewohnheiten
Eine andere Art von Reflexen sind die Gewohnheitshandlungen
wie z. B. Maschinenschreiben. Eine Voraussetzung dafür, dass man
eine Gewohnheitshandlung als Reflex bezeichnen kann, ist, dass
man diese so gut beherrscht, dass man sich nicht mehr darauf
konzentrieren muss. Man sagt: „Das sitzt im Rückenmark." Und
das ist auch tatsächlich so. Die Reflexhandlungen werden vom
Rückenmark aus gesteuert. Das Zusammenspiel zwischen Reiz
und Reaktion verläuft auf einem sogenannten Reflexbogen. Das

bedeutet, der Stimulus trifft auf den Körper, der Impuls geht zum Rückenmark und wird dort sofort bearbeitet, ohne ihn zum Gehirn zu senden. Der Reaktionsbefehl an die Muskeln geht vom Rückenmark aus, das Gehirn wird erst danach über den Vorgang informiert.

Man unterscheidet also zwischen Reaktionen, bei denen das Gehirn das beschließende Organ ist, und den automatischeren Reflexen. Ein Beispiel: Wenn ein Hund hört, dass die Kühlschranktür geöffnet wird, geht dieser Impuls schnell zum Gehirn. Die Erinnerung an früher erhaltene Beefsteaks lassen den Hund erkennen, dass es für ihn wichtig ist, zur Stelle zu sein, wenn sich die Kühlschranktür öffnet. Es werden Befehle an die Muskeln weitergegeben aufzuspringen, schnell in die Küche zu rennen, zu fiepen, zu betteln, feuchte Augen zu bekommen und sehr nett und einladend auszusehen. Die Geschwindigkeit, mit der diese Reaktion erfolgt, kann dazu verleiten zu glauben, dass es sich um einen Reflex handelt. Aber es ist in diesem Fall eine Reiz-Reaktions-Kombination, bei der das Gehirn mitwirkt. Wenn der Hund vor dem Kühlschrank sitzt, läuft ihm das Wasser im Mund zusammen. Dies geschieht deshalb, weil die Speichelsekretion durch den Duft und die Erwartung einer Mahlzeit stimuliert wird. Die Speichelsekretion ist jedoch ein Reflex.

Gehirn

Das Gehirn besteht aus dem Großhirn, dem Kleinhirn und dem Zwischenhirn. Im Verhältnis zum Körpergewicht ist das Gehirn des Hundes kleiner als das Gehirn des Menschen. Das Gehirn eines mittelgroßen Hundes wiegt etwa 130 g, das Gehirn eines Schimpansen 400 g. Das Gehirn eines Menschen wiegt jedoch etwa 1500 g.

Kleinhirn

Das Kleinhirn ist beim Hund gut entwickelt. Es befindet sich hinten in Richtung Genick. Es reguliert das Gleichgewicht und die Muskelaktivität, so dass der Körper in allen Situationen richtig und rationell funktioniert und der Hund geschmeidig und koordiniert laufen und springen kann. Der Hund ist dem Menschen in der Geschmeidigkeit, der Körperbeherrschung und an Stärke (im Verhältnis zum Körpergewicht) überlegen.

Großhirn

Hier finden sich z. B. das Lernzentrum, das Gedächtnis und die Erinnerung an unterschiedlichste Erlebnisse. Die äußere Schicht des Gehirns, die Rinde, ist beim Hund geringer als beim Menschen. Dies deshalb, weil in der Hirnrinde die meisten intellektuellen Funktionen liegen. Die Fantasie, das Denken, das Lernen anhand von Symbolen sind in hohem Grad von der Hirnrinde abhängig. Hieran kann man rein physiologisch sehen, dass der Hund im Vergleich zum Menschen weniger gut ausgerüstet ist, um kreativ zu denken, logisch zu überlegen, Fantasie zu haben und an Symbolen zu lernen. Außerdem hat der Mensch verhältnismäßig mehr Hirnsubstanz, ohne spezielle Aufgabe. Man vermutet, dass diese Hirnsubstanz für die Variationen des Verhaltens eine Bedeutung hat.

Zwischenhirn

Das Zwischenhirn ist ein Zentrum des autonomen Nervensystems, d. h. der Automatik des Körpers. Dieses Nervensystem arbeitet unabhängig von den Befehlen des Großhirns und sorgt dafür, dass alle Organe wie Drüsen, Herz, Lunge, Magen, Blutgefäße usw. geordnet und in gegenseitiger Abstimmung arbeiten.

Das Gefühlsleben wird ebenfalls vom Zwischenhirn gesteuert. Angst, Aggressivität, Liebe, sexuelle Gefühle, Lust und Unlust – kein Gefühl kann ohne das Zwischenhirn entstehen und erlebt werden. Es ist aber nicht so, dass das Zwischenhirn allein für die Produktion von Gefühlen verantwortlich wäre. Es wird von verschiedenen Organen des Körpers unterstützt, in erster Linie von den Drüsen und deren Hormonproduktion. Die Gefühle kommen ganz automatisch. Wir können sie nicht steuern oder unterdrücken. Einer Person, die sich vor Schlangen fürchtet, kann man nicht einfach empfehlen, nun keine Angst mehr zu haben. Man kann sie nicht so einfach überreden, sondern sie muss lernen, durch ein wohl durchdachtes Training die Angst vor Schlangen zu überwinden. Die gleichen Zusammenhänge gelten für den

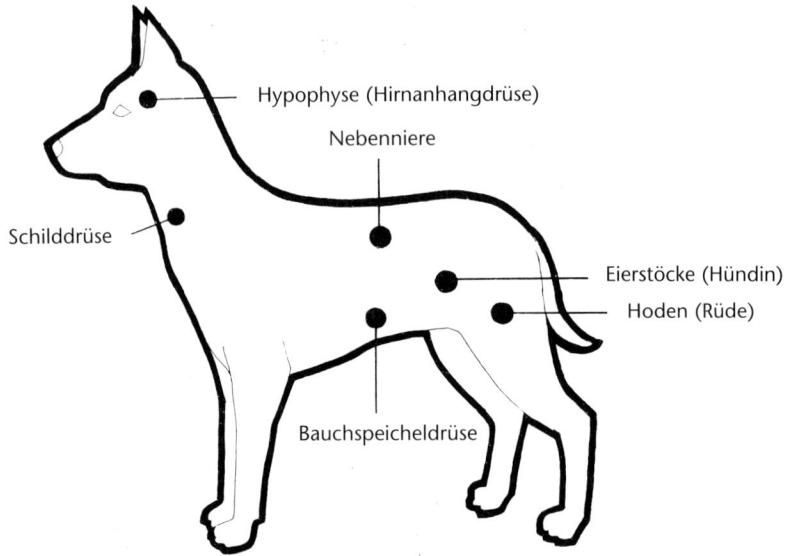

Hormone werden von verschiedenen Drüsen im Körper produziert. Hier ist dargestellt, an welchen Stellen sich einige dieser Drüsen befinden.

ängstlichen Hund. Eine Veränderung des Verhaltens ist nur möglich, wenn ein angepasstes Trainingsprogramm absolviert wird.

Die Hormone

Die Hormone sind Sekrete, die von verschiedenen Drüsen im Körper produziert werden. Diese Sekrete werden in das Blut abgegeben und mit ihm z. B. bis in das Gehirn transportiert. Viele Hormone beeinflussen das Verhalten und deshalb ist es wichtig, sie zu kennen. Oben sehen wir eine Zeichnung, die die Lage einiger „innersekretorischer" Drüsen im Körper darstellt.

Die Hirnanhangdrüse (Hypophyse) ist eine übergeordnete Drüse mit vielen Aufgaben. Eine dieser Aufgaben besteht darin, die Hormonproduktion der übrigen Drüsen zu regulieren und sie dem Wachstum und dem Reifegrad des Körpers anzupassen. Auch die Milchproduktion und teilweise die Muttergefühle werden von ihr gesteuert. Man hat nicht trächtigen Tieren Milch produzierende Hormone injiziert und daraufhin beobachtet, dass sie Muttergefühle gegenüber dem nächstbesten Gegenstand entwickelten.

Stresshormone

Die Stresshormone haben bei Hunden und ihren Problemen eine besondere Bedeutung. Die meisten Probleme haben etwas mit Stress zu tun.

Der Stress bewirkt im Körper einen Prozess, der die Muskelstärke des Körpers kurzfristig vergrößert. Die „Stressmaschine" ist ein Reserveenergiesystem, das benötigt wird, wenn man in Gefahr ist oder in anderen Situationen, in denen man größere Kraft und mehr Geschwindigkeit benötigt. Der Stress verstärkt die Verteidigungs- und die Fluchtbereitschaft. Alle Säugetiere, einschließlich des Menschen, sind mit der Fähigkeit zum Stress ausgestattet. Denken Sie nur an sich selbst, wenn Sie ängstlich oder wütend sind.

Was erlebt wird, z. B. Irritation, Aggressivität, Freude, Furcht oder Angst, ist von der Situation und wie diese vom Gehirn gedeutet wird, abhängig. Es kommt darauf an, welche Hormone ausgeschüttet werden. So wird das Hormon Cortisol der Nebenniere im Allgemeinen bei Irritationen oder anderen negativen Empfindungen produziert, während das Hormon Adrenalin meist mit positiven Erlebnissen verknüpft ist.

Stress, um zu überleben

Die „Stressmaschine" dient dazu, die Überlebensmöglichkeit des Tieres zu verbessern und ist in der natürlichen Umgebung des Tieres ein Mechanismus, der dem Tier erlaubt, ruhig und ausgeglichen zu leben, wenn die Verhältnisse dies zulassen. Aber augenblicklich kann zusätzliche Stärke und Schnelligkeit mobilisiert werden, wenn Gefahr droht, das Tier sich provoziert fühlt oder wenn sich eine Beute nähert. Die „Stressmaschine" wird von den inneren Teilen des Gehirns gesteuert, die mit Hilfe von Nervenbahnen mit den anderen Organen des Körpers wie Herz, Lunge, Leber, Milz, Nieren u. a. in Verbindung stehen. Im Falle einer

Gefahr wird die Reserveenergie des Körpers aktiviert. Zuerst werden die Muskeln mit nährstoffreicherem Blut versorgt, damit Stärke und Reaktionsvermögen zunehmen. Wenn eine Gefahr entdeckt wird, signalisieren die inneren Teile des Gehirns (besonders aus einem Teilbereich, der als Hypothalamus bezeichnet wird) der Nebenniere, dass Stresshormone freigesetzt werden müssen.

Nebenniere

In der Nebenniere sind die Stresshormone eingelagert. Die bekanntesten Stresshormone sind das Adrenalin, das Noradrenalin und das Cortisol. Adrenalin und Noradrenalin werden sehr schnell in die Blutbahn abgegeben, während Cortisol mit einer gewissen Verzögerung freigesetzt wird. Dies deshalb, weil die beiden erstgenannten Hormone die Nervenimpulse steuern, während durch das Cortisol spezielle Hormone reguliert werden. Die Freisetzung dieses Hormons erfolgt durch die Hypophyse, einer Drüse an der Unterseite des Gehirns, die ihrerseits Hormone über die Blutbahn zur Nebenniere bzw. Nebennierenrinde sendet. In diesem Bereich wird das Cortisol gebildet, gelagert und freigesetzt.

Werden Stresshormone in die Blutbahn abgegeben, verursacht dies große Veränderungen. Der Blutkreislauf wird durch schnellere und kräftigere Herzschläge beschleunigt, die Zusammensetzung der Blutinhaltsstoffe wird verändert, d. h., Zucker- und Fettanteil werden größer. Der Blutkreislauf wird umdirigiert, es werden nun in erster Linie die Muskeln versorgt. Von der Leber wird Reserveenergie in Form von Blutzucker abgegeben, die Atmung wird verstärkt, dadurch kommt es zu einer Anreicherung von Sauerstoff im Blut. All dies führt zu einer beträchtlichen Stärkung der Körperkräfte.

Erhöhte Bereitschaft

Bei starken Stresszuständen ist das Individuum ganz auf Flucht oder Kampf eingestellt. Dadurch werden andere, intelligentere Reaktionen unterdrückt. Die Wirksamkeit des Nachdenkens, die Lernfähigkeit, die Gefühlsnuancen und die Möglichkeiten der Selbstbeherrschung sind blockiert. Es nützt daher nichts, wenn

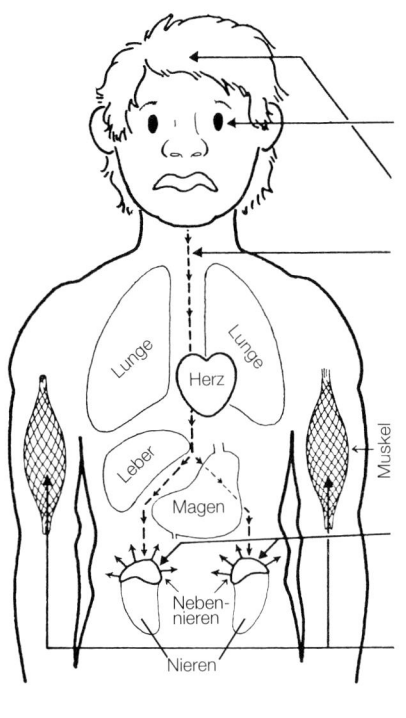

1. Eine Gefahr wird registriert.

2. Das betreffende Zentrum des Gehirns reagiert.

3. Die Impulse gehen zur Nebenniere...

4. Es werden Stresshormone freigesetzt.

5. Über das Blut werden den Muskeln Energie und Sauerstoff zugeführt.

man einem Menschen oder einem Hund einfach empfiehlt, sich wieder zu beruhigen, wenn sich das Individuum in einem aufgeregten Zustand befindet.

Man hat festgestellt, dass es Menschen gibt, die ständig einen höheren Stresshormongehalt im Blut haben als andere. Diese Gruppe nennt man „hochadrenalisiert" und man erkennt sie an ihrer leicht angespannten, nervösen, leicht irritierten, einfach gestressten Art. Die andere Gruppe der „Niederadrenalisierten" ist ruhiger, phlegmatischer und hat eine geringere Neigung zu Stresszuständen. Wahrscheinlich gibt es auch hoch- und niederadrenalisierte Hunde. Von einem Hund, der oft ängstlich und nervös ist, kann man mit gutem Grund annehmen, dass er eine höhere Produktion von Stresshormonen hat. Oft wird behauptet, dass der Hund es riechen kann, wenn eine Person Angst hat. Dieser Stoff, den eine aufgeregte Person aussondern soll, sei gerade das Adrenalin. Ob diese Hypothese stimmt, ist nicht so einfach zu beweisen. Gegen sie spricht die Tatsache, dass ein ängstlicher Mensch mit seiner Körpersprache und seinem ganzen Auftreten mit aller gewünschten Deutlichkeit seine Angst zeigt und dass der Hund dies sieht, ohne dass er seine Nase hierfür benötigt. Außerdem produziert ein Mensch bei einer physischen Belastung , z. B. beim Rennen, mehr Adrenalin und andere Stresshormone, auf die der Hund dann jedoch nicht reagiert.

Geschlechtshormone

Es gibt zwei Arten von Geschlechtshormonen, die weiblichen und die männlichen. In jedem Individuum sind, unabhängig vom Geschlecht, beide Typen nachweisbar. Beim Rüden überwiegen die männlichen, bei der Hündin die weiblichen Geschlechtshormone. Vor der Geschlechtsreife ist die Produktion der beiden Hormone niedriger und einheitlicher. Die männlichen Geschlechtshormone werden vor allem in den Hoden gebildet. Abgesehen von der Wirkung, die sie auf die körperliche Entwicklung haben, beeinflussen sie auch das Verhalten, da aggressive Komponenten enthalten sind. Männliche Tiere sind in der Regel aggressiver, zeigen mehr sexuelle Aktivität, haben mehr Temperament und sind „selbstsicherer" als weibliche Tiere. Injiziert man einem Rüden mit einem normalen Geschlechtstrieb zusätzlich männliche Hormone, nimmt normalerweise seine Lust am Kampf zu, er wird aktiver und selbstständiger, seine Toleranz gegenüber einer Drohung wird geringer und er reagiert aggressiver.

Weibliche Geschlechtshormone beeinflussen die Hündin ebenso, wie männlichen Hormone den Rüden lenken. Während der Läufigkeit erhöht sich die Konzentration des Östrogens, dem Brunsthormon, im Blut. Die Hündin wird paarungsbereit, jedoch auch reizbarer und manchmal auch aggressiver.

Das Trächtigkeitshormon Progesteron wird vom trächtigen Tier (auch beim Menschen) produziert. Das „mütterliche Verhalten" wird vorbereitet. Synthetisch wird dieses Hormon bei der Anti-Baby-Pille eingesetzt.

44

Geschlechtshormone und Aggression

Injiziert man einem Rüden mit starkem Sexualverhalten weibliche Hormone, wird dieser ruhiger, weniger aggressiv und bekommt einen schwächeren Geschlechtstrieb. Der Geschlechtstrieb ist bei Hunden unterschiedlich ausgeprägt. Ist er sehr stark ausgeprägt, kann dies ein Problem für den Besitzer und auch für andere Menschen und Hunde werden. Der Hund kann zum Raufer oder Streuner werden. Er kann seinen Besitzer oder dessen Gäste durch „Aufreiten" belästigen und er entdeckt jede läufige Hündin in einem mehrere Kilometer umfassenden Gebiet. Im Allgemeinen ist er wesentlich aktiver als ein Hund mit einem normalen Geschlechtstrieb.

Die chemische Zusammensetzung des Testosterons, dem männlichen Geschlechtshormon, ähnelt dem Stresshormon Cortisol. Dies erklärt, weshalb übermäßig maskuline Rüden häufig überaktiv wirken.

Auf Ausstellungen werden häufig Hunde mit einem „geschlechtstypischen Ausdruck" besonders gut bewertet. Eine unglückliche Tendenz für die Zucht. Es bedeutet, dass der Rüde nur dann eine gute Beurteilung bekommt, wenn er einen männlichen Ausdruck besitzt. Als Auswahlkriterium der Zuchttiere legen die Züchter in hohem Maße die Ergebnisse von Ausstellungen zugrunde. Dadurch besteht die Gefahr, dass in allen Rassen in immer größerer Zahl übermaskuline Rüden mit allen problematischen Verhaltensweisen auftreten.

Scheinträchtigkeit

Eine kleine Laune der Natur finden wir bei unseren Hündinnen. Es handelt sich hier um die „Scheinträchtigkeit", d. h., eine nicht trächtige Hündin produziert trotzdem Trächtigkeitshormone. Das beginnt mit dem Ende der Blutung und endet etwa zwei Monate später, entspricht also einer normalen Trächtigkeitsperiode. Dann kann es vorkommen, dass die Hündin eine „Scheingeburt" durchmacht, Milch in ihr Gesäuge einschießt und sie sich wie eine richtige Mutter verhält.

Unter natürlichen Bedingungen ist diese Scheinträchtigkeit ein Vorteil. Nicht nur das Muttertier, sondern auch andere Hündinnen können sich um die Welpen kümmern. Die „Pflegemütter" verteidigen die Welpen, können sie säugen und pflegen und betrachten sie wie eigene Nachkommen. Dadurch wird die richtige Mutter nach der ersten Zeit wieder für Jagdausflüge freigestellt. Sie ist ja meist die älteste und erfahrendste Jägerin des Rudels. Selbst wenn sie verunglückt, müssen ihre Welpen nicht sterben.

Für uns und für unsere Familie kann eine scheinträchtige Hündin jedoch zur Belastung führen. Da sie ja „Scheinwelpen" geworfen hat, wird sie leicht gereizt gegenüber allem reagieren, was aus ihrer Sicht eine Bedrohung der Welpen darstellt. Ein Besuch, spielende Kinder, ein anderer Hund, all dies kann dazu führen, dass eine Hündin ihre „Welpen" bewacht. Der Welpe kann z. B. auch ein alter Schlappen o. Ä. sein. Die „Welpen" werden ungefähr drei Wochen gepflegt, danach kümmert sie sich nicht mehr darum und sie wird wieder so friedlich wie vorher. Hat man eine Hündin, ist es empfehlenswert, sich den Zeitraum von zwei Monaten nach Ende der Läufigkeit im Kalender zu vermerken. Man ist dann darauf vorbereitet, wenn sich nach diesen zwei Monaten das Verhalten der Hündin vielleicht ändert.

Während der Periode der Scheinträchtigkeit und der Pflege der eingebildeten Welpen sollte mit der Hündin nicht an Wettbewerben oder beim Fährten- oder Suchtraining teilgenommen werden. Es ist möglich, dass die Hündin unter einem so starken hormonellen Einfluss steht, dass sie vollkommen anders als normalerweise reagiert. Ich habe Hündinnen gesehen, die depressiv, aggressiv oder vollkommen unmotiviert waren. Nach dem amerikanischen Forscher Larry Meyers beeinflusst Progesteron auch den Geruchssinn. Er entdeckte bei Riechtests einen Zusammenhang zwischen schlechteren Ergebnissen und der Scheinträchtigkeit.

Schilddrüse

Die Schilddrüse produziert u. a. das Hormon Thyroxin, das viele Aufgaben hat, z. B. beeinflusst es den Stoffwechsel. Später wurde noch Interessanteres von dieser Drüse entdeckt: Durch eine Über- oder Unterproduktion der Schilddrüse wird auch das Verhalten beeinflusst, manchmal in ganz dramatischem Umfang. Eine zu niedrige Produktion von Thyroxin führt beim Hund zu vielfältigen Symptomen: Die Fellqualität wird beeinflusst, es kommt zu einer Gewichtszunahme und zu gesteigerter Schläfrigkeit. Er verhält sich sehr ruhig und erweckt einen nahezu deprimierten Eindruck. Aber wenn plötzlich etwas geschieht, neigt er zu Überreaktionen. Eine zu hohe Produktion von Thyroxin, dies findet sich jedoch seltener, kann zu Überaktivität, Magerkeit und Wärmeempfindlichkeit führen. Man weiß um das Zusammenspiel von Thyroxin und Stresshormonen.

Hat das Blut einen zu niedrigen Thyroxingehalt, wird das Individuum von Stresshormonen stärker beeinflusst. Vermutlich gilt dies auch für die Geschlechtshormone. Von einem Hund, der übermäßig gestresst wirkt, hat man häufig den Eindruck, dass auch sein Geschlechtstrieb über dem normalen liegt, u. U. ist dies auch ein Hinweis auf eine Unterproduktion der Schilddrüse.

Bei Frauen, die gerade entbunden haben, kann es vorkommen, dass sie deprimiert sind. Es wurde festgestellt, dass dies von einer Unterproduktion der Schilddrüsenhormone herrührt. Es kann manchmal vorteilhaft sein, wenn der Tierarzt anhand einer Blutprobe den Thyroxingehalt des Blutes frühzeitig untersucht, vor allem, wenn schwerere Probleme auftreten.

Kapitel 3:
Die Ausdrucksweisen des Hundes

Hunde sind eine junge Tierart. Man nimmt an, dass sie erst seit etwa 12 000 bis 15 000 Jahren existieren. Ihre wilden Vorfahren jedoch, die Canidae, die hundeartigen Raubtiere, existieren bereits seit Millionen von Jahren. Der Hund stammt von einer der jüngsten Familien der Canidae, nämlich dem Wolf, ab.

Durch das Studieren der Wölfe können wir viel über das Verhalten unserer Hunde lernen. 15 000 Jahre haben es nämlich nicht vermocht, besonders viel am „Wolf" im Hund zu ändern – jedenfalls nichts an seinem Verhalten. In seinem Äußeren ist der Hund allerdings sehr von der ursprünglichen Form abgewichen. Wir haben Hunderassen gezüchtet, die dem Wolf vollkommen unähnlich sind. Aber in Bezug auf das Verhalten des Hundes hat es der Mensch nicht vermocht, in größerem Ausmaß auf die Natur einzuwirken. Durch das Beobachten der Wölfe in verschiedenen Situationen können wir eine Antwort darauf finden, weshalb sich Hunde so verhalten, wie sie es tun. Gewisse Reaktionen, die wir als Verhaltensprobleme auffassen, sind für Wölfe in Wirklichkeit ganz normale Handlungen. Nehmen Sie als Beispiel die Scheinträchtigkeit, die im vorhergehenden Kapitel beschrieben worden ist. In der Natur ist es wichtig, dass sich außer den Eltern noch weitere Rudelmitglieder um den Nachwuchs kümmern. Deshalb werden einige Wölfinnen scheinträchtig. Für uns aber ist eine scheinträchtige Hündin meistens eine Belastung.

Das Rudeltier

Das erste und wichtigste Kennzeichen der Wölfe ist, dass sie in einem Rudel leben. Als Mitglied eines Rudels hat das einzelne Individuum größere Möglichkeiten, sich Nahrung zu beschaffen und sich vor Gefahren zu schützen. Allein ist der Wolf ein ziemlich schlechter Jäger, im Rudel ist er jedoch wesentlich erfolgrei-

„Dein Hund ist eigentlich ein Wolf". Könnte man das z. B. von einem Pekinesen sagen? Im Grunde ja. In den ca. 10 000 Jahren, seit denen unsere Haushunde existieren und an der Seite des Menschen verbracht haben, hat sich das Verhalten der Hunde, das sie von den Wölfen geerbt haben, nicht nennenswert geändert.

cher. Die Beutetiere sind manchmal schnell und stark – auch große Tiere wie z. B. Elche – und ein einzelner Wolf hätte nie eine Chance, eine solche Beute allein zu schlagen. Aber im Rudel gelingt dies. Wölfe zeigen eine hoch entwickelte Zusammenarbeit. Bei der Jagd auf Beute scheint es so, dass sie auch inmitten der wildesten Situationen während der Jagd untereinander kommunizieren.

Es sind häufig alte, kranke und schwache Tiere, die den Wölfen zum Opfer fallen. Sie schaffen es nicht mehr, sich ebenso wirkungsvoll wie ein junges und gesundes Tier zu verteidigen oder zu fliehen. Eine Studie auf Royal Island, einer Insel im Lake Superior an der Grenze zwischen den USA und Kanada, zeigte, dass es einem Wolfsrudel bei einer Herde von 100 Elchen nur gelang, sieben Tiere zu töten, die übrigen 93 waren gesund, stark und schnell.

49

Zusammen reden – nicht kämpfen

Hunde haben eine gut entwickelte „Sprache", die sie bei der Kommunikation mit anderen Hunden anwenden. Diese Sprache ist auf der Basis von Körpersignalen aufgebaut: Gesichtsmimik und unterschiedliche Gesten, die sie mit Hilfe des Körpers ausführen, dazu kommen einige Laute und Duftsignale. Dass der Wolf eine „Sprache", also eine Form der Kommunikation entwickelte, wurde vor allem deshalb notwendig, weil er so wirkungsvolle Waffen besaß. Seine Zähne und seine Kiefer sind darauf eingestellt, ein Beutetier zu töten. Häufig ist das Beutetier viel größer und kräftiger als der Wolf selbst. Aber seine Zähne dringen durch das dichte Fell des Beutetieres, die dicke Lederhaut, Sehnen und Muskeln und verursachen tödliche Verletzungen.

Hunde sind wie die Wölfe Rudeltiere. Wenn der Hund alleine zu Hause ist und heult, ruft er nach seinen zweibeinigen Rudelkameraden.

Mit Hilfe der gut entwickelten Körpersprache lösen die Wölfe die meisten Probleme. Der normale, gut angepasste Hund reagiert auf die gleiche Art.

Würden die Wölfe diese Waffen auch gegeneinander anwenden, wären viele von ihnen nicht in der Lage, sich an der Jagd oder bei der Verteidigung des Rudels zu beteiligen – weil sie verletzt wären. Sie würden Infektionen haben und an Blutmangel, zerstörten Beinen und Pfoten, verrenkten Hüften und zerrissenen Ohren leiden. Das Leben in einem Rudel wäre unmöglich. Deshalb entwickelten sie eine Sprache. Statt zu kämpfen, können sich Wölfe gegenseitig bedrohen. Sie erschrecken sich gegenseitig, statt sich zu beißen, demonstrieren Stärke, anstatt sich gegenseitig zu verletzen. Und diese Sprache finden wir auch bei unseren Hunden wieder.

Eine Lektion in der Hundesprache

Es ist wichtig für uns, dass wir die Sprache unseres Hundes richtig übersetzen können und verstehen, was er „sagt". Er vermittelt uns in jedem Augenblick und an jedem Tag eine Vielzahl von Mitteilungen. Und nicht nur das, er studiert auch unsere „Körpersprache". Weil er selbst mit Körpersignalen spricht, „liest" er auch die Signale der anderen. Deshalb müssen wir uns darüber im Klaren sein, was wir eigentlich mit unserem Körper dabei ausdrücken,

51

1. Zwei Hunde begegnen sich: „Ich bin so gut wie du!"

2. „Bist du sicher? Bist du davon überzeugt?"

3. „Okay, dann beweise es!"

4. Ein kurzer Kampf.

5. Einer ergibt sich und zeigt Unterwerfung. Der andere demonstriert seine Führerschaft und seine Überlegenheit.

6. Auf dem Rücken liegend, die Beine in der Luft, den Schwanz zwischen den Beinen: das bedeutet totale Unterwerfung. Der Sieger untersucht die Geschlechtsteile des Verlierers.

wenn wir mit unseren Hunden in unserer menschlichen Sprache, den Worten, reden. Wir dürfen also nicht gleichzeitig verschiedene Informationen vermitteln, eine mit dem Körper und eine andere mit der Stimme, wenn wir wollen, dass uns der Hund versteht. Man kann dieses Phänomen bei vielen Hundebesitzern beobachten, wenn sie ihren Hund zu sich rufen und dieser nicht kommt. Nach kurzer Zeit vergeblichen Rufens ist der arme Hundebesitzer wütend und brüllt seinen Hund an: „Wenn du nicht augenblicklich kommst!" Aber er hat dabei seine Hände in die Seite gestützt, lehnt sich nach vorne, starrt den Hund drohend an und schneidet die gefährlichsten und furchterregendsten Grimassen. Mit der Stimme sagt er einerseits, dass der Hund kommen soll, aber mit der Körpersprache bringt er andererseits zum Ausdruck, dass er wütend ist, und der Hund wird dann bestimmt nicht kommen. Die Körpersprache wird hauptsächlich dazu verwendet, um Dominanz und Unterwerfung auszudrücken. Die Absicht der Natur besteht darin, auf diese Weise einen Kampf zu vermeiden. Ein Wolf oder Hund soll drohen können und die Gegenpartei soll sich unterwerfen können.

Mimik

Das Gesicht ist derart aufgebaut und gezeichnet, dass es in allen Teilen deutlich strukturiert erscheint. Es kann in verschiedenen Winkeln gezeigt werden, das Kinn gesenkt oder erhoben, auf etwas zu- oder abgewendet. Häufig ist das Gesicht eingerahmt. Bei Wölfen geschieht dies im Allgemeinen mit helleren Farbzeichnungen der Wangen. Bei vielen Hunden wird das Gesicht durch die Gesichtszeichnung wirkungsvoll betont. Sogar die Richtungen der Fellhaare können dazu beitragen, das Gesicht einzurahmen und hervorzuheben. Das Fell wächst in verschiedenen Längen und Richtungen: Am Hals ist es nach unten gerichtet, an den Seiten wächst es nach hinten, im Gesicht selbst wachsen die Haare nach oben.

Das Gesicht hat viele Signalmöglichkeiten durch Mund, Ohren, Kopfhaltung und Augen. Die wichtigsten „Sprachorgane" sind die Augen.

Das Gesicht des Wolfes ist voller Ausdrucksmöglichkeiten.

Augen

Der Hund kann nahezu alle seine Gemütsbewegungen mit den Augen ausdrücken – vom inbrünstigen Hass bis zur angsterfüllten Unterwerfung. Rund um das Auge befindet sich eine Vielzahl kleiner Muskeln, die es ermöglichen, die Form der Augenumgebung zu ändern.

Weitere Hilfsmittel sind die Augenbrauen und das Stirnrunzeln. Wie bei uns Menschen können sich die Augenbrauen heben, senken und zusammenziehen. Sie sind daran beteiligt, den Augen und dem ganzen Gesicht einen jeweils anderen Ausdruck zu geben. Die Stirnrunzeln und bei vielen Hunderassen auch die Augenbrauen werden durch einen Strich im Fell in helleren Farben hervorgehoben, was ebenfalls dem Blick Charakter verleiht. Damit die Augen so gut wie möglich gesehen werden können, sind sie oft von einem helleren Fell eingerahmt.

Ein Beispiel für die Fähigkeit des Hundes, mit den Augen zu sprechen: Ein Hund, der einem anderen gegenübersteht, kann diesen mit einem scharfen, drohenden Blick herausfordernd anstarren. Hingegen der gleiche Hund zu Hause am Esstisch: Die Augen des Hundes sagen nun mit aller wünschenswerten Deut-

Die gleichen Möglichkeiten für eine deutliche Mimik finden wir bei Hunden, deren Zeichnung der des Wolfes ähnelt.

lichkeit, dass er sich gefährlich nahe am Hungertod befindet. Hunde können mit verlängertem Augenkontakt herausfordern. Sie starren dabei einen anderen Hund, aber auch Menschen, nur ein bisschen länger an. Gleiches gilt auch für eine Person, die einem Hund länger in die Augen starrt. Der Hund kann sich bedroht fühlen und beginnt vielleicht zu knurren. Will man einem Hund mitteilen, dass man harmlos ist, dann sollte man den Blick abwenden. „Ängstliche" Hunde sind oftmals in Wirklichkeit nicht ängstlich, sondern sie sind nur überempfindlich gegenüber den Drohsignalen, die ihnen durch die menschliche Körpersprache vermittelt werden.

Mit Hilfe der verschiedenen Bezirke des Kopfes kann der Hund eine ganze Reihe von Botschaften übermitteln. Die Haltung des Kopfes, die Richtung des Gesichtes und die Stellung der Ohren und des Maules können für sich allein oder miteinander eine wirkungsvolle Basis der Mimik sein.

Die Richtung des Gesichtes

Durch unterschiedliche Kopfhaltung teilt der Hund mit, ob er herausfordernd, selbstsicher, unsicher, ängstlich oder entwaffnend neutral ist. Der Hund kann z. B. sein Gesicht direkt dem Fremden zuwenden oder er dreht es nur eine Spur zur Seite. Durch die direkte Zuwendung des Gesichtes zeigt er sich interessiert, selbstsicher oder drohend. Dreht er sein Gesicht nur eine Spur zur Seite, bedeutet dies Unsicherheit, Angst, Unterwerfung oder

Es ist nicht leicht, Körpersprache und Mimik zu zeigen, wenn das Ganze in einem Fell eingehüllt ist. Ein derartiger Hund ist immer in Gefahr, von anderen Hunden missverstanden zu werden.

Die beiden Zeichnungen rechts zeigen selbstsichere Hunde, oben in Ruhe, ganz rechts wütend. Links ist ein ängstlicher Hund abgebildet.

dass er keinen Kampf beginnen möchte. Dieser kleine Unterschied, der im direkt zugewendeten oder leicht abgewendeten Gesicht liegt, hat also für den Hund eine große Bedeutung.

Sie können diese Hundesprache auch selbst verwenden. Kommt Ihnen z. B. ein Hund entgegen, der wütend wirkt, sollten Sie ruhig stehenbleiben und das Gesicht abwenden. Sie signalisieren dem Hund damit, dass Sie keine Konfrontation wünschen. Er wird sie dann wahrscheinlich in Ruhe lassen.

Kinnhaltung

Die Art der Kopfhaltung ist ebenfalls von Bedeutung. Ein selbstsicherer und leicht drohender Hund wird das Kinn zur Brust biegen. Dadurch werden das Gesicht, die Ohren und das gesträubte

Rückenfell deutlich sichtbar. Sollen Unterwerfung oder Angst zum Ausdruck kommen, wird der Nacken gesenkt und das Kinn gehoben. Das Gesicht, die Ohren und die Nackenhaare sind dadurch nur noch schwer zu erkennen.

Sie können während des Spiels oder beim Streicheln die vielen unterschiedlichen Kopfhaltungen beobachten. Z. B. bilden Kopf und Nacken eine Linie, wenn der Hund Ihnen seine Nase zuwendet, oder er stupft ein bisschen mit der Nase, um Aufmerksamkeit zu erwecken, oder er hält seine Nase in die Höhe, ein deutliches Zeichen dafür, dass er keinen Streit haben möchte, sondern ein friedliches Spiel.

Ohren

Die Ohren sind das deutlichste und am leichtesten zu verstehende „Sprachorgan" der Hunde. Die ursprünglichen Hunderassen hatten alle aufrecht stehende Ohren wie z. B. der Deutsche Schäferhund. Mit der Entwicklung der verschiedenen Rassen entstanden auch Rassen wie der Retriever und der Spaniel, die hängende Ohren haben. Aber sowohl die stehenden als auch die hängenden Ohren werden von den gleichen Muskeln gesteuert.

Dreht der Hund die Ohren nach vorne, damit er gut hören kann, drückt dies Selbstsicherheit, Drohung oder Interesse aus. Liegen die Ohren nach hinten, zeigt dies Unsicherheit, Unterwerfung und Angst an. Es kann aber auch heißen, dass der Hund freundlich eingestellt ist und einem Streit aus dem Wege gehen möchte. Wahrscheinlich spielt Ohrensprache auch eine Rolle, wenn der Hund sich bemüht, für eine Weile größer oder kleiner zu erscheinen. Indem er sie stellt, sieht er größer und stärker aus, legt er sie zurück, wirkt er kleiner.

Wenn Sie nahen Körperkontakt zu Ihrem Hund suchen, ihn z. B. umarmen, bietet sich eine gute Gelegenheit, die Sprache der Ohren zu studieren. Da Nähe und Körperkontakt für den Hund sehr belastend sind und er sich dadurch leicht gedrückt fühlt, legt er die Ohren an oder dreht sie auch nach hinten, damit sie ganz flach liegen. Er demonstriert hierdurch seine friedliche Stimmung und dass er nicht die Absicht hat, die Nähe zu missbrauchen. Bei vielen Hunden, die „bei Fuß" gehen, kann beobachtet werden, dass sie die Ohren nach hinten legen, da von ih-

Mit dem Vorbeugen zum Hund (starke Dominanz), Lächeln (Zähne zeigen) und dem Ausstrecken der Hand zum Hund (beginnender Angriff) können Sie einen Angriff durch einen ängstlichen Hund provozieren. Er hat Ihre Körpersprache in die „Hundekörpersprache" übersetzt – die einzige Sprache die er kennt.

nen gefordert wird, sich in unmittelbarer Nähe ihres Frauchens oder Herrchens aufzuhalten.

Maul

Das Maul und die Lippen sind ebenfalls für die Körpersprache wichtig. Man kann erkennen, ob ein Hund sicher oder unsicher ist, indem man ihm einfach auf das Maul schaut. Will der Hund Wut zeigen, zieht er seine mit der Vielzahl von Muskeln versehene

Hocken Sie sich hin, wenden Sie das Gesicht ab und strecken Sie „freundlich" die Hand nach vorne, damit der Hund daran riechen kann. Überlassen Sie es einem unsicheren Hund, ob er mit Ihnen Kontakt aufnehmen möchte.

Oberlippe nach oben und entblößt auf diese Art die Zähne des Oberkiefers. Wenn ein Mensch richtig wütend wird, tut er das genaue Gegenteil: Wir ziehen die Unterlippe nach unten, so dass die Zähne des Unterkiefers entblößt werden. Dieses Verhalten haben wir von unseren Vorfahren, den Affen, geerbt. Diese zeigen ihre Wut auf die gleiche Art wie wir. Wenn wir Freundlichkeit zeigen wollen, ziehen wir die Oberlippe nach oben und lächeln. Das entspricht aber gerade dem Signal des Hundes für Wut und

Die Ohrenstellung spielt in der Hundesprache eine wichtige Rolle. Dieser Hund zeigt weder Angst noch Unsicherheit. Der gesamte Gesichtsausdruck bedeutet, dass der Hund freundlich eingestellt ist.

Aggressivität. Es ist also nicht verwunderlich, wenn einige Hunde Unterwerfung zeigen, sobald ein Mensch sie anlächelt.

Man kann verhältnismäßig leicht entscheiden, ob ein scheinbar wütender Hund wirklich wütend ist. Zeigt er die Zähne und zieht die Mundwinkel nach vorne, so dass man nur die vorderen Zähne sehen kann, ist er in seiner Drohung selbstsicher und es ist klug, wenn man seine Finger von ihm lässt. Aber zieht er die Mundwinkel nach hinten und entblößt die gesamte Zahnreihe, ist er unsicher und ängstlich. Hier ist die richtige Vorgehensweise, sich hinzuhocken, das Gesicht etwas abzuwenden und beruhigend mit dem Hund zu sprechen. So schließt man Freundschaft.

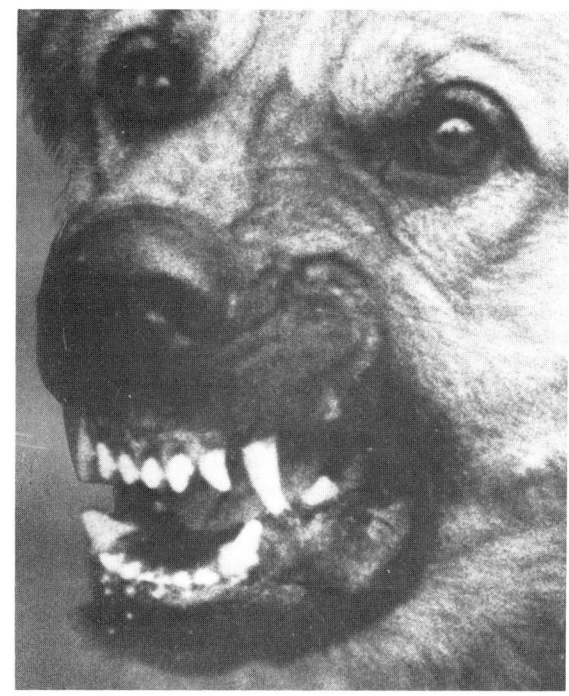

Das Maul und die Lippen enthüllen deutlich die Laune und die Absichten des Hundes. Sieht dies so aus wie auf diesem Bild, ist es nicht klug zu versuchen, noch näheren Kontakt aufzunehmen.

Andere Körpersignale

Will ein Hund imponieren oder drohen, versucht er so groß wie möglich zu erscheinen. Er wirkt aufgeblasen, streckt seine Beine. Es sieht so aus, als würde er „ganz auf den Zehenspitzen" gehen. Er sträubt die Bürste und stellt den Schwanz hoch. Ist er ein sehr selbstsicherer Hund, richtet er die Nackenhaare und die Haare des ersten Teils des Rückens als Bürste auf und hebt den Schwanz. Möchte der Hund Unterwerfung zeigen, führt er genau das Gegenteil aus: er krümmt sich zusammen und sinkt mit den Beinen nach unten. Evtl. sträubt er die Bürste, aber in diesem Fall über den

Durch Ohrstellung und Mimik vermittelt dieser Hund, dass er entspannt und freundlich eingestellt ist.

ganzen Rücken. Er senkt den Schwanz und, wenn er sehr ängstlich ist, versteckt ihn zwischen den Beinen.

Aus der Beobachtung der Schwanzhaltung kann man vieles über die Stimmung des Hundes ablesen. Betrachten Sie nur einmal die Zeichnungen und Sie werden erkennen, wieviel der Schwanz ausdrücken kann.

Sowohl die Kopfhaltung als auch die Bewegungsabläufe sind sehr aussagekräftige Hilfsmittel. Freie, fließende Bewegungen beobachtet man beim unbekümmerten Hund. Steife Bewegungen bei einem abwartenden Hund. Ein untertäniger Hund wird sich oft mit kleinen, trippelnden Schritten bewegen. Der dominante, selbstsichere Hund hat häufig seinen Schwerpunkt vorne liegen, während der unterlegene Hund seinen Körperschwerpunkt mehr nach hinten verlagert.

Der Schwanz ist ein wichtiges Kommunikationsmittel des Hundes. Die hier skizzierten Situationen sind nur einige Beispiele der vielen Signale, die durch den Schwanz vermittelt werden können. Den Schwanz zu kupieren ist gleichbedeutend mit der Entfernung eines Teils seiner Ausdrucksfähigkeit.

1. Unsicher und drohend (übertrieben hohe Haltung des Schwanzes)

2. Bereitschaft

3. Selbstsicherheit

4. Selbstsicher und drohend

5. Entspannt

6. Beginnende Aktivität

7. Leichte Unsicherheit

8. Unsicherheit

9. Untertänigkeit

10. Angst

65

Lautsprache

Hunde verwenden unterschiedliche Kategorien von Lauten in ihrer Sprache. Sie bellen, heulen, winseln, knurren oder schreien. In Verbindung mit der Körpersprache wird durch die Lautsprache der Wille des Hundes unterstrichen.

Bellen

Der Hund bellt vor allem, um zu warnen. Der Zweck ist, den Rest des Rudels zu alarmieren, z. B. weil es an der Tür geklingelt hat. Im Wildhundrudel wird mit Hilfe des Alarmsignals gewarnt, weil sich ein fremdes Raubtier nähert.

Ist der Hund allein zu Hause, kann er ja niemanden warnen, darum schweigt er, wenn es an der Tür klingelt. Aber ist nur ein Familienmitglied da, wird der Hund bellen und Alarm schlagen.

Welpen werden vom Warngebell stark beeindruckt. Unter natürlichen Bedingungen ist dies häufig das Signal zur Flucht. Daran sollte man denken, wenn man einen erwachsenen Hund hat und sich einen Welpen anschafft. Es klingelt an der Tür. Der erwachsene Hund bellt zur Warnung. Der Welpe begreift, dass da eine Gefahr ist und möchte sich vielleicht verbergen. Ein Fremder kommt herein. Der Welpe verbindet das Erlebnis der Warnung und der Flucht mit dem Erlebnis des Fremden. Der Welpe beginnt gegenüber Fremden ängstlich zu werden. So leicht kann ein Problem entstehen.

Viele haben Probleme mit bellenden Hunden und beginnen zu schimpfen, wenn es an der Tür klingelt. Vielleicht probiert man, den Hund mit wütendem Geschrei zu übertönen, um ihm so zu bedeuten, still zu sein. Dies hilft jedoch nicht! Der Hund ist so aufgeregt, dass das Schimpfen ihn nur noch mehr zum Bellen anregt. Er fühlt sich unterstützt und bellt weiter. Das unerwünschte Verhalten wird unbeabsichtigt belohnt. Nur ein ruhiges Verhalten an der Tür kann den Hund beruhigen.

Es gibt natürlich viele Variationen von Bellen und Gebell. Der Hund kann aus Freude bellen, wenn Sie nach Hause kommen, er kann bellen, um zum Spiel aufzufordern, er bellt, wenn ein Fremder kommt, wenn er jagt und wenn er auf einer Wildspur ist. Es könnten noch weitere Beispiele angeführt werden. Man kann sein

Das gemeinsame Heulen hat eine wichtige Funktion beim Zusammenhalt des Rudels. Das trifft sowohl für Wölfe als auch für Hunde zu. Außerdem hat das Heulen die Funktion, das Revier gegenüber anderen Rudeln zu markieren.

Ohr trainieren, um die Unterschiede bei den verschiedenen Bellarten herauszuhören. Insbesondere bemerkt man dann, dass der Ton des Gebells heller oder dunkler sein kann. Der Ton des glücklichen und freundlichen Gebells ist meistens hell.

Heulen

Das Heulen ist eine interessante Ausdrucksart. In der Natur hat das Heulen verschiedene Funktionen. Vor allem wird es angewandt, um die Ausdehnung des Territoriums für andere Rudel zu markieren. Gleichzeitig wird das Heulen eingesetzt, um das Rudel zusammenzuhalten. Man hat sowohl bei Hunden als auch bei Wölfen beobachtet, dass das Heulen die Tiere wie ein Magnet anzieht. Deshalb kann es eine ausgezeichnete Methode für das Herbeirufen sein, wenn man gelernt hat, überzeugend zu heulen.

Nach einem Unfall rannte einmal ein Jagdhund los. Mit einer unglaublichen Geschwindigkeit verschwand er über ein Feld in einen Wald, während der verzweifelte Besitzer nach ihm rief und schrie. Der Hund schien taub zu sein. Da ich zufällig Augenzeuge wurde, forderte ich ihn auf, es einmal mit Heulen zu versuchen. Zuerst sah er mich mit einem Blick an, der zu erkennen gab, dass er stark an meinem Verstand zweifelte. Aber nach einer kurzen Diskussion stimmten wir gemeinsam in ein richtiges Wolfsgeheul ein. Und tatsächlich, einen Augenblick später tauchte der Hund wieder auf – in schnellem Galopp. Es war das erste Mal, dass der Vierbeiner einem „Heimruf" gehorchte.

Doch hier eine gut gemeinte Warnung: Man sollte das Heulen nicht in Sicht- und Hörweite einer Person praktizieren, die nicht in die Bedeutung dieses Lautes eingeweiht ist. Das könnte unangenehme Konsequenzen haben. Stellen Sie sich einmal vor, sie begegnen in einem dunklen Park einer Person, die gegen den Himmel heult...!

Es wird vermutet, dass das Heulen auch den Zusammenhalt des Rudels stärkt. Oft heulen die Wölfe, um sich zu versammeln; wenn einer beginnt, werden die anderen mitgerissen. Sie können nicht still sein. Heulen „steckt an". Es kann mit unserem Chorgesang verglichen werden. Oft beginnt der Hund zu heulen, wenn wir ein bestimmtes Instrument spielen oder wenn der Krankenwagen mit heulenden Sirenen vorbeifährt. Es hat nichts damit zu tun, dass der Hund Schmerzen in den Ohren hat. Im Gegenteil, der Hund wird von dem, was „heult" und eine Instinkthandlung auslöst, angezogen.

Winseln

Der Hund kann verschiedene winselnde und fiepende Laute hervorbringen. Häufig sind es Laute der Unterwerfung, die z.B. verwandt werden, wenn er die Mundwinkel eines dominanteren Hundes leckt. Der Hund kann auch winseln, wenn er sehr aufgeregt ist, das kann z.B. jedes Mal dann sein, wenn er mit dem Auto mitgenommen wird. Hier hilft es nicht, zu schimpfen und zu drohen. Der Hund winselt, weil er gestresst ist. Das Problem kann nur gelöst werden, indem man zuerst die Faktoren ergründet, die diesen Stresszustand auslösen (s. S. 189 ff.), und danach ruhig und systematisch mit dem Hund trainiert.

Knurren

Das Knurren ist häufiger ein Ausdruck von Unsicherheit und Angst als eine ernst gemeinte Drohung. Es ist öfter ein Ausdruck der mangelnden Sicherheit und des Zutrauens als des mangelnden Respekts vonseiten des Hundes. Dies lässt sich an den Körpersignalen, die der Hund gleichzeitig aussendet, deutlich erkennen. Die Schwanzhaltung ist tief, evtl. zwischen den Beinen, und die Ohren sind nach hinten gelegt. Ein anderer Hund wird einen solchen Hund nie angreifen, gleichgültig wie stark er knurrt.

Wir Menschen haben eine deutlich andere Auffassung vom Knurren. Wir übersetzen dies als eine aggressive Handlung und werden auf den Hund wütend. Aber da es oft Angst und Unsicherheit sind, die das Knurren beim Hund auslösen, hilft dies in keiner Weise. Im Gegenteil!

Wenn der Hund etwas bewacht, z. B. das Fressen oder einen Knochen, kann er zu knurren beginnen, wenn man ihm zu nahe kommt. Dies macht viele Menschen wütend und einige sind der Meinung, ihren Hund bestrafen zu müssen. Dies ist das Schlimmste, was man tun kann. Der Hund knurrt und bewacht sein Eigentum, weil er der sich nähernden Person nicht traut. Beachten Sie einmal die Körpersignale: Schwanz unten zwischen den Beinen, die Ohren nach hinten gelegt und eine zusammengekrümmte Körperhaltung. Der Hund ist unsicher und ängstlich und sagt auf diese Weise: „Ich traue dir nicht." Beginnt man nun zu schimpfen und den Hund gar noch zu schlagen, wird dadurch das Vertrauen nicht gestärkt. Nein, zeigen Sie stattdessen dem knurrenden Hund, dass Sie verstehen, dass er Angst hat. Gehen Sie fort und lassen Sie ihn in Frieden. Sagen Sie nichts zu ihm. Der Hund versteht dann, dass er keine Angst zu haben braucht und die Zuversicht und das Vertrauen können beginnen sich zu entwickeln. Erst dann, wenn Sie einen glücklichen und vertrauensvollen Hund haben, beginnen Sie ihm beizubringen, seine Mahlzeit nicht zu bewachen.

Schreien

Ein Hund kann vor Freude, Aufregung, Schreck oder Schmerz schreien. Geschieht es aus Freude oder wegen Aufregung, dauert es nie lange und ist ein Ausdruck der Lebensfreude. Aber schreit ein Hund vor Schreck oder Schmerzen besteht die Gefahr, dass er einen Schock erlitten hat. Dieser Schock muss sofort behandelt werden (s. S. 226).

Kapitel 4:
Das Rudel

Ein Wolfsrudel ist nach dem Familienprinzip aufgebaut. Die führenden Tiere sind die ursprünglichen Eltern. Die anderen Mitglieder des Rudels sind Nachkommen aus einigen Generationen. Vielleicht wurden auch einzelne, allein umherstreifende Tiere aufgenommen. Normalerweise wird pro Jahr ein Wurf Welpen geboren. Es sind die Leittiere, die sich im Februar/März paaren und zwei Monate später Welpen werfen. Wölfe leben in einem abgegrenzten, aber weitläufigen Gebiet. Hier streifen sie umher, ausgenommen in der Zeit, in der die Welpen geboren werden und in der ersten Zeit danach. Da hält sich das Rudel in der Nähe der Höhle auf und verteidigt sie intensiv gegen das Eindringen von Fremden.

Durch den Herbst und den Winter zu kommen, kann für ein Wolfsrudel schwierig sein. Der Futtermangel zwingt das Rudel ständig zur Wanderschaft durch das Jagdrevier. Dessen Ausdehnung kann sich auf 300 km^2 oder mehr erstrecken und das Rudel markiert sein Jagdgebiet mit Hilfe von Duftmarkierungen und Urinmarken. Durch das bereits genannte Heulen ist es ebenfalls möglich, fremde Wolfsrudel auf Abstand zu halten. Das Treffen zweier Wolfsrudel kann zu einem blutigen Kampf führen, aber meistens bevorzugen es die Tiere, eine Konfrontation zu vermeiden.

Rangordnung

Innerhalb des Wolfsrudels sind die Verhältnisse ziemlich stabil, abgesehen von der Winterzeit, wenn die Wölfinnen läufig werden. Dann können einige Wölfe beginnen, miteinander zu kämpfen, ausgelöst durch die Veränderungen im Hormonsystem. Früher sprach man von Rangordnungsstreitigkeiten, aber zwischenzeitlich haben Ethologen diesen Begriff in Frage gestellt, obwohl er von vielen Hundebesitzer immer noch verwandt wird.

Ein Welpe, der im Rang tief steht, nähert sich dem Rudelführer mit allen Zeichen der Unterwerfung und versucht, sich einzuschmeicheln. Diese Bilder kommen auch bei unseren erwachsenen Hunden vor, wenn sie einem überlegenen Hund oder Menschen gegenüberstehen.

Bei einem Wolfs- oder Wildhunderudel sind im Allgemeinen die Leittiere leicht zu unterscheiden. Nicht nur weil sie bestimmte Polizeiaufgaben übernehmen, ihnen gegenüber werden auch sehr viel Aufmerksamkeit und die meisten Signale der aktiven Unterwerfung im Rudel gezeigt. Sie werden meist am Mundwinkel geschleckt, das Schwanzwedeln wird in ihrer Gegenwart intensiver und es entsteht der Eindruck, als würden die jüngeren Tiere ihnen ihre Aufwartung machen. Der schwedische Wolfsexperte Hans-Ove Larsson hebt hervor, dass ein Wolfsrudel im Großen und Ganzen einer Durchschnittsfamilie ähnelt, mit einem liebevollen

Zusammenhalt und kleinen Streitereien zwischen den Kindern um unterschiedliche Besitztümer.

Wir müssen umdenken!

Immer wieder sprechen wir von der „Rangstufe", über „ranghohe" Hunde, über die „Rangleiter", über das „Hochsteigen in der Rangordnung", das „Übernehmen der Führerschaft", die „Dominanz" usw. Aber viele Ethologen stellen diese Sprache, die Bedeutung dieser und ähnlicher Begriffe in Frage. Wir müssen uns eine andere Sichtweise zulegen. Wir müssen versuchen, „anders herum" zu denken.

Die jüngeren Tiere umwerben die Älteren

Es sind die schwächeren und die jüngeren Tiere, die besonders aktiv sind. Sie sind diejenigen, die die älteren Tiere aufsuchen und ihnen gegenüber ihre unterwürfige Freude zeigen. Sie krümmen sich zusammen und zeigen mit vielen anderen Signalen ihre Unterwerfung. Mit besonders schnellem Schwanzwedeln zeigen sie ihr mit Liebe vermischtes Glück. Der Ältere verhält sich in dieser Situation vollkommen passiv. Manchmal sieht es so aus, als wäre ihm diese Aufwartung lästig.

Es ist selten, dass das ältere Tier versucht, den anderen mit Drohsignalen oder einem aggressiven Ausdruck zu verjagen oder ihn auf den Rücken zu legen. Dies geschieht, wenn etwas Wertvolles bewacht wird, z. B. Futter in einer Periode des Nahrungsmangels. Aber auch das jüngere und schwächere Tier kann dieses Verhalten gegenüber einem Älteren zeigen.

Die bisherigen Vorstellungen müssen geändert werden

Wir müssen uns an den Gedanken der „umgekehrten Rangordnung" gewöhnen, d. h., dass ein Befehl nicht von oben nach unten weitergeleitet wird, sondern dass sich die Signale der Unterwerfung von „unten nach oben" richten. Der zugrunde liegende Maßstab, dem gefolgt wird, ist meistens das Alter. Das jüngere Tier respektiert, verehrt und umwirbt das ältere Tier mit den Gesten seiner Wertschätzung, der sogenannten aktiven Unterwerfung.

Es sind die jüngeren Tiere, die mit der aktiven Unterwerfung beginnen oder es ist die Situation, die die typischen Signale auslöst. Zum Beispiel kann ein Anknurren von einem Älteren ausreichen oder die Tiere treffen sich nach einer Zeit der Abwesenheit wieder. Solche Vorkommnisse können zu einem Resultat führen, das für uns Menschen so aussieht, als wäre dies eine Kaskade von Liebesbezeugungen vonseiten des jüngeren, aber es sind Signale der aktiven Unterwerfung.

Unterdrückte Hunde sehen glücklicher aus
Ist eine Person zu ihrem Hund sehr hart und fordernd, wedelt dieser stärker mit dem Schwanz, legt die Ohren nach hinten, hebt sein Kinn und zieht seine Mundwinkel zurück. Sein Verhalten ähnelt dem eines Welpen. Diese Signale zeigen Untergebenheit. In den Augen des Menschen sieht er glücklich und welpenhaft aus. Es scheint dann so, als wären Hunde von Personen, die sich härtere Ausbildungsmethoden erlauben, glücklicher über diese harte Form der Haltung. Es ist einfach falsch, diesen Ausdruck als Freude zu interpretieren. Es ist Unterwerfung. Genauso verhält sich auch ein Hund, dem versehentlich auf die Pfoten getreten wurde!

Das Loslassen des Prestige
So menschlich denken wir im Allgemeinen, meistens in den Begriffen Gewinn und Verlust. Knurrt uns ein Hund an und wir ziehen uns zurück, glauben wir, der Hund hätte nun einen Sieg errungen. Wir glauben, dass er seine Position ständig verbessern will und er sich stets in einem Machtkampf befindet. Wir glauben, dass wir verlieren, wenn wir nicht auf solche Tendenzen achten und den Hund so oft wie möglich auf seine niederste Position verweisen.

Aber in der Welt des Hundes geschieht dies nicht in dieser Form, es gibt keinen Machtkampf. Die Hunde streben nicht stets nach mehr Macht. Sie lauern uns nicht ständig auf und versuchen einen größeren Einfluss zu bekommen. Sie versuchen auch nicht ständig, in irgendeiner Rangordnung emporzusteigen, um am Schluss die Herrschaft über die Familie zu übernehmen.

Habgier – nicht Machtgier

Keiner, der einen Knochen, Futter oder sonst etwas bewacht, tut dies, um ein Führer zu werden. Er will nur in Ruhe seinen Knochen, sein Futter oder sonstiges haben. Er knurrt nicht aus Machtgier, sondern weil er uns in diesem Augenblick nicht traut. Er glaubt, dass wir ihm seinen Besitz wegnehmen wollen. Dies ist keine Frage des fehlenden Respekts, sondern eine Frage des fehlenden Vertrauens!

Es gibt mehrere Beispiele, sowohl bei den Haushunden als auch bei den Wildhunden und Wölfen, dass jüngere und schwächere Individuen ältere und stärkere Tiere anknurren, um z. B. Ruhe beim Fressen zu haben. Und der Ältere tut nichts. Er hat dadurch keinerlei Respekt- oder Prestigeverlust erlitten. Im Gegenteil, er hat Vertrauen gewonnen. In der Tierwelt gibt es den Begriff „Gesichtsverlust", d. h. Prestigeverlust, nicht. Dies gibt es nur beim Menschen.

Die Führerschaft

Das führende Paar ist nicht hart, autoritär und bestimmend, sondern eher das Gegenteil. Es sind ja die Eltern und ihre Autorität liegt in ihrem höheren Alter und ihrer ruhigen Selbstsicherheit. Sie werden äußerst selten aggressiv, um Konflikte zu lösen.

Es ist wichtig, daran zu denken, dass Führerschaft nichts mit Härte zu tun hat. Wir Menschen sollten versuchen, diesen sicheren und ruhigen Elterntieren nachzueifern, die ein prestigeloses Verhältnis zu den Hunden haben. Natürlich müssen die menschlichen Familienmitglieder entscheiden und bestimmen. Wir leben zu kompliziert, um immer dulden zu können, was Hunde tun wollen. Aber dies sollte in einer freundlichen und netten Art geschehen, aufmunternd, statt strafend, eher mit Leckerbissen, als drohend. Vor allem sollten wir nicht glauben, dass ein ungehorsamer Hund unsere Führerrolle in Frage stellt. Diese Übersetzung würde dem modernen, ethologischen Gedankengut direkt widersprechen. Die verbreitetste Ursache für Ungehorsam ist zu geringes Training! Es hilft nichts, die gute Laune zu verlieren, um damit schlechtes Training zu kompensieren. Diejenigen, die brüllen,

Durch eine freundliche Führerschaft ist der Hund mit Eifer bei der Sache.

schreien oder ihre Hunde schlagen, sind schlechte Führer. Unter natürlichen Bedingungen gibt es diese Führer nicht. Wahrscheinlich wird ein Hund durch eine solche Führerfigur nervös und irritiert oder er wird ganz einfach ängstlich.

Die Aufgaben der Führer

Es scheint, dass bestimmte Aufgaben dem Führer vorbehalten bleiben. In erster Linie sind dies selbstverständlich die Führung und der Schutz des Rudels. Meisten sind es auch die Leittiere, die z. B. die Beute auswählen. So kann ein Wolfsrudel eine ganze Zeit, manchmal tagelang, einer Rentierherde folgen und sie beobachten. Plötzlich erfolgt dann der Angriff auf ein Tier, meist ein schwaches, altes oder krankes Individuum. Es sind häufig die Leittiere, die entscheiden, welches Tier wann angegriffen wird. Nähert sich ein fremder Wolf dem Rudel, ist es der Leitwolf, der dem Fremden entgegengeht. Die anderen Rudelmitglieder bleiben derweil stehen, während er sich dem fremden Wolf nähert.

Die Familie ist das Rudel des Hundes

Das Verhalten der Hunde wird heute von den gleichen Mechanismen wie vor zehntausend Jahren gesteuert. Die Welt des „modernen" Menschen ist für den Hund ganz fremd. Er lebt ständig wie zu Urzeiten und wird dies immer tun. Der Hund gliedert den Menschen in seine Welt ein – nicht umgekehrt. Herrchen und Frauchen werden wie andere Hunde betrachtet und der Hund spricht in seiner Sprache mit ihnen. Er zweifelt einfach nicht daran, dass wir ihn verstehen. Wenn man zu einem Hund spricht, und es sieht so aus, als würde er jedes Wort verstehen, wird man in Wirklichkeit von den klugen Augen des Hundes genarrt. Ein Wort hat nur eine Bedeutung, wenn es erlernt und mit einer Handlung verknüpft wurde. Das Wort „Fressen" hat ursprünglich keine Bedeutung für den Hund, bekommt jedoch schnell den Charakter eines Signals. Wenn man z. B. sagt: „Komm heraus zu deinem Fressen, du alter, fauler Hund!", dann ist das Wort „Fressen" das einzige, was der Hund erfasst. Vom Rest des Satzes versteht er nichts. Man sagt ihn nur, um sich selbst zu unterhalten. Aber der Tonfall des Satzes und die Körpersignale, die man aussendet, wenn man spricht, werden vom Hund erfasst. Er sieht, was wir sagen.

Das bedeutet, dass man mit dem Hund in jeder Sprache sprechen kann, und er wird verstehen, was man sagt, vorausgesetzt, dass die Körpersignale und der Tonfall international sind. Jeder kann das folgende kleine Experiment zu Hause mit seinem eigenen Hund durchführen: Sagen Sie z. B., dass der Hund in seinen Korb gehen und sich hinlegen soll in einer für den Hund fremden Sprache, so wird er sofort zum Korb gehen und sich hinlegen.

Die Domestikation

Wenn man sagt, eine Tierart sei domestiziert, so meint man im Allgemeinen, dass sie bereits so viele tausend Jahre mit dem Menschen zusammengelebt hat, dass sie nicht mehr in einem derart hohen Maße von den natürlichen Trieben und Instinkten beeinflusst wird wie ihre wilden Vorfahren. Dieser Definition folgend ist der Hund nicht domestiziert! Welpen, die in den ersten vier Monaten nicht in den Kontakt mit Menschen kommen, werden sich genauso wie andere wilde Tiere aufführen. Sie haben Angst vor

Menschen und wenn man sie aufnimmt, werden sie wild um sich beißen. So oberflächlich ist die Domestikation. Dass der Hund dennoch der Freund des Menschen ist, wird einzig und allein dadurch verursacht, dass er von Geburt an im Kontakt mit Menschen aufwächst. Er wird auf den Menschen geprägt. Das heißt, dass er uns als Artgenossen betrachtet, weil er von Anfang an unter uns lebt. Geschieht diese wichtige Prägung beim jungen Hund nicht, wird er immer ein Wildhund bleiben.

Kapitel 5:
Grundlegende Verhaltensweisen

Damit sich ein Wolfsrudel behaupten kann, wird von jedem einzelnen Individuum verlangt, dass es bestimmten gemeinsamen Verhaltensweisen folgt. Nicht alles wird erlernt. Gewisse Verhaltensmuster müssen von Anfang an vorhanden sein, um später vielleicht durch Erfahrung und Training angepasst zu werden. Man hat diese angeborenen Verhaltensweisen früher als Instinkt bezeichnet, aber das Wort ist verschlissen und missbraucht worden, so dass es fast nicht mehr verwendet wird. Wie man diese angeborenen Eigenschaften bezeichnet, ist weniger wichtig. Wichtig ist es vielmehr, sie zu kennen. Und es ist interessant zu beobachten, wie bestimmte Eigenschaften in unseren Hunden zum Vorschein kommen, obwohl mindestens 15 000 Jahre seit dem Beginn der Domestikation bis zu unseren heutigen Rassen vergangen sind. Wir haben vieles ändern können, aber nicht die grundlegenden Verhaltensmuster, die unsere Hunde von ihren Vorfahren ererbt haben.

Beißhemmung

Eine der wichtigsten ererbten Eigenschaften unserer Hunde ist die Beißhemmung. Bestünde sie nicht, wäre es uns nicht möglich, Hunde zu halten. Zähne und Kiefer der Hunde sind dazu bestimmt, Beutetiere zu töten und zu fressen. Beutetiere sind aber oft bedeutend stärker als der Jäger selbst und mit einem dicken, kräftigen Fell und einer starken Lederhaut ausgestattet. Würden Wölfe oder Hunde diese Waffen gegeneinander anwenden, wäre die Effektivität des Rudels bedeutend geringer. Viele Tiere hätten schwere Verletzungen, Infektionen und bleibende Schäden, sie könnten sich kein Futter mehr beschaffen. Dies würde nicht sehr lange gut gehen. Selbstverständlich können blutige Auseinandersetzungen in einem Wolfsrudel auftreten, aber sie sind selten.

Mit Hilfe der Unterwerfungssignale kann ein unterlegener Hund die Drohung eines anderen Hundes stoppen. Die Signale können schwach sein, wie auf dem oberen Bild, oder stärker, wie auf dem unteren. Diese Signale sind für Tiere, die über derart starke Waffen verfügen wie Zähne und Kiefer bei Wolf und Hund, lebensnotwendig.

80

Totale Unterwerfung: Rückenlage mit dem Schwanz zwischen den Beinen.

Um die Anwendung dieser gefährlichen Waffen untereinander bei Streitigkeiten zu verhindern, sind auch die Hunde mit einer Beißhemmung ausgestattet, einer Art mentaler Blockierung, die sie daran hindert, Artgenossen zu beißen. Stattdessen gibt es die Fähigkeit, auf verschiedene Arten zu drohen, wenn Streitigkeiten aufkommen. Für den Menschen gilt dies ebenfalls. Auch wir haben wirksame Waffen, aber wenn wir uns über etwas streiten, greifen wir in der Regel nicht gleich zum Gewehr und erschießen den Gegner. Wir drohen verbal, ballen die Faust, sehen sehr wütend aus usw., aber wir vermeiden es in aller Regel, den anderen zu verletzen. Leider gibt es beim Menschen immer wieder Ausnahmen von dieser Regel.

Die Drohung kommt vor dem Angriff
Hunde wenden zuerst ihre Körpersprache an, wenn sie einander bedrohen. Die häufigsten Signale sind der verlängerte Augenkon-

takt und die entblößten Zähne. Dies ist eine sehr wirksame Drohung, die sofort dazu führen kann, dass sich der Gegner entfernt. Bevor ein Hund zu beißen beginnt, probiert er im Allgemeinen verschiedene Drohsignale aus. Helfen die schwächeren Signale nicht, verwendet er stärkere, z. B. Knurren. Fehlt es immer noch an Deutlichkeit, markiert er einen Biss in die Luft. Erst beim nächsten Schritt schnappt er in das Fell des Gegners. Erst wenn er all das ausprobiert hat, beißt er zu, aber auch dann noch nicht besonders fest.

Durch eine Untersuchung, die an Personen, die von Hunden gebissen worden sind, durchgeführt wurde, konnte festgestellt werden, dass die Bisse im Allgemeinen nicht allzu ernst waren. Es wurden 239 Fälle von Hundebissen aus 14 verschiedenen

Mit Hilfe übertriebener Unterlegenheitssignale kann der Unterlegene einem Konflikt ausweichen.

Wie die Wölfe begrüßen sich auch Hunde. Hier zeigen einige Wölfe gegenüber einem bekannten Menschen Begrüßungsrituale.

schwedischen Krankenhäusern ausgewertet. Danach hatten 68% nur geringfügige Verletzungen, 24% weniger schwere Verletzungen und nur 8% hatten schwerwiegende Verletzungen.

Wohin werden die Bisse gerichtet?
Meistens handelt es sich bei den Markierungen, dem Schnappen und dem Beißen vor allem um Demonstrationshandlungen. Daher werden diese Handlungen meistens gezielt auf besonders sensible Körperpartien des Gegners gerichtet, z. B. auf den Rücken als Zeichen der Überlegenheit oder möglichst nahe am Gesicht. Das Gesicht selbst und die Unterseite des Halses gehören zu den verbotenen Zonen, in die nicht gebissen werden darf. Vielleicht kommt dies daher, dass ein Biss in diese Partien zu ernsthaften Verletzungen führen könnte: Die Augen oder die empfindliche Nase könnten schwer geschädigt werden, die Kehle ist eine ungeschützte Partie mit in den Körper hineinführenden Organen, z. B.

Der Dackelwelpe begrüßt den jungen Stöberhund mit einem untertänigen Lecken an der Schnauze. Der Stöberhund hebt eine seiner Vorderpfoten. Diese Bewegung lässt sich vom Milchtritt des Welpens während des Säugens ableiten.

Auf dem unteren Bild begrüßen sich zwei erwachsene Hunde freundlich. Beachten Sie jedoch die Unterschiede in ihrer Haltung.

84

der Halsschlagader. Daher werden Bisse im Allgemeinen in die Halsseiten des Gegners gerichtet. Durch einen Biss soll der Gegner erschreckt, aber nicht verletzt werden. Sollte es wirklich einmal zu einem ernsten Kampf kommen, wird allerdings ohne Differenzierung zugebissen.

Begrüßungsrituale

Wenn zwei Hunde sich treffen, begrüßen sie sich, und zwar nicht nur, um nachher entweder einen Kampf oder ein Spiel zu beginnen. Jede einzelne Begegnung zwischen zwei fremden Hunden folgt genau uralten Ritualen. Wenn z. B. ein Hund einem anderen mit hoher Geschwindigkeit entgegen rennt, wird der fremde Hund dies als drohende Handlung oder auch gleich als Angriff beurteilen. Deshalb vermeiden es die meisten Hunde, sich so zu benehmen. Welpen können sich häufig nicht beherrschen, wenn sie einen anderen Hund sehen, sie rasen direkt auf ihn zu. Doch signalisieren sie, dass sie nichts Böses im Sinne haben, indem sie gleichzeitig Unterwerfung zeigen. Sie rennen mit gesenktem Körper, tief getragenem, wedelndem Schwanz und nach hinten gelegten Ohren. Es gibt auch Junghunde, die wie Welpen direkt zu einem fremden Hund hinlaufen, aber sie vermeiden die bedrohliche Wirkung, indem sie leicht schräg auf den anderen Hund zulaufen, so als würden sie an ihm seitlich vorbeilaufen. Wenn sie jedoch nahe genug sind, wenden sie sich dem anderen zu und nehmen Kontakt auf. Ältere und selbstbewusste Hunde vermindern die Geschwindigkeit und gehen die letzte Strecke steif auf den anderen zu, um ihn zu begrüßen.

Die Begrüßung
Selbst die Begrüßung besteht aus verschiedenen Stadien. Zuerst begegnen sich die Hunde Nase an Nase, gleichsam um zu zeigen, dass sie friedlich eingestellt sind. Ist das geklärt, ohne dass einer der Partner zu knurren begonnen hat, beginnen die Hunde einander an den Ohren und dann am Hals zu beschnüffeln. Erst wenn das überstanden ist, wird es gestattet, einander am Hinterteil zu beriechen, wo sich die Duftstoffe befinden, die einem Informationen über den anderen mitteilen.

Dieses und das Spielen unterliegt bestimmten Regeln. Zwei einander fremde Hund spielen selten Kampf- oder Streitspiele. Stattdessen spielen sie Jagdspiele. Kampfspiele ähneln zu sehr einem echten Kampf und können leicht in einen solchen übergehen. Beim Jagdspiel lernen sie ihre gegenseitige Stärke und ihr Temperament kennen. Das reicht aus, um zu bestimmen, wer der andere ist und wer der Sicherste ist. Wir Menschen glauben, dass Hunde kämpfen müssen, um zu entscheiden, wer der Sicherste und Stärkere ist. Aber es ist selten, dass hierzu ein richtiger Kampf notwendig wird. Das Jagdspiel reicht meistens aus, um genug voneinander zu erfahren, zumindest für eine flüchtige Bekanntschaft.

Die Nähe

Nähe ist für Hunde und Wölfe eine sehr gefühlsbeladene Situation. Je näher zwei Gegner auf einander zukommen, desto deutlicher und intensiver werden ihre Körpersignale. Bei wenigen Metern Abstand genügt es, wenn der Gang etwas steifer und der Schwanz etwas höher gehalten wird. Kommt man etwas näher, sieht man die gespitzten Ohren, die nach vorne gezogenen Mundwinkel, die Nackenbiegung und -streckung. Noch näher und der Hund wird, auf steifen Beinen stehend, abwarten. Beide Hunde stehen schließlich ein oder zwei Meter voneinander entfernt. Vielleicht knurren sie dabei vorsichtig und der Schwanz wird in der höchsten Drohstellung gehalten. Die Hunde senken das Kinn zur Brust und sie starren sich gegenseitig mit erweiterten Pupillen an. Gehen die Hunde noch näher zueinander, beginnen sie, die Lippen zu kräuseln. Die Bewegungen werden steif, vorsichtig und langsam. Eine schnelle Bewegung oder Körperkontakt kann die angespannte Situation in einem Kampf explodieren lassen.

Die Nähe wird von Hunden verwendet, um Dominanz zu zeigen. Um einen Kampf zu provozieren, kann sich ein Hund gegen einen Gegner pressen und seinen Kopf auf den Rücken des anderen legen und außerdem noch das Aufspringen und „Reiten" andeuten. Diesem liegt dann kein sexuelles Motiv zugrunde, es ist aber eine starke Provokation. Wenn Hunde zum Spiel auffordern, können sie auch die Nähe und den Körperkontakt verwenden. Um die freundlichen Absichten zu zeigen, schubsen sie den anderen mit dem Hinterteil. Sie wenden ihm sozusagen „die friedliche Seite" zu.

Die gefühlsbeladene Nähe
Die Nähe beinhaltet so wichtige Signale, dass die meisten Hunde reagieren, wenn sie sehen, dass zwei andere Hunde in angespannter Situation nahe beieinander stehen. Es scheint so, als würde die Drohung, die durch den nahen Kontakt zwischen den beiden zum Ausdruck kommt, sie erfassen. Ein älterer und selbstsichere Hund kann sich dann dazwischen drängen und dadurch verhindern, dass sich der Konflikt weiterentwickelt.

Dass der Abstand in herausfordernden Situationen große Bedeutung hat, ist eine Tatsache, über die wir Menschen nicht nachdenken, obwohl dies auch für uns gilt. Man muss nur einmal zwei Menschen beobachten, die einander bedrohen. Ist der eine selbstsicher, geht er immer näher auf den anderen zu. Wir haben einen gewissen „Höflichkeitsabstand" von ca. 60 cm, den wir immer einhalten, wenn uns andere Personen begegnen. Dieser zeigt an, dass wir nicht beabsichtigen, die andere Person zu bedrohen. In bestimmten Situationen vermindert sich bei beiden, Menschen und Tieren, der Mindestabstand, z. B. bei der Körperpflege und beim Brunstverhalten. In solchen Situationen beobachtet man häufig Unterwerfungssignale. Bei Hunden sieht man die zurückgelegten Ohren und die hochgehaltene Schnauze. Der Schwanz wird tief und locker getragen. Die Kenntnis der gefühlsbeladenen Nähe ist sehr wichtig, um einen Teil sonst unverständlicher Reaktionen zu erklären und dadurch zu lernen, uns in Acht zu nehmen.

Umarmung
Menschen, speziell Kinder, drücken ihre Liebe dadurch aus, dass sie das Objekt ihrer Zuwendung umarmen. Viele Hunde gewöhnen sich daran, die Umarmung zu akzeptieren, aber einige wehren sich auch dagegen. In der Hundesprache bedeutet dies nämlich eine Drohung. Der Hund entdeckt bei dem kleinen Kind, das auf ihn zustürmt, keine Unterwerfungssignale und die plötzliche Umarmung kann daher als Aufforderung zum Kampf aufgefasst wer-

Nicht alle Hunde akzeptieren die extreme Nähe bei einer Umarmung. Aber hier sieht man die Harmonie und die Hingegebenheit zwischen Hund und Besitzer. Die zurückgelegten Ohren des Hundes zeigen Unterwerfung. Er akzeptiert die Liebkosung seines Führers.

den: Achtung! Nähe! Körperkontakt! – Der Hund knurrt und schnappt zu. Der Hundebesitzer ist verzweifelt. Die Eltern des Kindes sind empört. Aber der Hund ist nicht schuld – auch nicht das Kind. Es gibt eben Unterschiede in der Art und Weise, wie Menschen und Hunde miteinander umgehen. Es ist die Aufgabe der

Erwachsenen, allen Kindern beizubringen, dass sie Hunde nicht umarmen dürfen. Und es ist die Aufgabe des Hundebesitzers, seinen Hund so zu erziehen, dass dieser sich nicht veranlasst sieht zu beißen, nur weil ein Kind den „Höflichkeitsabstand" unterschritten hat.

Wenn andere sich umarmen

„Herrchen" und „Frauchen" stehen in der Diele und umarmen sich. Der Haushund entdeckt diese Spannung innerhalb weniger Sekunden und beeilt sich, zu ihnen zu kommen. Er fiept unruhig, läuft nervös um sie herum, kratzt an den Beinen. „Herrchen" schaut auf den Hund und sagt mit einer Mischung aus Staunen und Ironie: „Er ist ja richtig eifersüchtig!" Aber dies ist nicht der Fall. Die Situation sieht in den Augen des Hundes nämlich ganz anders aus: Er beobachtete mit zunehmender Nervosität, wie „Herrchen" und „Frauchen" langsam aufeinander zugingen, bis sie ganz nahe beieinander standen. Und nun stehen sie da in einer „drohenden Umarmung", als würde gleich ein Kampf ausbrechen. Und was macht in dieser Situation ein zuverlässiger Hund? Er versucht natürlich, die beiden „Kontrahenten" zu trennen.

Liebkosung

Viele Hunde reagieren etwas eigenartig, wenn man sie liebkosen möchte. Wenn man in engen Kontakt mit ihnen kommt, seine Wange an die seines Hundes legen möchte oder ihn intensiv streicheln möchte, dreht er einem seine Hinterpartie zu und lässt sich am Hinterteil streicheln. Er fühlt sich wahrscheinlich durch den nahen Kontakt ein bisschen gedrückt und zeigt seine „friedliche" Seite. Er demonstriert deutlich, dass er nicht beabsichtigt, mit einer Drohung auf die Nähe zu reagieren.

Wir können die gefühlsbeladene Nähe nutzen, wenn wir mit unserem Hund die Führerschaft trainieren. Dadurch können wir ein freundliches und vertrautes Führerschaftsverhältnis erreichen, ohne eine gewaltige und harte Stimme zu verwenden. Eine ruhige, bestimmte und herzliche Führerschaft – genau wie die Autorität der Eltern unter natürlichen Bedingungen.

Das Revier – der eigene Bezirk

Ebenso stark wie das Bedürfnis, in einem Rudel zu leben, ist das Bedürfnis, ein Revier zu betreuen, d. h. ein Gebiet zu beanspruchen und zu verteidigen. Das Revier ist das Jagdgebiet. Es soll ausreichend Nahrung für das Rudel sichern. Nur wenige Tiere sind Nomaden. Viele Ethologen vermuten, dass die Aggression eng mit dem Besitz eines Reviers verbunden ist. Die Aggression sorgt für die Ausbreitung der Individuen über ein großes Gebiet, dadurch wird sichergestellt, dass der Nahrungsbedarf gedeckt werden kann. Es hat sich dabei gezeigt, dass die Aggressivität in einem Rudel zunimmt, wenn die Zahl der Individuen steigt und dadurch die „Bedrängung" zunimmt. Im Revier befinden sich Höhlen, in denen das führende Paar die Jungen wirft und aufzieht. Die Höhle wird intensiv gegen nicht willkommene Eindringlinge verteidigt, wenn sich in ihr Welpen befinden. Gemeinsam wird das Revier gegen Eindringlinge geschützt.

Reviermarkierung

Die verschiedenen Tierarten haben unterschiedliche Methoden, ihr Gebiet zu markieren. Hirsche haben z. B. einige Duftdrüsen zwischen den Aufsätzen des Geweihs, die sie gegen die Baumstämme ihres Gebietes reiben. Vögel verwenden den Gesang zur akustischen Markierung: „Kvittevit – dies ist mein!" (Der größte Teil des Vogelgesanges, den wir im Frühjahr genießen, sind nur aggressive Ausrufe, die die Vögel untereinander austauschen.) Tiger markieren ihr Revier auf die gleiche Weise wie unsere Hauskatze, d. h., sie wenden ihr Hinterteil zu der auserwählten Stelle und spritzen mit Urin. Der Wolf hebt sein Bein an wichtigen Stellen entlang des Weges und besonders im äußersten Bereich des Reviers, also entlang der „Grenze".

Revierverteidigung

Die bekannten Stichlinge haben ein Revierverhalten, das sowohl schematisch als auch repräsentativ für andere Arten ist und deshalb als Beispiel für die Revierverteidigung gut geeignet ist. Wenn zwei Stichlinge ihre jeweiligen Nester zu nahe beieinander bauen, entsteht Uneinigkeit darüber, wo die Grenze zwischen den zwei

Derjenige, der ein eigenes Gebiet zu bewachen hat, verteidigt dieses intensiv gegen jeden Eindringling.

Territorien verlaufen soll. Häufig treffen sich die beiden zwischen den Siedlungsplätzen und bedrohen sich eindrucksvoll. Dabei messen sie gegenseitig ihre Stärke. Einer der Stichlinge beansprucht vielleicht ein größeres Gebiet, so groß, dass er der Domäne des anderen zu nahe kommt. Je näher der Anspruchsvollere der Wohnung des anderen kommt, desto stärker wird er angegriffen. Der Eindringling muss nun aufgeben und zieht sich in sein eigenes Revier zurück. Dann werden die Rollen vertauscht: Der Verteidiger wird zum Angreifer und versucht nun selbst, ob er mehr Glück hat bei der Erweiterung seines kleinen Gebietes. Und nun ist er es, der auf hartnäckigen Widerstand stößt. Auf diese Art jagen die Stichlinge einander zwischen den Siedlungsplätzen hin und her. Sieger ist jeweils derjenige, der sich gerade in seinem eigenen Gebiet befindet. Die beiden Fische werden solange zwischen Angriff und Rückzug wechseln, bis sie sich auf eine Grenzlinie geeinigt haben, die an der Stelle verläuft, an der ein Gleichgewicht ihrer Stärke besteht, gewöhnlich in der Mitte zwischen den beiden Siedlungsplätzen.

Wenn jemand in das Gebiet eines Hundes eindringt, ist das hierdurch verursachte Verhalten des Hundes allen Hundebesitzern bekannt – er bellt. Dieses Bellen hat zwei Funktionen. Die eine ist, den Eindringling zu erschrecken, die andere, den Rest des Rudels zu warnen und damit zu erreichen, dass dieses zur Hilfe kommt. Ein Hund, der in das Gebiet eines anderen Hundes eingedrungen ist, wird Unsicherheit zeigen und versuchen, auszuweichen, am besten, bevor er den „Revierbesitzer" kennen gelernt hat. Sollte es zu einer Konfrontation zwischen den beiden kommen, ist es der Eindringling, der den Kürzeren zieht, selbst dann, wenn er dem anderen an Größe und Stärke überlegen ist. Derjenige, der sein Gebiet verteidigt, kämpft immer mit der größeren Intensität, genau wie bei den Stichlingen, bei denen der jeweilige Revierbesitzer in seinem Gebiet besonders stark ist.

Das „Revierverhalten" des Menschen ist ebenfalls sehr interessant und in vielen Punkten entspricht es dem tierischen Verhalten. Es ist eine Mischung aus primitiven Trieben und Intelligenz. Das Bedürfnis, ein privates Gebiet abzustecken und zu beschützen, ist genauso stark wie bei Hunden. Die Formen des Beschützens zeigen vielfältige Variationen. Doch sind die Grenzen so, dass sie von der Gesellschaft akzeptiert werden können. Man beißt die Leute nicht, die unaufgefordert einen Garten oder ein Grundstück betreten und man setzt sich nicht auf den Dachfirst und ruft: „Kvitevit – das ist meines." Nein, die Menschen sind ganz „spezielle Tiere", die Hecken und Zäune errichten, abschreckend mit scharfen Spitzen und Stacheldraht oder so hoch, dass es unmöglich ist, darüber zu klettern. Man bringt Schilder an, um zu zeigen, wem das Gebiet gehört, dass es sich um Privatgelände handelt und Unbefugten der Zutritt verboten ist. Andere Schilder drohen:

„Achtung! Bissiger Hund!" Werden trotzdem die Grenzen über-schritten und der Eindringling bei seiner Missetat ertappt, droht man mit der Polizei. In einem Revier ist es die Höhle, die mit der stärksten Intensität bewacht wird. Dies gilt auch für Menschen. Fremde haben auch den größten Respekt vor diesem Teil des Re-viers. Denken Sie nur an das Unwohlsein und die Verlegenheit, wenn einem ein fremdes Haus gezeigt wird und man sich dort plötzlich im Schlafzimmer befindet. Man steht in der Tür und schaut schnell wieder weg. Andere Zimmer rufen nicht die glei-chen unbehaglichen Gefühle hervor.

Die Revierverteidigung des Hundes entwickelt sich leicht zu einem Problem für den Besitzer und bildet oft die Grundlage für weitere Probleme. Je weniger ein Hund Menschen gern hat, um so stärker wird er sein Revier verteidigen. Je mehr man ihm erlaubt, das Haus zu bewachen, je mehr man ihm erlaubt, aggressiv zu sein, wenn Gäste kommen, desto aggressiver wird er auch reagie-ren. Man sollte dem Hund nicht verbieten, zu bellen, wenn er an der Tür etwas hört, damit würde man sich an der Natur des Hun-des vergreifen und es würde auch kräftige Gewaltanwendung er-fordern. Wichtig ist dagegen, das Bellen des Hundes kontrollieren zu können. Der Hund soll sich nach einer entsprechenden Auf-forderung wenigstens soweit beruhigen, dass der Besucher herein-kommen kann. Aber man soll ihm nicht das Recht (die Aufgabe) zu bellen und über sein Revier zu wachen, entziehen.

Die persönliche Zone

Kein Tier, einschließlich des Menschen, lässt ein feindliches Individuum zu nahe an sich herankommen. Man passt auf, dass ein gewisser Abstand eingehalten wird, ein Abstand, der die Flucht erlaubt, wenn diese notwendig werden sollte. Die verschiedenen Tierarten halten unterschiedliche Distanzen zueinander ein. Ein Edelhirsch erlaubt z. B. dem Menschen auf etwa 300 m Entfernung heranzukommen, bevor er flieht. Ein Bär wird eine Nähe von 100 m erlauben, bevor er sich verzieht. Dieser Abstand wird als Fluchtdistanz bezeichnet. Alle Lebewesen haben eine derartige Fluchtzone, deren Größe je nach Tierart unterschiedlich ist. Die ebenfalls existierende Verteidigungszone liegt bedeutend näher am Individuum. Wird ein Tier von einem feindlichen Individuum verfolgt, wird es fliehen, solange sich der Feind in der Fluchtzone befindet. Kommt der Feind aber zu nahe heran, wird der Verfolgte sich umdrehen und einen Gegenangriff starten. Der Feind hat die Verteidigungszone verletzt, und das Tier handelt nach der Devise: „Angriff ist die beste Verteidigung!" Wenn man sich an einen Hund herandrängt, der Angst hat, kann es geschehen, dass er plötzlich angreift. Man ist in die Verteidigungszone des Hundes eingedrungen. Hunde, die auf diese höchst natürliche Art und Weise reagieren, werden oft fälschlicherweise als „Angstbeißer" bezeichnet.

Weshalb haben viele Menschen Angst vor Spinnen, Käfern, Mäusen, Ratten, Schlangen und anderen kriechenden und krabbelnden Lebewesen? Es hat mit größter Wahrscheinlichkeit etwas mit unserer Verteidigungszone zu tun. Diese kleinen Tiere kommen leicht unbemerkt an unseren Körper heran. Sie dringen zuerst in die Fluchtzone und dann weiter in unsere Verteidigungszone ein, bevor wir sie plötzlich entdecken und dann mit Entsetzen reagieren.

Beschützen der Nachkommen

Der stärkste Trieb ist bei allen Tieren derjenige, der auftritt, wenn die Nachkommen bedroht sind oder wenn die Mutter von den noch hilflosen Jungen getrennt wird. Das Weibchen wird buchstäblich durch Feuer und Wasser gehen, um seine Jungen zu beschützen. Eine Hündin kann nach ihrem Besitzer schnappen, wenn sie glaubt, dass von ihm eine Bedrohung für ihre Welpen ausgeht. Dies ist dann nicht ein Fehlverhalten des Hundes sondern des Menschen.

Jagd

Der Hund ist ein jagendes Tier und es wird nie möglich sein, diesen Jagdtrieb bei Hunden ganz wegzuzüchten. Es zeigte sich, dass es schwierig ist, im Detail zu festzulegen, inwieweit sich Jagdhunde von anderen Hunderassen unterscheiden. Durch langwierige und konsequente Zuchtarbeit ist es sicherlich gelungen, Hunde heranzuzüchten, die eine stärkere Veranlagung zur Jagd haben und auch auf bestimmte Jagdformen spezialisiert sind, so dass sich bestimmte Rassen für bestimmte Bereiche Jagd besonders gut eignen. Aber diesen Vorwärtsdrang, diesen Eifer, diese Ausdauer und dieses Engagement, die wir bei den bestehenden Jagdhunderassen antreffen, findet man auch bei jedem anderen Hund, auch wenn die Jagdlust vielleicht nicht ganz so ausgeprägt ist. Wenn ein Hund, egal welcher Rasse, z. B. hinter einem Stock oder einem Ball herrennt, ist dies der Ausdruck für eine Umleitung der Aktivität, die normalerweise angewendet würde, um lebendes Wild zu jagen und zur Strecke zu bringen. Der Stock oder der Ball ist quasi eine fliehende Beute und es gilt, hinter ihr herzurennen und sie zur Strecke zu bringen. Dabei kann man beobachten, wie der Hund die „Beute" auf die gleiche Art und Weise schüttelt, wie er dies tun würde, wenn es sich um eine echte Beute handelte, die er schwächen möchte.

Der Jagdtrieb ist vor der Geschlechtsreife nicht unbedingt vollständig entwickelt. Vor diesem Zeitpunkt kann der Hund zwar ein fliehendes Tier verfolgen, aber er jagt es nicht. Ein kleiner Welpe

Dieser junge Wolf hat noch nicht gelernt, was Jagd ist.

Solche „Beutespiele" sollten nicht zu oft gespielt werden.

wird versuchen, mit der Beute zu spielen, die er als Erwachsener jagen würde.

Die Tatsache, dass etwas flüchtet, spielt eine große Rolle. Alles, was schnell vorbeisaust, wird vom Hund verfolgt. Das ist so, als würde man auf einen Knopf drücken. Ball, Stock, Eichhörnchen, Hase, Katze, Vogel, Auto, Radfahrer oder Motorradfahrer – alle fliehen, mit den Augen des Hundes gesehen. Jagd er dem Ball oder Stock nach, gilt er als normaler Hund. Aber wenn er Radfahrer oder Autos jagt, ist er ein Problemhund. Der Unterschied zwischen einem normalen Hund und einem Problemhund erscheint manchmal recht gering.

Kampf

Hunde veranstalten oft Scheinkämpfe miteinander. Dieses Spiel ist ein Training für ernsthaftere Situationen und es sieht auch so aus, als hätten Hunde das Bedürfnis, sich in Form zu halten und

Das „Kampfspiel" ist Training für ernsthafte Situationen.

ihre Schnelligkeit und Geschmeidigkeit für den Tag zu trainieren, an dem diese Fähigkeiten plötzlich benötigt werden.

Es ist bekannt, dass die Unterschiede zwischen einem Schein-kampf und einem Ernstkampf sehr gering sind. Wenn ein Hund mit einem anderen zu heftig spielt, kann sich das Ganze plötzlich zu einem echten Kampf entwickeln. Das Spiel ist eigentlich nur ein begrenzter, kontrollierter Kampf. Deshalb kann es nicht über-raschen, dass Hunde so kämpfen, wie sie spielen, d. h. der Kampf

Hunde spielen auf die gleiche Art, wie sie auch miteinander kämpfen.

beinhaltet die gleichen Elemente wie das Spiel. Wenn man mit seinem Hund ringt und heftig mit ihm spielt, wenn man ihn gar auffordert in Hände und Arme zu beißen, schafft dies Stress. Außerdem erlernt der Hund Umgangsformen mit Menschen, die recht unangenehm sind, vor allem für Leute, die sich mit Hunden nicht auskennen.

Neugierde und Aktivität

Ein Hund liebt es, sich zu bewegen, die Umwelt zu erforschen und etwas zu erleben. Er hat das Bedürfnis nach Aktivität um ihrer selbst willen und es ist für sein Wohlbefinden wichtig zu erleben, dass etwas geschieht, dass es Abwechslung in seinem Dasein gibt. Aber während es für den harmonischen Hund Langeweile bedeutet, wenn nie etwas geschieht, wenn ein Tag dem anderen gleicht, gilt für den angespannten, unruhigen und nervösen Hund das Gegenteil. Er erlebt Veränderungen als Anstrengung. Er ist vollständig damit beschäftigt zu versuchen, in seine Welt Ordnung zu bekommen und sich darin einzurichten. Veränderungen schaffen nur Unordnung. Alles, was den Charakter von Routine und Gewohnheit hat, gibt ihm die Chance abzuschalten, weil er weiß, was geschehen wird. Er kann voraussagen, was in seinem Tagesprogramm als nächstes ansteht.

Es gibt zwei Arten von Neugierde. Die eine wird von der Lust, etwas zu entdecken, etwas herauszufinden, etwas zu lernen, gesteuert. Der Hund findet fast alle Dinge interessant und es scheint, dass das Untersuchen von Gegenständen für ihn „das Salz in der Suppe" bedeutet. Dieser Hund springt herum, um passende Stöcke zum Spielen, die besten Mauselöcher u. Ä. zu finden. Die andere Art von Neugierde kann von Furcht gesteuert sein. Der Hund ist gezwungen, die Umgebung zu untersuchen, um herauszufinden, ob sie sicher ist und er es sich erlauben kann, sich zu entspannen.

Wälzen in riechenden Dingen

Viele Hunde wälzen sich mit allen Anzeichen des Genusses in übelriechenden Hinterlassenschaften auf dem Boden. Dies war früher vielleicht einmal zweckmäßig. Heutzutage ist es weniger zweckmäßig, weil es für den Hund in aller Regel unerbittlich ein anschließendes Vollbad bedeutet. Die Ursache für dieses Verhalten ist nicht ganz klar. Es gibt verschiedene Theorien. Eine geht davon aus, dass der Hund versucht, seinen eigenen Geruch zu überdecken, um sich leichter unbemerkt an eine Beute heranschleichen zu können. Eine neuere und wahrscheinlichere Theorie stammt vom amerikanischen Wolfsforscher Lopez. Er geht davon aus, dass sich sowohl Hunde wie auch Wölfe in toten Tieren wälzen, um dadurch dem Rest des Rudels mitzuteilen, dass sie Futter gefunden haben. Auch Hunde sind Aasfresser. Hat ein Hund oder ein Wolf selbstständig Beute gefunden, kann er sich am Kadaver oder auch

Jetzt ist wohl ein Vollbad fällig!

im Kot des Beutetieres wälzen und zusammen mit dieser Nachricht den Rest des Rudels aufsuchen. Er vermittelt dadurch den anderen die Nachricht über eine Nahrungsquelle.

Vergraben von Knochen

Obwohl es unsere Hunde nicht mehr nötig haben, vergraben sie auch jetzt noch im Garten oder in einer Zimmerecke gerne Knochen. Es ist nicht mit Sicherheit bekannt, weshalb sie das tun. Ob es der Aufbewahrung von Nahrung dienen soll oder dazu dient, dass die Säure des Bodens auf den Knochen einwirkt, damit er leichter verdaulich ist. Beide Möglichkeiten sind zweckmäßig.

„Niedertreten" des Grases

Dass sich Hunde vor dem Hinlegen um sich selbst drehen, wird als Instinkthandlung angesehen. Früher glaubte man, dass der Grund für diese Drehungen um die eigene Achse die Absicht sei, das Gras niederzutreten, bevor der Hund sich in das dadurch geformte „Nest" legt. Die Frage ist, ob der Hund dies nicht nur dann tut, wenn er ganz zusammengerollt liegen möchte. Die beste Art, diese behagliche, zusammengerollte Stellung einzunehmen, ist, sich „niederzudrehen".

Verhaltensansteckung

Rudeltiere haben ein Verhaltensmuster gemeinsam, welches für das Überleben von großer Bedeutung ist. Es ist die Bereitschaft, wie die übrigen Rudelmitglieder zu reagieren. Sie werden von dem Verhalten der anderen „angesteckt". Fliegt ein Vogel hoch, folgen ihm die anderen Mitglieder der Gruppe. Es reicht dadurch vollkommen aus, dass ein Vogel eine Gefahr entdeckt, damit erhält die gesamte Gruppe die Möglichkeit zur Flucht.

Auch Hunde werden vom Verhalten der übrigen Rudelmitglieder beeinflusst. Rennt der Hundebesitzer bei jedem Klingeln zur Haustür, wird der Hund das Gleiche tun. Erschrickt man bei einem Schuss und reagiert darauf ängstlich, kann auch der Hund vom Schuss beeindruckt sein.

Intelligenz und die Fähigkeit zu denken

Ist der Hund ein intelligentes Wesen? Die Antwort darauf ist davon abhängig, was man unter Intelligenz versteht, wie sie definiert wird. Wendet man die einfachste (und beste) Definition an, ist die Antwort: Ja! Intelligent ist das Individuum, das durchführt, was es möchte. Intelligenz ist die Fähigkeit, schwierige Aufgaben zu lösen. Ein Hund ist intelligent, wenn er lernt, einen geschlossenen Raum zu verlassen oder wenn er schnell herausfindet, dass er um einen Zaun herumlaufen muss, um einen Ausgang zu finden. Er ist intelligent, wenn es ihm gelingt, seinen Besitzer darauf aufmerksam zu machen, dass die Wasserschüssel leer ist.

Mit Denkvermögen dagegen meint man die Fähigkeit, durch Nachdenken ein Problem zu lösen, ohne dass man die Aufgabe direkt vor Augen hat. Kann ein Hund mitten auf dem Fußboden sitzen, die Türklinke anstarren und sich überlegen, wie er die Tür öffnen könnte? Nein! Wenn man ihm einige Male zeigt, wie man die Tür öffnen kann, indem die Türklinke niedergedrückt wird und sich dann die Tür öffnet, kann er dann bereits selbst die Tür öffnen? Nein! Der Hund muss selbst probieren, die Tür zu öffnen, um es zu lernen.

Der Hund hat nicht die Möglichkeit, sich Lösungen in unserer Bedeutung auszudenken. Damit ist nicht gesagt, dass er gar nicht denken kann. Es ist schwer, das Vorhandensein oder den Mangel an Denkfähigkeit zu beweisen, gleich schwer ist es, sie eindeutig zu definieren. Keiner kann mit absoluter Sicherheit eine unwiderlegbare Antwort darauf geben, was Denkfähigkeit ist. Es ist sicher genauso verkehrt, dem Hund einerseits alle Möglichkeiten des Denkenkönnens abzusprechen, wie ihm andererseits menschliche Denkfähigkeit zuzuschreiben. Solange wir weder das eine noch das andere beweisen können, bleibt es jedem selbst überlassen, was er glauben möchte. Doch sollte man die Hirnkapazität des Hundes weder über- noch unterschätzen. Wenn man den Fehler begeht, dem Hund höhere Denkfähigkeiten zuzutrauen, läuft man leicht Gefahr, an ihn zu hohe Anforderungen zu stellen, die er nicht erfüllen kann. Er wird dann von uns falsch behandelt.

Deuten des Verhaltens

Es geschieht oft, dass der Hund eine Handlung ausführt, die wir mit Hilfe menschlicher Begriffe übersetzen. Zeigt er z. B. Unterwerfung, deuten wir dies mit dem menschlichen Begriff der Scham. Dies ist eine der verbreitetsten Fehlinterpretationen. Wir übersetzen viele Handlungen der Hunde, ohne dass wir eigentlich darüber Bescheid wissen. Als Menschen wollen wir alles interpretieren können, wir wollen eine Antwort haben, die wir verstehen.

In der Zeitung wird ab und zu von Hunden berichtet, die eine Heldentat vollbracht haben. Der Hund, der z. B. seine Familie vor dem Feuertod rettete, hatte vielleicht gar nicht die Absicht, mit seinem Gebell die Familie zu wecken. Wahrscheinlich bellte er, weil er Angst hatte.

Kann uns ein Hund betrügen? Kann er uns eine Komödie vorspielen und uns etwas vormachen? Ab und zu kann man diesen Eindruck tatsächlich bekommen. Ein Hund kann z. B. erbärmlich hinken mit allen Anzeichen von Schmerzen in der Pfote. Aber wenn er draußen ist und ihm begegnet ein anderer Hund, kann die Krankheit wie weggeblasen sein. Tut ein kluger Hund so, als hätte er Schmerzen, damit wir ihn bedauern? Falsch! Ein Hund kann nicht Theater spielen – er ist immer ehrlich. Wir kennen das auch von uns selbst. Man kann einen Schmerz plötzlich nicht mehr fühlen, wenn man etwas sehr Lustiges erlebt oder wenn man sehr nervös ist. Beim Zahnarzt sind die Zahnschmerzen wie weggeblasen. Nicht weil es dort besonders fröhlich zugeht, sondern weil man besonders nervös ist. Das gilt auch für den Hund. Wird er freigelassen, spürt er während des Spiels seine Schmerzen nicht wie sonst. Danach hinkt er noch stärker, weil die Anstrengung des Spiels größere Schmerzen verursacht.

Eine wichtige wissenschaftliche Regel in der Psychologie ist, dass eine Verhaltensweise nicht gedeutet werden soll, sie soll nur beschrieben werden. Wir können uns nur mit Sicherheit über Dingen äußern, die wir mit unseren Augen sehen, mit unseren Ohren hören, mit unserer Nase riechen und mit unseren Fingern fühlen. Wir wissen nicht, was im Kopf eines Hundes vorgeht, was er fühlt und erlebt. Wir sollten es unterlassen, etwas zu übersetzen, wenn wir für unsere Aussage keine stärkeren Beweise haben.

Nehmen Sie z. B. das Wort „nervös". Es beschreibt bei einem Individuum sowohl einen äußeren als auch einen inneren Zustand. Dieses Wort ist für die Beschreibung eines Hundes nicht geeignet, weil es unterschiedlich aufgefasst werden kann. „Dieser Hund ist nervös" kann von einer Person so ausgelegt werden, dass er rastlos ist und es ihm schwer fällt, sich ruhig zu verhalten. Eine andere Person geht davon aus, dass dieser Hund „schwache Nerven" hat. Ein Dritter versteht darunter, dass der Hund ängstlich ist. Ein anderer sagt, er sei unzuverlässig und so weiter. Nahezu jede Person hat seine eigene Interpretation. Das gleiche gilt für das Wort „Eifersucht".

Eifersucht

Kann ein Hund eifersüchtig sein? Das wissen wir nicht und werden es auch nie wissen, weil Hunde nicht sprechen. Trotzdem behaupten viele, ihre Hunde seien neidisch und eifersüchtig. Kann das bei Hunden vorkommen? Nein, nicht eifersüchtig in der menschlichen Bedeutung des Wortes. Ein eifersüchtiges Kind kann sich mit Rachegedanken gegenüber den Ursachen seiner Eifersucht auseinander setzen. Dies kann ein Hund nicht. Das Kind erlebt die Konkurrenz um die Liebe der Mutter oder des Vaters. Der Hund kann sich nicht mit anderen vergleichen. Ein Hund kann nicht um etwas konkurrieren, das er nicht sehen oder berühren kann, z.B. Liebe. Er kann um einen Knochen oder einen Stock konkurrieren, aber nicht um etwas Abstraktes. Aber warum kommt der Hund so angerannt, wenn man einen anderen Hund streichelt oder mit einem Kind spricht? Es ist für uns naheliegend, das als Eifersucht zu deuten. Aber eine andere Erklärung kann sein, dass die Verteidigungbereitschaft des Hundes geweckt wird, er kann einen anderen Hund in unserer Nähe nicht dulden. Es kann auch ganz einfach damit erklärt werden, dass er gelernt hat, eine bestimmte Stimmlage mit besonders angenehmen Vorkommnissen zu verknüpfen. Während man den fremden Hund streichelt, sagt man vielleicht im gleichen Tonfall wie zu seinem eigenen Hund: „Guter Hund, feiner Hund", und das sind die gleichen Worte, die wir im Umgang mit unserem Hund verwenden. Kein Wunder, dass er sofort kommt. Sie können zu Hause auch ein kleines Experiment durchführen. Nehmen Sie eine Blumenvase oder einen anderen Gegenstand und loben Sie ihn in der Art wie: „Gute, kleine Blumenvase, du bist aber fein!" Und sofort hat man einen wedelnden Hund an seiner Seite, der gestreichelt werden möchte.

Erwartet man Familiennachwuchs, kann der Hund auf die neuen Verhältnisse vorbereitet werden, indem man eine Puppe kauft und diese in ein kleines Bett legt. Sprechen Sie von Zeit zu Zeit mit der Puppe. Wenn der Hund großes Interesse zeigt, sagen Sie zu ihm auffordernd: „Vorsicht!" Reagiert der Hund darauf nicht, kann man etwas bestimmter auftreten. Doch sollte man darauf achten, dass der Hund nicht wegen der Puppe erschrickt. Sobald der Hund uninteressiert ist, wird er gelobt. Durch diese Übung wird so einfach wie möglich ein Übergang zur neuen Situation – ein Kind im Haus – geschaffen.

Kapitel 6:
Lernen

Dieses Kapitel behandelt die grundlegenden Prinzipien des Lernens. Es gibt einen Überblick darüber, wie und warum etwas gelernt wird, und bildet die Kulisse für Verhaltensänderung beim Hund. Alle Tiere folgen beim Lernen den gleichen Gesetzmäßigkeiten. Wir Menschen haben sicherlich mehr Möglichkeiten des Lernens (z. B. Lesen, Nachahmen), aber das zugrunde liegende Prinzip ist immer das gleiche.

Beim Hund sind die folgenden drei Lernmethoden die wichtigsten:

I. Klassisches Lernen: Lernen durch die Assoziation von Reizen (Stimuli), z. B. Erlernen durch Worte.

II. Operantes Lernen: Lernen durch positive Erlebnisse, z. B. das Betteln am Tisch, das erfolgreiche Öffnen einer Tür usw.

III. Abgewöhnung: Das Vergessen bestimmter Reaktionen, z. B. keine Angst mehr zu haben, sich an Lärm zu gewöhnen.

Um das Lernen zu verstehen, ist es notwendig, die Begriffe Verhalten, Handlung und Erfahrung in ihre kleinsten Bestandteile zu zerlegen: Reiz und Reaktion. Jede Verhaltensweise besteht aus einem Reiz und einer Reaktion. Jede Wahrnehmung durch Sehen, Hören, Riechen und Fühlen ist ein Reiz.

Die Handlung ist die Reaktion. Klingelt es an der Tür und der Hund bellt, ist der Laut der Türglocke der Reiz, das Bellen des Hundes ist die Reaktion auf diesen Reiz.

Instinkthandlungen können durch spezielle Reize ausgelöst werden, den sogenannten Schlüsselreizen. Jeder Instinkt hat seinen eigenen Schlüsselreiz. Ein bestimmter Geruch kann z. B. der Schlüsselreiz für die Instinkthandlung „Sich-Wälzen" sein. Man kann sagen, dass der Reiz ein Katalysator ist, der das in Gang setzen einer Reaktion, die Antwort, auslöst.

Lernen bedeutet die Schaffung einer festen Verbindung zwischen dem Reiz und der Reaktion. Beim ersten Mal bellt der Hund nicht, wenn es an der Tür klingelt, dies ist etwas, was er nach und nach gelernt hat. Er hat mehrere Male den Reiz, die Türglocke gehört, diesen aber nie mit der Reaktion des Bellens in Verbindung gesetzt. Wenn der Hund nach und nach gelernt hat, als Reaktion auf die Türglocke, den Reiz, zu bellen (weil kurz danach ein Fremder erscheint), kann diese Situation wie folgt beschrieben werden:

Reiz   →   **Reaktion**
(es klingelt)   →   (der Hund bellt)

Die erlernte Reaktion auf das Wort (Reiz) „Sitz!" ist, dass sich der Hund setzt. Man hat zum wiederholten Mal gleichzeitig mit dem Wort „Sitz!" den Hund zum Sitzen hinuntergedrückt und damit eine Verbindung zwischen dem Reiz und der Reaktion geschaffen.

Reiz 1   →   **Reaktion**
(„Sitz!")   →   (der Hund setzt sich)

Diese Verbindung liegt in der Erinnerung. Jedes Mal, wenn der Hund das Wort „Sitz!" hört, wird die Reaktion, das Setzen des Hundes, ausgelöst. Wenn ein Autofahrer an einer Ampelkreuzung Rot sieht, wird die Reaktion, das Treten des Bremspedals, ausgelöst. Die Verbindung zwischen einem Reiz und einer Reaktion kann auf zwei verschiedene Arten hergestellt werden: nach dem Prinzip I, Klassisches Lernen, oder nach dem Prinzip II, Operantes Lernen.

I. Klassisches Lernen

Die Entdeckung dieser Lernmethode ist vom russischen Physiologen Pawlow beschrieben worden. Sie wurde die klassisch bedingte Konditionierung genannt, in der Bedeutung, dass zwei Stimuli gleichzeitig auftreten, die die gleiche Bedeutung haben. Wird „Sitz" gesagt und gleichzeitig der Hund in die sitzende Stellung gedrückt, kann jeder dieser Reize für sich die Reaktion auslösen (der Hund setzt sich).

Reiz 1
(„Sitz!")

$\left.\begin{array}{l}\\ \\ \\ \\ \\\end{array}\right\}$ → **Reaktion**
  (der Hund setzt sich)

Reiz 2
(Niederdrücken des Hundes)

Es ist erforderlich, beide Reize mehrere Male zu wiederholen, bevor das Wort erlernt wird. Das Wort „Sitz" und das Drücken auf das Hinterteil müssen mehrfach durchgeführt werden, bevor die beiden Reize die gleiche Bedeutung haben.

Reiz 1   →   **Reaktion**
(„Sitz!")   (der Hund setzt sich)

Es gilt die wichtige Regel: Je schwächer der Reiz ist, um so öfter muss er wiederholt werden. Wenn man „Sitz!" sagt und gleichzeitig den Hund sanft in die sitzende Position drückt, muss dieser Vorgang häufiger wiederholt werden. Drückt man etwas kräftiger, werden weniger Wiederholungen benötigt. Ist der Hund einem schockierenden Reiz ausgesetzt, kann dieses einmalige Ereignis für das Lernen ausreichen. Wird er z. B. einmal von einem Auto angefahren, kann dieses eine Mal ausreichen, dass er künftig Angst vor Autos hat.

Um die Allgemeingültigkeit dieser Lernprinzipien zu erläutern, werden wir im Folgenden einige Versuche mit Würmern, Hunden und Menschen besprechen.

Der Plattwurm

Es ist bekannt, dass sich Plattwürmer zusammenziehen, wenn sie einen schwachen elektrischen Schlag an einem Ende erhalten. Man wollte feststellen, ob einem Wurm beigebracht werden könnte, sich auf die gleiche Art zusammenzuziehen, aber aufgrund eines anderen Reizes, auf den er sonst nicht reagieren würde. Der Forscher wählte die Anwendung von Licht. Zuerst wurde kontrolliert, dass der Wurm auf die Lichteinwirkung absolut nicht reagierte. Dann ging das Licht an, während der Wurm gleichzeitig einen kleinen Stromstoß erhielt – und der Wurm zog sich zusammen. Nach mehrmaligen Wiederholungen sollte der Wurm seine Prüfung bestehen. Das Licht ging an und tatsächlich – er zog sich zusammen. Das Licht hatte den gleichen Stimulus-Wert wie der Strom bekommen. Und der Wurm erinnerte sich für den Rest seines Lebens an das Erlernte. Schematisch kann der Verlauf auf folgende Art beschrieben werden:

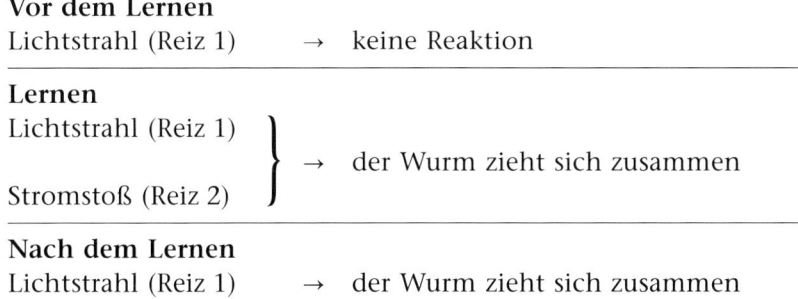

Vor dem Lernen
Lichtstrahl (Reiz 1)   →   keine Reaktion

Lernen
Lichtstrahl (Reiz 1)
                                    →   der Wurm zieht sich zusammen
Stromstoß (Reiz 2)

Nach dem Lernen
Lichtstrahl (Reiz 1)   →   der Wurm zieht sich zusammen

Die Pawlow'schen Hunde

Es wurden viele Versuche mit Hunden und der Klassischen Konditionierung durchgeführt. Das beste Beispiel ist wohl der Versuch, der die Grundlage für die spätere Theorie der Konditionierung bildete, nämlich die ersten Versuche von Pawlow.

Wenn ein Hund gefüttert wird, bereitet sich sein Körper automatisch darauf vor. In die Mundhöhle wird Speichel abgegeben, um die Vorverdauung einzuleiten und die mechanische Bearbeitung der Nahrung zu vereinfachen. Wir kennen dies auch von uns selbst: Wenn wir richtig Appetit haben und uns an einen gedeckten Tisch setzen, läuft uns das Wasser im Munde zusammen.

Pawlow bemerkte, dass seine Laborhunde einige Zeit, bevor sie gefüttert wurden, mit der Speichelsekretion begannen. Er untersuchte dies näher und fand heraus, dass die Hunde bereits um die Fütterungszeit herum zu speicheln begannen, wenn sie den Tierpfleger sahen. Pawlow nahm an, dass hinter diesem Phänomen des Speichelns ein Lernprozess lag. Sahen die Hunde ihren Pfleger, wussten sie, dass sie nun Futter bekommen würden. Das Erscheinen des Tierpflegers (jedes Mal zur Fütterungszeit) löste eine Reaktion aus, die am Anfang vom Erscheinen oder dem Geruch der Mahlzeit abhängig war. Der Mensch und die Mahlzeit haben den gleichen Stimuluswert bekommen. Dies gilt auch für Menschen. Das Lesen einer Menükarte oder der Ruf: „Das Essen ist fertig!" oder auch: „Saftiger Lendenbraten mit Vanillesauce!" kann das Wasser im Munde zusammenlaufen lassen (oder bewirken, dass sich einem der Magen umdreht).

Pawlow hatte nun eine Spur und eine Hypothese und er begann zu experimentieren. Weil etwas anderes als die Mahlzeit eine „Mahlzeit-Reaktion" auslöste, war es dann einerlei, was der andere Reiz war? Konnte man dem Hund das Wasser im Munde zusammenlaufen lassen auf das Signal einer Glocke hin, anstelle des Erscheinens des Tierpflegers? Konnte ein Glockensignal den gleichen Reizwert bekommen, wie ihn das Futter hatte oder der Tierwärter bekam?

Das Experiment begann damit, indem kontrolliert wurde, ob die Hunde nicht mit einer vermehrten Speichelsekretion auf die Glocke reagierten (es wurde also kontrolliert, dass die Glocke keinen Reizwert hatte). Danach fütterte Pawlow die Hunde gleichzeitig, wenn die Glocke erklang. Diese Kombination „Glocke/Futter" wurde mehrmals wiederholt, bis Pawlow mit der Glocke läutete, ohne den Hunden Futter zu geben. Und siehe da, sie speichelten! Die Glocke hatte die Bedeutung „Futter" bekommen, und sie behielt diese Bedeutung lange. Pawlow klingelte viele Male mit der Glocke, und jedes Mal löste dies eine erhöhte Speichelsekretion aus, obwohl die Hunde kein Futter mehr bekamen.

Es ist vielleicht nichts Besonderes, dass ein Hund die Verbindung zwischen einem Glockensignal und seinem Futter lernt. Das Bemerkenswerte liegt darin, dass das Erlernte so fest sitzt und lange hält, ohne dass der Hund das Gelernte vergisst.

Wir können den Handlungsablauf auf folgende Art beschreiben:

Vor dem Lernen

| Glocke (Reiz 1) | → | keine Reaktion |

Lernen

Glocke (Reiz 1)

$\left.\begin{array}{l} \text{Glocke (Reiz 1)} \\ \\ \text{Futter (Reiz 2)} \end{array}\right\}$ → erhöhte Speichelsekretion

---

Nach dem Lernen

| Glocke (Reiz 1) | → | erhöhte Speichelsekretion |

Albert und die Maus

Einer der ersten und der berühmtesten Lernversuche mit Menschen, durchgeführt von dem amerikanischen Psychologen John B. Watson, geschah mit dem neun Monate alten Jungen Albert. Man wollte untersuchen, ob Angst erlernbar und verlernbar sei.

Der Versuch begann damit, dass der kleine Albert mit einer weißen Maus spielen durfte, um zu kontrollieren, ob er Angst vor ihr hatte. Albert spielte glücklich und zufrieden mit der Maus und zeigte keine Anzeichen von Angst. Die Maus wurde vorläufig entfernt. Eine Person stellte sich mit einem großen, dünnen Blech hinter Albert. Eine andere Person mit der weißen Maus in der Hand ging zu dem Jungen hin. Als der Junge die Maus überreicht bekam, rasselte die Person hinter Albert mit dem Blech. Es klang fast wie ein Gewitter und Albert wurde ängstlich. Die Maus wurde entfernt. Als Albert sich wieder beruhigt hatte, wurde dem Jungen die Maus wieder gereicht, das Blech donnerte wieder – und Albert bekam Angst. Einige Wiederholungen folgten. Es wurden also zwei Reize, die Maus und der Krach, kombiniert. Am Anfang war die Maus „ungefährlich", das zweite Mal war sie „gefährlich". Konnte die Maus nun allein die Angstreaktion hervorrufen, für die das Blech verantwortlich war? War die Maus so gefährlich wie der Krach geworden? Man zeigte Albert die Maus, ohne diesmal mit dem Blech zu lärmen: Er wurde ängstlich und begann zu weinen. Ferner zeigte es sich nun, dass er nicht nur vor weißen Mäusen Angst hatte, sondern vor allem, was weiß, klein und weich war. Ein Stück Baumwollwatte oder ein kleines Kaninchen erschreckten ihn jetzt genauso. Man stellte also fest, dass dieser Versuch genau nach dem gleichen Prinzip ablief wie bei dem Plattwurm und den Hunden von Pawlow.

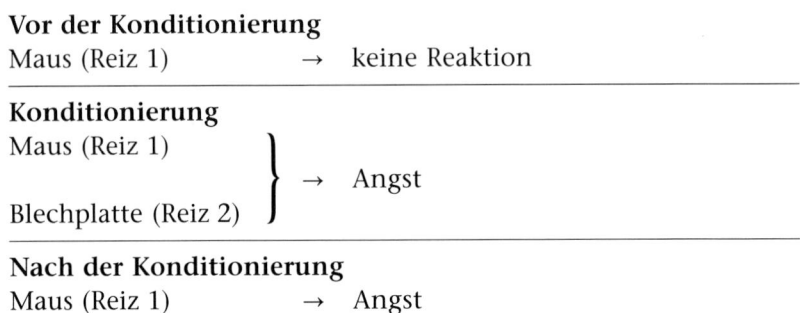

Vor der Konditionierung
Maus (Reiz 1)   → keine Reaktion

Konditionierung
Maus (Reiz 1)

Blechplatte (Reiz 2)   } → Angst

Nach der Konditionierung
Maus (Reiz 1)   → Angst

Nachdem Albert gelernt hatte, vor weißen Mäusen Angst zu haben, wollte man versuchen, ob man ihm die Angst wieder abgewöhnen könnte. Und man konnte die Angst auch tatsächlich wieder abtrainieren. Man konstruierte einen „Gewöhnungsversuch". Es gelang. Wie, können Sie auf Seite 122 nachlesen.

Lernen im Alltag

Es gibt bestimmte Melodien, die man nie vergisst, weil man ein Erlebnis mit ihnen verknüpft. Beim Hören der Melodie erinnert man sich daran. Zwei Reize sind miteinander gekoppelt, eine Melodie und ein Erlebnis. Noch lange danach löst die Melodie Gefühle (Reaktion) aus, wie sie sonst von der Handlung hervorgerufen würde. Denken Sie nur an Weihnachtslieder oder bekannte Schlager.

Eine der wichtigsten Aufgaben des Hundes, aus seinem Blickwinkel betrachtet, ist es, das Revier zu bewachen und zu bellen, wenn ein Fremder kommt. In unserer modernen Welt ist die Ankunft eines Fremden immer mit dem Klingeln an der Tür kombiniert. Resultat: Der Hund reagiert auf die Glocke genauso, wie auf die Ankunft eines Fremden – er bellt. Am Anfang reagierte er noch nicht auf die Türglocke. Es bedurfte zuerst einer wiederholten

Lernperiode, in der mehrfach das Klingeln der Türglocke mit der Ankunft eines Fremden kombiniert wurde.

Die Konsequenz hieraus kann beobachtet werden, wenn man die Tür öffnet, damit der Hund sieht, dass draußen kein Fremder steht. Klingelt man selbst an der Türglocke, bellt der Hund. Er bellt, obwohl er sehen kann, dass kein Fremder kommt. Dieses kleine Experiment gibt einen Einblick in die automatische Natur des Lernens. Der Hund bellt, obwohl er sehen kann, dass niemand kommt, und er wird bei jedem Signal erneut bellen. Probieren Sie es aus.

Der Hund hat gelernt, dass der Laut der Türglocke den Besuch eines Fremden ankündigt. Dies ist nicht so, wenn das Telefon klingelt. Einige Hunde brauchen viel Zeit, um das zu lernen, sie bellen bei jedem Klang einer Glocke. Genau wie Klein Albert, der vor allem Angst hatte, was weiß und weich war.

Training

Wenn man beim Training dem Hund verschiedene Wörter beibringt, wird hauptsächlich dieses Lernprinzip angewandt. Wir beschrieben den Lernverlauf auf Seite 108 mit dem Lernen von „Sitz!". Soll der Hund das „Fuß gehen" lernen, sagt man das Wort und lockt gleichzeitig den Hund an seine Seite. Man kombiniert also den nichtssagende Reiz (das Wort „Fuß") mehrere Male mit dem Locken des Hundes an seine linke Seite. Hat man das viele Male wiederholt, wird der Hund ausschließlich auf das Wort reagieren.

Leider kommt es häufig vor, dass bei der Ausbildung des Hundes Worte verwendet werden, ohne dass der Hund die Bedeutung des jeweiligen Begriffes zuerst erlernen konnte. Also wendet man sie ohne vorhergehendes Erlernen an, weil für denjenigen, der sie ausspricht, die Bedeutung so klar zu sein scheint. Nehmen Sie z. B. das Wort „Still". Kein Hund ahnt am Anfang, was dieses Wort bedeutet. Bellt der Hund, sagt man wie zu einem lärmenden Mitmenschen: „Still, du –!" (Hier ist Raum für ein paar weniger freundliche Worte). Das Ergebnis sind jedes Mal vergebliche Wiederholungen des Befehls und ein gestresster Hund.

Dies gilt ebenso für das Wort „Pfui!". Es führt normalerweise zu keinem Ergebnis, wenn der Hund mit einem „Pfui!" aufgefordert wird, etwas zu unterlassen. Einige sehr sensible Hunde können vielleicht den wütenden Tonfall des Besitzers mit dem Wort „Pfui!" verknüpfen. In einigen Fällen kann es auch bei Welpen ausreichen. Aber meistens führt das „Pfui-Rufen" nur zu einer Beanspruchung der Stimmbänder. Zuerst muss das Wort mit einem anderen Reiz kombiniert werden, der die Bedeutung der Worte „Still!" oder „Pfui!" verdeutlicht. Meistens handelt es sich hierbei um einen Gefühlsstimulus, z. B. Ergreifen der Nackenhaut o. Ä.

Es gibt große, individuelle Unterschiede bei der Lernfähigkeit der Hunde. Es ist darum wichtig, das Lernen und die Anforderungen, ohne Berücksichtigung der Meinung anderer, seinem eigenen Hund entsprechend anzupassen.

Fazit

Im Verlauf vieler Versuche mit Zeitmessung hat es sich gezeigt, dass der Lernerfolg dann am effektivsten war, wenn der eine Reiz, den der Hund lernen soll, z. B. ein bestimmtes Wort, unmittelbar vor dem anderen Reiz kommt, der normalerweise die Reaktion, z. B. einen Gefühlsreiz, auslöst. Dies kann mit einem Modell verdeutlicht werden:

Stimmreiz:	„Fuß!"	„Sitz!"
Gefühlsreiz:	locken	drücken

Das Allerwichtigste ist, dass der erste Reiz, das Wort, nicht nach dem Gefühlsreiz kommt. Man darf nicht das Hinterteil des Hundes hinunterdrücken und danach „Sitz!" sagen.

Die Klassische Konditionierung beinhaltet, dass dem Hund die Reizkombinationen und die Reaktionen von der Umwelt, von uns, aufgezwungen werden. Er ist ein Opfer des Umstandes, der ihn zwingt, sein Verhalten zu ändern. Es ist eine ganz schlechte Form des Lernens. Der Hund hat keine Wahlmöglichkeiten, ist schwer zu motivieren und braucht nicht aktiv zu sein, um etwas zu verstehen. Wir werden nun sehen, wie ein Hund aus eigener

Initiative lernt, weil er einen Erfolg haben möchte, weil es etwas gibt, das ihn motiviert.

II. Operantes Lernen

Dieses Lernprinzip wird häufig als das „Lernen durch Versuch und Irrtum" bezeichnet. Eine bessere Beschreibung wäre vielleicht „Lernen durch Versuch und Erfolg". Das sagt mehr über die Natur dieses Prinzips aus. Von allen Aktivitäten, die ein Individuum unternimmt, werden nur diejenigen schließlich erlernt, die gelingen, die zu einem Erfolg führen. Das Negative, das Erfolglose wird nicht gelernt, wird gemieden. Vorgänge, die ein Lustgefühl auslösen, werden erlernt. Vorgänge, die ein Unlustgefühl auslösen, werden vermieden.

Der Zusammenhang zwischen Reiz und Reaktion ist davon abhängig, was unmittelbar nach einer Handlung geschieht.

Reiz + Reaktion →   geglücktes Erlebnis   = Lernen
Reiz + Reaktion →   missglücktes Erlebnis   = kein Lernen

Dieses Prinzip „Versuch und Erfolg" oder das Operante Lernen wurde von dem amerikanischen Professor Burrhus Frederic Skinner entdeckt und erforscht. Er nannte den Erfolg – das lustbetonte Erlebnis, das Gelungene – Verstärkung. Ein guter Begriff, der genau mit dem Ablauf übereinstimmt. Der Erfolg verstärkt das Lernen. Nehmen Sie z. B. einen leckeren Geruch vom Esstisch (Reiz), der Hund bettelt (Reaktion), was verstärkt wird, wenn der Hund einen Brocken bekommt (geglücktes Resultat). Der Lernfortschritt ist zustande gekommen. Der Erfolg hat den Zusammenhang zwischen Reiz und Reaktion verstärkt.

Die Skinner-Box

Mit der Verstärkung bestimmter Verhaltensweisen gelang es Skinner, Ratten die Ausführung von Kunststücken beizubringen. Er ging wie folgt vor: Eine Ratte wurde in eine kleine Kiste, später Skinner-Box genannt, gesetzt. An der einen Seite der Kiste befand sich ein kleiner Fressnapf. Von der Außenseite der Kiste konnte man in diesen Napf kleine Belohnungshappen werfen. Diese Leckerbissen waren die Belohnung (Verstärkung) für die gut ausgeführte Arbeit. Die Ratte sollte lernen, Murmeln von der einen Ecke der Kiste in die andere zu tragen. Die Ratte begann damit, ihre neue Umgebung in der Kiste zu untersuchen. In der gleichen Sekunde, in der sie an den Murmeln schnupperte und sie auch ein bisschen bewegte, fiel ein Leckerbissen in den Fressnapf. Es war die Belohnung dafür, dass die Ratte die Kugeln berührt hatte. Hierdurch sollte das Interesse an den Kugeln verstärkt werden. Selbstverständlich konnte die Ratte beim ersten Mal den Leckerbissen und die Belohnung nicht miteinander in Verbindung bringen, sondern sie begann erneut, die Kiste zu erforschen. Als sie wieder die Kugeln berührte, fiel ein neuer Leckerbissen in den Napf. In gleicher Weise wurde verfahren, bis die Ratte gelernt hatte, dass sie nur die Kugeln ein bisschen bewegen musste, um eine Mahlzeit zu bekommen. Dies war das Verhalten, das zum Erfolg führte.

Nun erhöhte man die Anforderungen. Als die Ratte die Kugeln berührte, geschah nichts. Die Ratte war verwirrt und etwas unruhig. Sie versuchte auf alle möglichen Arten, die Kugeln zu berühren. Es geschah auch, dass sie sie aufnahm. Sofort fiel ein Stückchen Futter in den Napf. Man fuhr damit solange fort, bis die Ratte gelernt hatte, dass sie die Kugeln aufheben sollte, um eine Belohnung zu bekommen. Dann war auch dies nicht mehr genug. Die Anforderungen wurden erneut erhöht. Nun sollte die Ratte einige Schritte mit der Kugel zwischen den Vorderpfoten gehen, bevor sie erneut eine Belohnung bekam. Nach und nach bekam sie nur noch eine Belohnung, wenn sie mit der Kugel eine bestimmte Ecke ansteuerte und sie dort niederlegte.

Ausschließlich Belohnung

Viele andere Versuche haben gezeigt, dass Tauben das Tanzen erlernen können, Papageien dazu fähig sind, einige Worte zu sprechen usw. Außerdem wurde diese Technik zur Steuerung menschlichen Verhaltens angewandt. Eine Gruppe von Psychologiestudenten an einer Universität in den USA gebrauchte das Prinzip

In Erwartung einer Belohnung.

der Operanten Konditionierung, um einen aggressiven, psychotischen Patienten zu veranlassen, sein Zimmer zu verlassen und hinunter zum Badezimmer zu gehen, das im Kellergeschoss lag. Dieser Patient hatte schon sehr lange nicht mehr gebadet, da er jeden angriff, der versuchte, ihn zum Verlassen des Zimmers zu bewegen. Ein Student versorgte sich mit einer großen Menge von Süßigkeiten, ging zu dem Zimmer des Patienten, öffnete die Tür und wartete. In dem Augenblick, in dem sich der Patient ihm zuwandte, bekam er eine Süßigkeit (Verstärkung). Als er die ganze Zeit ihm zugewandt stand, bekam er nichts mehr. Aber sobald er einen kleinen Schritt in Richtung des Studenten machte, bekam er wieder ein Stück. Nach und nach kam er ganz aus dem Zimmer heraus und die Gruppe ging nun langsam zum Flur hin und die

Treppe hinunter. Jedes Mal, wenn der Mann einen Schritt in die richtige Richtung machte, bekam er eine Belohnung. Schlussendlich erreichte man so, dass der Patient die Treppe hinunter und in das Bad ging. Nach diesem Lernfortschritt war es nie mehr ein Problem, den betreffenden Patienten in das Bad zu bekommen. Es verbesserte sich tatsächlich sein Allgemeinzustand, nachdem man eine Methode gefunden hatte, mit ihm Kontakt aufzunehmen.

Eigeninitiative
Beim Prinzip der Operanten Konditionierung spielt die Eigeninitiative eine entscheidende Rolle. Das Individuum befindet sich in einer Situation, in der es selbst versuchen kann, eine Schwierigkeit zu lösen. Für das Lernen entscheidend ist, wie gut das Überwinden der Schwierigkeit gelingt.

Beispiel: Ein Hund ist in einem Raum eingesperrt und möchte gerne hinaus. Der Hund kann sich nicht hinsetzen und darüber nachdenken, dass die Türklinke beim Öffnen der Tür eine wesentliche Rolle spielen muss. Er mobilisiert stattdessen seine Kraft, beginnt zu bellen, am Boden und an der Wand zu kratzen, zu springen usw. Es sind wiederholte, planlose Versuche hinauszukommen, sogenannte operante Handlungen. Es wird versucht, die eigenen Situation zu beeinflussen. Häufig konzentriert er seine Versuche auf die Umgebung der Tür. Dort ist er hereingekommen und dort riecht es auch am stärksten. Er fiept, springt hoch, kratzt, gräbt und bellt. Nichts hilft, es geht nicht – aber er fährt fort damit. Plötzlich stößt er an die Türklinke und die Tür geht auf. Nach all seinen Versuchen konnte nur dieser zu einem Fortschritt führen.

Aber der Hund hat von diesem einen Erfolg nicht viel gelernt, abgesehen vielleicht davon, dass sich Beharrlichkeit auszahlt. Sperren wir ihn wieder ein, wird er sein gesamtes Verhaltensrepertoire erneut in Gang setzen. Aber bei jedem Versuch wird die Zeit, um herauszukommen, kürzer. Zuletzt hat er erlernt, was genau zu tun ist.

Führt ein anderer Versuch des Hundes zum Erfolg, wird der Hund stattdessen vielleicht Folgendes lernen: Es ist jemand gekommen und hat die Tür geöffnet, weil er gebellt oder gefiept hat. Es gibt Hunde, die keinen Augenblick alleine gelassen werden können, ohne dass sie bellen oder fiepen. Sie haben gelernt, dass ihr Verhalten etwas Positives auslöst: Es kommt jemand. Beachten Sie, dass es für den Hund keine Bedeutung hat, ob derjenige, der kommt wütend ist. Er hat trotzdem seinen Erfolg. Wichtig ist, dass überhaupt jemand gekommen ist, in welcher Stimmung derjenige ist, ist dagegen unbedeutend.

Unangenehmes vermeiden

Handlungen, die zu einem Misserfolg führen, sind unlustbetont. Ein normales Individuum wird derartiges vermeiden. Verursacht etwas Schmerzen oder wirkt auf den Hund erschreckend, wird er sich nicht damit beschäftigen. Beobachten wir z. B. einen Hund, der einen Igel findet. Fasziniert nähert er sich diesem stacheligen Wesen. Der Hund möchte jagen, er schlägt mit den Pfoten nach dem Igel oder stößt mit der Schnauze, damit er flieht. Es ist nämlich schwierig, ein Tier anzugreifen, das sich nicht bewegt. Das Ergebnis: Schmerzen! Der Hund hat sich an den ekelhaften Stacheln gestochen. Die Handlung hat zu unangenehmen Misserfolg geführt. In Zukunft wird der Hund den Kontakt mit Igeln vermeiden.

Ein Ausbildungsfehler, der glücklicherweise aufgrund intensiver Aufklärung im Rückgang begriffen ist, besteht im Bestrafen in Verbindung mit Herbeirufen. Kommt der Hund nicht, wenn man ihn herbeiruft, kann es sein, dass man sehr wütend wird. Eine sehr menschliche Reaktion! Aber kommt die Wut gegenüber dem Hund zum Ausdruck, wenn er endlich herbeikommt, erreicht man das Gegenteil des Erwünschten. Das Kommen wird für ihn zu einem unlustbetonten Misserfolg. Der Hund wird versuchen, künftig eine Wiederholung dieses Fehlers zu vermeiden. Kommt der Hund her, muss er **immer** gelobt werden, unabhängig davon, was er vorher getan hat. Eine Bestrafung macht den Hund nicht gehorsamer. Ein Verhalten kann nicht durch eine nachträgliche Strafe geändert werden.

Verhaltensweisen, die entweder zu einem Erfolg oder zu einem Misserfolg führen, haben die schwache Tendenz, erlernt zu wer-

den, jedoch nur unter der Voraussetzung, dass sich nicht gleichzeitig eine andere Verhaltensweise findet, die zu einem Erfolg führt. Wir nennen dies die Macht der Gewohnheit. Man konnte nachweisen, dass ein Verhalten, das ein Individuum einmal gezeigt hatte und welches entweder zu einem Erfolg oder einem Misserfolg führte, bei der nächsten Gelegenheit, in der gleichen Situation eher wiederholt wird. Wir können dies z. B. bei den Morgenritualen des Menschen beobachten. Man ist es gewöhnt, in einer bestimmten Art aus dem Bett zu steigen, gewöhnt, sich in einer bestimmten Reihenfolge anzukleiden, gewöhnt, am Frühstückstisch einen bestimmten Platz einzunehmen usw. Der Ausruf des Archimedes: „Zerstört mir meine Kreise nicht!" kann auch bedeuten: „Zerstört mir nicht meine Gewohnheiten!" Man ist in seinen Gewohnheiten gefangen.

Die beiden Lernprinzipien

Das beste Training zeichnet sich dadurch aus, dass beide Lernprinzipien, das klassische Lernen und das operante Lernen ausgenutzt werden. Mit möglichst wenigen Hilfsmitteln werden Assoziationen zwischen beispielsweise einem Wort und einer Handlung gebildet, also die klassische Konditionierung angewandt. Soll das Sitzen erlernt werden, wird als Motivation ein Leckerbissen eingesetzt, den man hoch über den Kopf des Hundes hält. Er soll selbst darauf kommen, dass er sitzen soll. Tut er es , wird er sofort ordentlich gelobt. Also eine Form der operanten Konditionierung. Es ist eine Herausforderung an das Können des Trainers, das operante Lernen so oft als möglich einzusetzen. Es geht darum, mit möglichst wenigen Hilfsmitteln den Hund so stark zu motivieren, dass er bereit ist, selbst herauszufinden, welche Verhaltensweise richtig ist. Liegt beim Training der Schwerpunkt auf der klassischen Konditionierung, das sind Ausbildungsformen wie Rucken

Die besten Resultate bei der Ausbildung erzielt man, wenn man die Klassische und die Operante Konditionierung kombiniert anwendet. Das heißt, der Hund soll z. B. lernen, bei Fuß zu gehen, indem er einerseits die Bedeutung des Wortes zu verstehen erlernt, sich andererseits wohl fühlt, wenn er gehorcht. Dies wird durch das Lob, das er erhält, wenn er sich korrekt aufführt, erreicht.

an der Leine, Herunterdrücken zum Sitzen oder Liegen, Zeigen oder Steuern, dann sind nicht nur die Lernresultate geringer, sondern es wird auch die Motivation des Hundes und seine Arbeitsfreude negativ beeinflusst. Versucht man, dem Hund etwas beizubringen, z. B. das „bei Fuß gehen" oder das Herbeikommen, und er folgt schlecht, dann ist dies der Beweis für mangelhaftes Training. In einer solchen Situation seinen Hund für seinen Ungehorsam zu bestrafen, ist mit einer guten Trainingsethik nicht vereinbar. Stattdessen sollte mit dem Hund mehr geübt werden.

Mit diesem Gedanken im Hinterkopf können wir die wichtigste Regel für das Lernen so formulieren: **Ein Hund lernt dann am effektivsten, wenn er motiviert ist, das Richtige zu tun, und dafür gelobt wird.** Ein Welpe, der für das Pinkeln im Freien gelobt wird, lernt die Stubenreinheit schneller, als einer, der für das Pinkeln im Haus bestraft wird.

III. Abgewöhnung

Im Grunde ist die Abgewöhnung kein selbstständiges Lernprinzip, sondern die Umkehrung der klassischen Konditionierung. Man verknüpft nicht zwei Reize miteinander, sondern lässt stattdessen zwei Reaktionen miteinander konkurrieren. Eine bestimmte Reaktion wird mit Hilfe einer anderen verlernt. Im Allgemeinen erschrickt ein Welpe, wenn er zum ersten Mal ein Gewitter hört. Das ist ein erschreckender Reiz. Normalerweise gewöhnt er sich bald an das Gewitter, d. h. er lernt, ruhig zu bleiben, wenn es blitzt und donnert, da kein anderer in seiner Umgebung ängstlich reagiert. Zuerst konkurriert die Angstreaktion jedoch mit einer „Bleib-Ruhig-Reaktion".

Die Angst vor einem Schuss kann einem Hund abgewöhnt werden, indem man ihm eine andere Reaktion beibringt, wenn er einen Knall hört. Z. B. kommt während eines Spieles ein zuerst weit entfernter Helfer langsam näher und feuert Schüsse ab. Die Spielreaktion konkurriert mit der Angstreaktion.

Im Falle des Kleinen Alberts (s. S. 111) lernte das Kind, Angst zu haben. Aber man wollte sehen, ob man ihm seine Angst auch wieder abgewöhnen konnte. Man schuf eine Reaktion, die mit der Angst konkurrieren konnte. Bekam der Jungen eine Süßigkeit, war er glücklich. Zuerst wurde ihm aus einer so großen Entfernung die weiße Maus gezeigt, dass er keine Angst vor ihr hatte. Im gleichen Augenblick, indem er die Maus sah, bekam er eine Süßigkeit. Es folgten einige Wiederholungen. Albert sah die weiße Maus und bekam eine Süßigkeit. Jedes Mal kam die Maus etwas näher. Der Reiz „Maus" wurde mit der Reaktion „Freude" (Süßigkeit) gekoppelt.

Schnell war der kleine Albert von der Maus wieder so begeistert, wie beim ersten Versuch.

In der Abgewöhnung wird also die gewünschte Reaktion eines Hundes anstelle der „falschen" erlernt, obwohl es der gleiche Reiz ist (Geruch, optischer Eindruck, Laut, Gefühl), auf den der Hund früher gewöhnlich ängstlich reagierte.

Strafe ergibt keinen Lernerfolg

Es kann sein, dass eine Strafe zu einem minimalen Lernerfolg führt, vorausgesetzt, sie kommt sofort bereits zu Beginn der verbotenen Handlung. Leider ist es jedoch üblich, dass der Hund im Zorn bestraft wird, nachdem er bereits etwas angestellt hat. Man muss wissen, dass diese Vorgehensweise nicht erfolgreich ist. Im Gegenteil, es besteht die Gefahr, dass der Hund untergeben und unsicher wird. Setzt der Hund gerade zu einem unerwünschten Verhalten an, z. B. beginnt er gerade, eine Person anzubellen, dann muss man sehr schnell „Nein" sagen. Verstummt er daraufhin, muss er unbedingt ausgiebig für das Schweigen belohnt werden. Nur dadurch kann ein Lerneffekt auftreten und er neigt beim nächsten Mal weniger dazu, Leute anzubellen

Sehr oft wird vergessen, dem Hund beizubringen zu verstehen, was von ihm erwartet wird. Der Hund lernt nur zu verstehen, was man von ihm nicht haben möchte. Hierdurch kann der Hund nicht glücklich werden. Einer der häufigsten Fehler bei der Ausbildung ist das ungenügende Training. Es reicht nicht, es ein paarmal zu üben. Vielleicht beherrscht der Hund das Gelernte für ein paar Stunden, aber er wird es schnell wieder vergessen. Dann hilft kein Bitten, Drohen und Schreien, diese Verhaltensweisen führen zu keinem Lernerfolg. Hat der Hund gelernt, sich auf das Wort „Sitz!" hinzusetzen, sollte dieser Vorgang so oft wiederholt werden, bis dieser Begriff fest in seinem Gedächtnis verankert ist.

Gilt es etwas abzugewöhnen, ist die Wiederholung noch wichtiger. Hier muss man zum „Überlernen" greifen. Die Wiederholungen werden über den Punkt hinaus fortgesetzt, an dem der Hund zeigte, dass er es kann. Wenn man etwa drei- bis viermal dem Hund eingeübt hat, Autos nicht zu jagen, wird er es höchstwahrscheinlich kurze Zeit danach wieder tun, wenn nicht weiter geübt wird. Nach drei- bis viermaligem Üben hat man zwar erreicht, dass der Hund im Augenblick keine Autos jagt, aber erst nach 30 bis 40 Übungen hat man dem Hund wirklich dauerhaft beigebracht, dass er keine Autos jagen darf. Dann erst kommt dieses unerwünschte Verhalten nicht mehr wieder. Vergessen Sie also nicht zu üben!

Warum kann man einem alten Hund keine neuen Tricks beibringen? Diese Redensart stimmt nicht ganz. Man hat es vielleicht mit einem jungen Hund leichter als mit einem alten und erfahrenen, aber einen so großen Unterschied macht es nun auch wieder nicht. Das Phänomen hängt weniger mit dem Alter zusammen, sondern damit, dass ein älterer Hund bereits viel erlebt und viele Erfahrungen gemacht hat. Einem alten Hund etwas Neues beizubringen, bringt die Schwierigkeit mit sich, dass das Neue mit früher angelernten Fertigkeiten im Gedächtnis des Hundes konkurriert. Der alte Hund hat außerdem eine Menge Kniffe und Finten gelernt, um von dem wegzukommen, was ihm keinen Spaß macht. Wenn er z. B. nicht daran denkt, auf seine alten Tage noch die Bedeutung des Wortes „Sitz!" zu lernen, hat er seine Tricks und einen unerschütterlichen Starrsinn, sich diesem unbequemen Ansinnen zu entziehen, bis auch der ausdauerndste Ausbilder aufgibt. Man ist versucht zu sagen, dass der alte Hund zu klug ist, um die dummen Künste dieser Welt zu lernen. Der junge Hund fällt noch leichter auf die Ausbildungskünste von „Herrchen" und „Frauchen" herein.

Strafe

Wenn ein Hund etwas Unerwünschtes tut, ist es üblich, ihn zu bestrafen. Wieviel lernt ein Hund aber tatsächlich, wenn er bestraft wird? Dies ist eine wichtige Frage, da unsere Gedanken stets um Strafen kreisen. Ich zählte einmal zusammen, wie viele Methoden wir Menschen entwickelt haben, um Hunde zu bestrafen. Ich zählte nahezu 40 verschiedene Arten. Die Mittel umfassen Schreien, Beißen, Kneifen, Schmerzen zufügen, Rucken, Anbinden, Schlagen, Spritzen, Nachwerfen. Es war alles dabei vom Ruf „Pfui, –!" bis „Hau ihm ein paar runter!". Da wurden zusammengerollte Zeitungen, Gerten, Wurfketten, Wasser, elektrische Halsbänder, Stachelhalsbänder usw. eingesetzt. Wir verfügen über einen fantastischen Erfindungsreichtum, wenn es um Strafmethoden geht. Wie viele Arten haben wir dagegen, um zu belohnen? Ich kam auf ganz wenige: Leckerbissen, Streicheln, Spielzeug und Loben.

Strafe führt nicht zu einer dauerhaften Änderung des Verhaltens! Dies bestätigen viele Untersuchungen. Strafe beeinflusst nämlich den Willen des Individuums nicht. Es erschrickt nur, so dass es für einige Zeit aufhört, das Verbotene zu tun. Es ist die Belohnung für die Ausführung von etwas Richtigem, für die Ausführung einer erwünschten Leistung, die die Lernbereitschaft fördert, nicht die Strafe, die man für einen begangenen Fehler erhält. Strafe hat nur den Nachteil, dass sie eine negative Einstellung des Individuums verursacht. Strafe kann Angst, Trauer und Untergebenheit verursachen. Und so wollen wir doch unsere Hunde nicht haben. Wie möchten vielmehr, dass sie freudig, aber dennoch gehorsam und angenehm sind.

Was ist eine Strafe?

In der Lernpsychologie ist Strafe die Unterbrechung einer Handlung. Sie führt zu keinem oder nur zu einem geringen Lernerfolg. Kommt die Strafe frühzeitig genug, also gleich, wenn der Hund beginnt, das Falsche zu tun, hat sie einen stärkeren Effekt, als wenn sie erst dann kommt, wenn der Hund bereits dabei ist, etwas falsch zu machen. Der Lerneffekt ist, wie gesagt, begrenzt. Und wenn der Hund genügend Vergnügen daran findet, das Verbotene zu tun, wird er es auch früher oder später wieder tun. Je härter die Strafe ist, desto mehr Zeit braucht der Hund, um das unangenehme Erlebnis zu vergessen.

Es gibt jedoch eine Ausnahme. Ist eine Strafe wirklich schockierend hart, kann ein vorhandenes Verhalten für immer eliminiert werden. Aber dadurch wird der Hund auch einem Erlebnis, einem Schock ausgesetzt, der neue Störungen und Veränderungen im Verhalten des Hundes verursacht.

Üben – nicht bestrafen
Es ist möglich, die Strafe auch aus einem anderen Winkel als dem der Lernpsychologie zu betrachten. Unter ethologischen Gesichtspunkten ist die Strafe eine dominante Handlung des Führers, des Hundebesitzers. Eine Demonstration der Autorität und der Führerschaft also. Und dies beeinflusst den Hund in großem Ausmaße. Er bekommt größeren Respekt vor seinem Besitzer und damit reduziert sich die Lust, etwas zu tun, was dieser nicht mag. Es kann dann beobachtet werden, dass der Hund zwar folgt, weil er Respekt hat, aber auch, weil er vor Herrchen oder Frauchen Angst hat. Es entsteht ein Verhältnis, dessen Grundlage der Kampf ist, zwei Individuen arbeiten gegeneinander. Die Vorzüge der Lernpsychologie sind, dass gut eingeübte und belohnte Verhaltensweisen auch das Fundament für ein gutes Verhältnis bilden. Wurde dem Hund gut eingeübt, wie er sich zu verhalten hat, dann brauchen Herrchen oder Frauchen auch nicht mehr zu schreien oder zu schimpfen.

Leckerbissen und Lob

Soll man seinen Hund mit Festigkeit und Dominanz trainieren? Oder soll man ihn lieber mit Hilfe von Lob und Belohnung trainieren? Sind Leckerbissen eine Bestechung? Die gute, alte, harte Methode hat doch auch früher funktioniert. Weshalb sollte man dann zu etwas Neuem übergehen? Solche Äußerungen haben Sie sicher auch schon gehört. Es gibt viele unterschiedliche Ansichten über Hundeausbildung. Einige Hundeausbilder empfehlen Härte und Autorität als die besten Mittel, um beim Hund den gewünschten Gehorsam zu erreichen. Dies funktioniert auch, aber zu welchem Preis? Die Hunde werden durch diese Behandlung untertänig und kriechen. Und das sollten wir doch in jedem Fall vermeiden.

Führerschaft

Das Leittier ist kein Tyrann. Daran müssen wir denken und uns danach richten. Es ist wichtig, der Führer seines Hundes zu sein. Aber ein freundlicher Führer, wie unter natürlichen Bedingungen (Wolfsrudel). Einer, den die Hunde lieben können und bei dem sie sich geborgen fühlen, zu dem sie aufschauen können. Nicht einer, vor dem sie Angst haben oder dem gegenüber sie sich stets unterwerfen müssen.

Lernen durch Belohnung

Durch das positive Erlebnis, den Erfolg, und dass es dafür noch eine Belohnung gibt, wird das Lernen gestaltet. Härte und Bestimmtheit vermehren nur den Respekt – aber man lernt nichts davon. Die Belohnung ist das Mittel, das benützt werden sollte, wenn man dem Hund etwas Neues beibringen möchte. Ein Hundekeks oder ein anderer Leckerbissen ist die Belohnung, die der Hund am besten versteht, hauptsächlich auch deshalb, weil wir Menschen es so schlecht verstehen, mit der Stimme zu loben. Durch einen Leckerbissen wird erreicht, dass der Hund motiviert, konzentriert und arbeitswillig ist. Derjenige, der die Belohnung als Bestechung bezeichnet, macht einen großen Fehler. Weshalb spricht man im Kreis der Hundeausbilder so schlecht von Leckerbissen? Vermutlich, weil die Kritiker nicht zwischen den Begriffen Lernen und Leistung unterscheiden.

Lernen

Der Zweck des Lernens ist der, den Hund anzuleiten und zu veranlassen, bestimmte Übungen auszuführen, z. B. sich zu legen. Ist man gleich am Anfang zu hart und stellt zu hohe Anforderungen, wird der Hund verwirrt. Er weiß ja noch nicht, was wir von ihm verlangen. Geduld, Aufmunterung und Leckerbissen sind in diesem Lernstadium notwendig. Langsam, aber sicher lehren wir den Hund, was wir von ihm wollen und was er zu tun hat. Wir sollten die ganze Zeit dafür sorgen, dass der Hund arbeiten möchte, also bereit ist, zu verstehen und zu lernen. Dies bezeichnet man als Motivation, d. h. der Hund ist arbeitswillig. Mit Leckerbissen und Lob können wir die Bereitschaft des Hundes zur Zusammenarbeit stärken und ihn an seine Aufgabe heranführen.

Leistung

Von Leistung wird gesprochen, wenn ein Hund eine Arbeit verrichtet, die er bereits gelernt hat – etwas, was er kann. In dieser Situation bedarf es keiner Motivation, um etwas neu zu lernen. Er soll nur motiviert sein, etwas auszuführen. Dadurch entsteht die Frage: Soll ein Hund gehorchen, um einen Leckerbissen zu bekommen oder soll er gehorchen, weil wir es gerne möchten, dass er gehorcht? Ich persönlich meine, dass der Hund gehorchen sollte, weil ich eine bestimmte Anforderung an ihn stelle. Wenn ich später den Hund dafür belohne, dass er gefolgt hat, indem ich ihm einen Leckerbissen gebe, kann dies in keinem Fall das Ergebnis verringern. Das wichtigste ist wohl, dass der Hund nicht die Erlaubnis haben sollte, selbst zu wählen – zu wählen zwischen dem Gehorchen und dem Nichtgehorchen, dessen einzige Konsequenz sein würde, keinen Keks zu bekommen. Es finden sich nämlich unendlich viele Dinge, die interessanter für ihn sind, als irgendein Leckerbissen. Das Ergebnis würde sein, dass der Hund, vollkommen unbeeindruckt von dem Leckerbissen, mit dem wir ihm um die Nase wedeln, trotzdem über die Straße rennen würde. Und ein fremder Hund auf der anderen Straßenseite könnte sehr viel verführerischer sein als der leckerste Hundekeks. Nein, wir müssen an den Gehorsam unserer Hunde Anforderungen stellen können. Aber das gilt erst, wenn der Hund etwas leisten kann, was er zuvor gelernt hat.

Leckerbissen als Beruhigung

Leckerbissen haben eine beruhigende Wirkung. Es ist nicht möglich, bei Aufregung und Stress etwas zu essen. Der Leckerbissen soll den Hund motivieren, etwas zu lernen und ihn gleichzeitig beruhigen. Der Hund wird beim Training ruhiger und dadurch gegenüber dem Lernen aufnahmebereiter. Stress blockiert das Lernvermögen. Der Leckerbissen schafft einen motivierten, konzentrierten, zur Zusammenarbeit bereiten und ruhigen Hund. Kann man sich eine perfektere Kombination denken?

Kapitel 7:
Erbe, Umwelt – Mentalität

Erbe und Umwelt

Die Beziehung zwischen Erbe und Umwelt ist häufig ein Thema von Diskussionen, wenn von psychischen Faktoren gesprochen wird. Wir können uns als Beispiel einmal so etwas Empfindliches wie die menschliche Intelligenz ansehen. Es werden immer wieder Untersuchungen durchgeführt, ohne dass eine eindeutige Antwort darauf gegeben werden kann, in welchem Umfang die Intelligenz ein Produkt der Vererbung ist. Man darf daraus wohl vorsichtig schließen, dass so gut wie alle Eigenschaften eines Individuums, sowohl die physischen als auch psychischen, ein Gesamtprodukt von beidem, Erbe und Umwelt, sind.

Es muss daran erinnert werden, dass ein Individuum nicht mit bestimmten, „festen" Eigenschaften geboren wird, die es von den Eltern geerbt hat. Es wird nur mit den Anlagen für bestimmte Eigenschaften geboren. Wie diese Eigenschaften später zum Ausdruck kommen und sich entwickeln, wird in hohem Maße von der Umwelt beeinflusst. Ein Individuum kann mit noch so vielen guten Eigenschaften geboren werden, wenn sich jedoch seine Entwicklung in einer Umwelt vollzieht, die eine positive Entwicklung dieser Anlagen nicht stimuliert, dann kommen diese guten Eigenschaften nie zum Ausdruck. Umgekehrt gilt, dass ein Individuum, das etwas weniger gut veranlagt ist, sich in den richtigen Verhältnissen trotzdem günstig entwickeln kann. Dass sich die individuellen Eigenschaften im Laufe des Lebens ändern können, ist allgemein bekannt und diese Veränderungen sind ebenfalls ein Ergebnis, zusammengesetzt aus dem Erbe und aus den Lebensbedingungen. Als Beispiele können genannt werden: Veränderungen in der Körpergröße, das Gewicht, das Aussehen, das Auftreten bestimmter Krankheiten usw. einschließlich undefinierbarer psychischer Eigenschaften. Die Erforschung der genetischen und psychischen Eigenschaften des Hundes ist bisher spärlich. Einer der

Gründe hierfür ist die lange Generationszeit des Hundes. Die Maus hat z. B. eine bedeutend kürzere Generationszeit und ist deshalb für die Forschung besser geeignet.

Das Studium der Mäuse

Im Folgenden wird von einigen Versuchen, die an Mäusen durchgeführt worden sind, berichtet. Es muss dabei aber betont werden, dass die Ergebnisse dieser Untersuchungen nicht direkt auf Hunde übertragen werden können. Es handelt sich dabei um zwei verschiedene Tierarten, die nicht auf dem gleichen Entwicklungsniveau stehen. Es ist Vorsicht geboten, ob diese Ergebnisse auch für Hunde gelten, da entsprechende Versuche nicht durchgeführt worden sind, aber sie können Hinweise sein:

Ein Forscher, Victor Denemburg, führte einen Versuch mit zwei verschiedenen Mäusestämmen durch. Der eine Stamm bestand aus durchweg psychisch instabileren Individuen, der andere Stamm bestand aus robusteren Mäusen. Er führte nun folgendes Experiment durch: Er ließ von jedem Stamm zwei weibliche Mäuse am gleichen Tag werfen und tauschte die Würfe aus. Die Jungen der nervöseren Maus wurden also von der nervenfesteren Maus aufgezogen und umgekehrt (sogenannte Kreuzaufzucht). Nach drei Wochen wurden die Jungen der jeweiligen Pflegemutter weggenommen und untersucht. Die Hypothese lautete, wenn das Verhalten der Jungen in hohem Maße dem der biologischen Mutter ähneln würde, dann wäre es die Erbmasse, die beim Verhalten eine große Rolle spielen würde. Wenn sich die Jungen dagegen wie die Pflegemutter aufführen würden, würde dies bedeuten, dass es die Umwelt wäre, die das Verhalten stärker beeinflusst. Das Ergebnis der Untersuchungen zeigte, dass die genetische Konstitution (die Zusammensetzung der Erbanlagen) einen gewissen Einfluss auf das Verhalten hatte, aber die Einflüsse der Pflegemütter während der Entwicklung waren wichtiger. Das Verhalten der Jungen ähnelte eher dem der Pflegemutter als dem der biologischen Mutter.

Ein anderer Forscher, John Paul Scott, hat bei seinen Mäusen betreffend der Aggressivität Hinweise für eine größere erbliche Beeinflussung gefunden. Er hat einen sehr aggressiven Mäusestamm gezüchtet. Die Jungen hieraus brachte er bei normalen, „freundlichen" Mäusefamilien unter. Es zeigte sich dann, dass die Aggressivität in diesen Familien zunahm, dass also die bösartigen Mäuse ihre Umwelt mehr beeinflussten als umgekehrt. Hier haben wir ein Beispiel dafür, wie einige Erbanlagen die Umwelt beeinflussen. Man kann durch diese Experimente ein kompliziertes Zusammenspiel zwischen den verschiedenen Arten der Erbmechanismen, das unterschiedliche Durchsetzungsvermögen der Gene, einschließlich unterschiedlicher Intensität der Umweltbeeinflussung, erahnen.

Die Bedeutung der Vererbung beim Hund

Entsprechendes fand Scott bei Hunden: Unterschiede in der Erblichkeit verschiedener Verhaltensmuster, z. B. Scheuheit gegenüber Fremden, die Tendenz, sich gegenüber etwas Bedrohlichem niederzulegen, Selbstvertrauen, Aktivitätsniveau, Lernfähigkeit, Anpassungsfähigkeit und soziale Verhaltensmuster.

Er sagt über die Bedeutung der Erblichkeit: „Einige Verhaltenszüge folgen genau den Mendel'schen Gesetzen der Vererbung. Aber selbst in diesen Fällen kann man eine gewisse Milieuvariation erkennen. Viele Eigenschaften werden von mehr als nur einem Erbfaktor, von mehr als nur einem Gen beeinflusst. Die Vererbung beeinflusst nicht die Fähigkeit eines Tieres, sein Verhalten zu variieren, aber sie kann die Fähigkeit des Tieres zur erfolgreichen Anpassung begrenzen. Das Tier kann seine angeborenen Eigenschaften auf viele verschiedene Arten kombinieren, um ein kompliziertes Problem zu lösen. Die größte Bedeutung für das Verhalten hat die Vererbung dadurch, dass sie die Fähigkeit des Tieres, angeregt oder motiviert zu reagieren, fördert oder reduziert. Dies hat wieder enormen Einfluss darauf, wie leicht einem Tier das Lernen fällt."

Andere Quellen geben an, dass übertriebene Scheuheit, Nervosität und Schussscheue erblich sind. Die unterschiedlichen Erblichkeitsgrade der Jagdinstinkte sind von dem Amerikaner Leon F. Withney untersucht worden. Er fand heraus, dass das Treiben mit Hetzlaut über dem stummen Treiben dominiert und ebenso das Stöbern über die Tendenz, einer Spur mit tiefer Nase zu folgen.

Mentalität und Mentalitätstests

Häufig hört man den Ausdruck, dass der Hund eine gute Mentalität hat. Damit ist gemeint, dass der Hund freudig und lebhaft ist, freundlich gegen Mensch und Tier, furchtlos, gleichgültig gegen Schüsse und anderen Lärm reagiert und relativ unempfindlich stabil ist. Man kann auch Ausdrücke wie „Wesen", „Temperament" und „Charakter" hören, die bedeutungsgleich wie das Wort Mentalität angewendet werden.

Auf die gleiche Art, wie man die Persönlichkeit des Menschen nach seinen verschiedenen Charakterzügen einteilt, z. B. mutig – feige, ruhig – nervös, aufgeweckt – verschlafen, versuchte man die Persönlichkeit des Hundes nach einer Anzahl von Eigenschaften einzuteilen.

Nach deutschem Vorbild wurde die Mentalität der Hunde in verschiedene Eigenschaften aufgeteilt, nämlich in: Tatkraft, Schärfe, Verteidigungswille, Kampflust, Nervenkonstitution, Temperament, Härte und Führigkeit. Diese Einteilungsmethode wurde besonders bei der Auswahl von Diensthunden eingesetzt. Später wurden diese Tests überarbeitet und sie werden stets weiter untersucht. Es wird versucht, einen Maßstab für die Bewertung der Mentalität zu finden, der bei der Zucht weiterhelfen kann.

Diese und ähnliche Tests wurden bei den unterschiedlichsten Gelegenheiten angewandt. So wurden Zuchthunde aufgrund der Testergebnisse ausgewählt. Sie wurden angewandt, um zu beurteilen, welche Hunde sich für die verschiedenen Ausbildungsrichtungen im Diensthundebereich eigneten, z. B. als Polizei- und Rauschgiftspürhunde. Sie wurden auch eingesetzt, um bei Hunden mit Verhaltensproblemen deren „Mentalität" zu erfassen.

Kritik an diesen Tests

Aus vielen unterschiedlichen Richtungen wurden diese Mentalitätstests kritisiert. Ich habe selbst eine Untersuchung durchgeführt, die ergab, dass die sogenannten Eigenschaften, die man zu testen beabsichtigte, in Wirklichkeit gar keine Eigenschaften waren. Es waren immer unterschiedliche Verhaltensweisen, die voneinander abhängig waren und von so vielen Äußerlichkeiten ebenfalls beeinflusst wurden, dass es unmöglich war, sie zu unterscheiden. Es wird versucht, den gleichen Vorgang mit unterschiedlichen Maßstäben zu bewerten.

Bei diesen Tests wird vor allem die Stresstoleranz des Hundes bewertet, d. h. die Reaktion des Hundes in belastenden Situationen. Es wurde zwar ein gewisser Erblichkeitsgrad festgestellt, aber es ist noch keine Aussage darüber möglich, welche Bedeutung dieses Ergebnis in der normalen Hundezucht hat. Ein Einfluss im Bereich der Diensthundezucht ist wahrscheinlicher.

Um Erblichkeitsgrade feststellen zu können, muss die Nachkommensprüfung vorausgesetzt werden. Das heißt alle Geschwister eines Wurfes samt deren Nachkommen müssen getestet werden, sonst kann keine ausreichende Information über die Erblichkeit erzielt werden. Es reicht nicht aus, einzelne Individuen zu testen. Die Erblichkeit von Verhaltensweisen ist zu kompliziert. Soll eine Aussage über die Erblichkeit erstellt werde, ist man gezwungen, sich ein Gesamtbild über sämtliche Nachkommen zu machen. Dies gilt für alle Haustiere.

Bei Hunden mit problematischen Verhaltensweisen sollten diese Tests überhaupt nicht angewandt werden. Zum ersten kann der Hund aufgrund der unterschiedlichsten Ursachen irritiert sein. Beim Test besteht jedoch das Risiko, ihm nur ein „schlechtes Zeugnis" auszustellen. Zum zweiten ist es vollkommen uninteressant, welche „Mentalität" er hat. Beim Hund mit problematischen Verhaltensweisen geht es nicht darum, ihm ein Etikett über seine gute oder schlechte Mentalität zu verpassen. Das Ziel ist doch, ihn zu verändern.

Es ist leider geschehen, dass Hunde aufgrund des Unverstandes ihrer Besitzer getötet wurden, nachdem sie in einem Mentalitätstest Mängel zeigten. Man vertraute so sehr auf den Test, dass man tatsächlich glaubte, die evtl. Verhaltensprobleme des Hundes wären ein Ergebnis „schlechter Eigenschaften", anstatt den Fehler bei den Lebensbedingungen des Hundes zu suchen.

Geht es darum, Diensthunde für unterschiedlich Ausbildungsgebiete auszuwählen, dann sind diese Tests gut geeignet. Eine Untersuchung in der damaligen Staatlichen Hundeschule zeigte, dass Hunde mit einem besseren Testergebnis auch in der Ausbildung erfolgreicher waren.

Kapitel 8:
Vom Welpen zum erwachsenen Hund

Ob ein Welpe sich zu einem aggressiven, schreckhaften, lauten, nervösen, ruhigen oder glücklichen Hund entwickelt, ist von seiner Erfahrungsgrundlage abhängig. Nichts beeinflusst einen Hund so sehr wie die Erfahrungen, die er im Laufe seines Lebens macht. Und gerade die Welpenzeit ist die Periode im Leben eines Hundes, in der er am empfänglichsten gegenüber Erfahrungen ist.

Vier kritische Perioden

Amerikanische Wissenschaftler fanden heraus, dass bei der Entwicklung von Welpen in den ersten Lebenswochen verschiedene Entwicklungsperioden unterschieden werden können. Diese Einteilung in Perioden stieß auf Kritik, z. B. sind die Phasen nicht bei allen Rassen gleich und es gibt auch keine eindeutigen zeitlichen Begrenzungen der einzelnen Perioden. Im Folgenden wird eine dieser Periodeneinteilungen vorgestellt, es gibt aber auch andere. Sie werden als „kritische" Perioden bezeichnet, weil während der Entwicklung in den verschiedenen Lebensabschnitten bestimmte Bedürfnisse unbedingt befriedigt werden müssen. Treten hierbei Mängel auf, besteht die Gefahr, dass das erwachsene Individuum Verhaltensstörungen aufweist.

Periode I

Diese Periode umfasst die ersten drei Lebenswochen (die ersten 21 Tage). Die Hauptschwierigkeit liegt in dieser Zeit im Überleben. Der Welpe ist vollkommen hilflos und dadurch besonders gefährdet. Erbkrankheiten fordern in dieser Periode ihre Opfer. Wenn der Welpe nicht ausreichend Milch erhält, kann er verhungern. Wenn er nicht massiert wird, d. h. durch die Mutter geleckt wird, leidet er an Verstopfung. Fehlt die Wärme der Mutter und der Geschwister, wird er sich erkälten. Die Umwelt hat in dieser Periode nur wenig Einfluss auf die Entwicklung des Verhaltens. Ein eventueller Einfluss ist nicht spezifischer Natur, sondern wirkt sich auf das Verhalten in seiner Gesamtheit aus. Wenn die Hündin plump ist und mehrmals auf die Welpen tritt, werden die Welpen keine spezifische Angst vor ihr zeigen, aber vielleicht werden sie empfindlicher. Der Welpe braucht in dieser Periode Wärme, Futter, Massage und Schlaf. Er benötigt viel Energie, um zu überleben, zu wachsen und um sich zu entwickeln.

Periode II

Diese Periode umfasst die 4. bis 7. Lebenswoche. Das Kritische in dieser Periode ist die unglaublich schnelle physische und psychische Entwicklung, die der Welpe durchläuft. Das Gehör und die Augen beginnen zu funktionieren. Der Geruchssinn ist seit der Geburt aktiv. Mit Hilfe der Sinne beginnt nun die Prägung oder Sozialisierung des Welpen.

Die Prägung
Der Welpe weiß nicht, was er für ein Geschöpf ist. Er kann sich nicht im Spiegel betrachten und sagen: „Aha, ich bin ein Welpe und soll einmal ein Hund werden, wenn ich groß bin." Er muss lernen, welcher Art er angehört, indem er seine allererste Zeit zusammen mit seinen Artgenossen verbringt, sieht, wie diese aussehen, empfindet, wie diese riechen und ihre Laute kennen lernt. Das Märchen vom hässlichen Entlein ist der Bericht von einem Schwanenjungen, das anstatt auf Schwäne auf Enten geprägt war, und deshalb glaubte, selbst eine Ente zu sein. Ein Lamm, das von Menschen aufgezogen wird, wird sich als erwachsenes Tier nicht zu anderen Schafen, sondern zum Menschen hingezogen fühlen. Ein Affe, der von klein auf bei Menschen aufwächst, kann in seinem späteren Leben Angst vor seinen Artgenossen zeigen. Ein Löwenjunges, das von Menschen aufgezogen wird, bleibt ganz zahm. Ein Hund, der ohne Kontakt zum Menschen aufwächst, bleibt wild. Bekommt ein Welpe zu wenig menschlichen Kontakt,

Aufmerksam beobachtet der Welpe seine Umwelt.

kann er in seinem späteren Leben Probleme bei der Anpassung haben.

Der Hund wird auf Menschen und auf Hunde geprägt, d. h., er betrachtet uns und die anderen Hunde als gleichwertig. Dies wird durch den Kontakt mit der Mutter und den Wurfgeschwistern, mit dem Züchter und dem Besitzer verursacht. Beachten Sie dabei bitte, dass er nicht auf die Familie geprägt ist, sondern auf den Menschen als solchen, auf die Art Mensch. Dass er später zwischen den Familienmitgliedern und Fremden unterscheidet, kommt daher, dass er sich als Mitglied eines ihm bekannten Rudels ansieht. Fremde bleiben solange Fremde, bis der Hund sie kennen gelernt hat.

Der Welpe und die Umwelt

In dieser zweiten kritischen Periode beginnt der Welpe, einige Dinge zu lernen. Er lernt, sich im Welpenraum zurechtzufinden, lernt, wo die Futterschüssel steht, wo die Mutter liegt usw. Er ist noch zu klein, um einen Unterschied zwischen Fremden und Bekannten zu machen. Er hat also noch nicht das Gefühl, einem Rudel anzugehören. Er beginnt, mit seinen Geschwistern zu spielen, übt soziale Beziehungen ein, trainiert seine Muskulatur und seine Koordination.

In der 6. Lebenswoche ist die physiologische Entwicklung des Gehirns abgeschlossen. In ihm sind immer noch so gut wie keine Erfahrungen gespeichert, aber es hat nun eine Kapazität entwickelt, die all die Eindrücke, die nun beginnen, auf den Welpen einzuströmen, entgegennimmt. Es wird immer wieder empfohlen, den Welpen nicht vor der siebten Woche an den neuen Besitzer

Durch den Kontakt mit der Mutter und den Geschwistern wird der Welpe geprägt.

abzugeben. Doch sollten die Welpen auch nicht zu lange bei der Mutter und den Wurfgeschwistern bleiben. Es besteht sonst das Risiko, dass sich der Welpe mehr in eine dominantere oder eine ängstlichere Richtung entwickelt. Die Unterschiede zwischen den Schwächeren und den Stärkeren kommen stärker zum Ausdruck, je länger die Welpen beieinander sind. Die Umwelt besteht in dieser Periode für den Welpen aus seiner Mutter, den anderen Welpen und denjenigen, der die Welpen pflegt. Diese Elemente spielen eine große Rolle für die soziale Entwicklung jedes einzelnen Welpen, d. h. für das zukünftige Verhalten gegenüber anderen lebenden Wesen. Der Welpe benötigt ein Prägungsobjekt, d. h. andere Hunde und Menschen. Die physische und psychische Entwicklung schreitet schnell voran, so dass der Welpe einen großen Bedarf an Nahrung und Ruhe hat. Wie das Folgende auch zeigen wird, ist es erforderlich, dass ein Individuum in einem frühen Alter genügend Zärtlichkeit erhält, um in seinem späteren Leben selbst Liebe geben zu können. Also hat der Welpe ein großes Bedürfnis nach Zärtlichkeit. Zu diesem Zeitpunkt sind seine Mutter und der Züchter dafür verantwortlich, dieses Bedürfnis zu stillen.

Bis jetzt haben wir den Zeitraum betrachtet, den der Welpe beim Züchter verbringt. In den folgenden zwei Perioden ist der Welpe normalerweise in sein neues Heim umgezogen. Wir werden deshalb die Beschreibung der beiden ersten, kritischen Perioden mit der Wiederholung einiger Warnungen abrunden. Es sind zwei sehr empfängliche Perioden, die der Welpe durchlebt, dies gilt vor allem für die zweite Periode. Ein verantwortungsbewusster Züchter versucht, die an ihn gestellten Anforderungen nach liebevoller Pflege, Frieden und Ruhe, Zeit zum Spielen und zum Streicheln, guter Hygiene, korrekter Fütterung etc. zu erfüllen. Es gibt allerdings auch „Hundehändler", die von „Lieferanten" Welpenwürfe kaufen und später diese lebende „Ware" weiter veräußern. Kaufen Sie nie einen Welpen von einem derartigen Hundehändler. Das Risiko, einen Hund mit Fehlentwicklungen zu erhalten, ist zu groß. Kontrollieren Sie immer selbst, ob die Anforderungen an die Aufzucht erfüllt werden und erkundigen Sie sich nach Referenzen.

Periode III

Diese Periode umfasst die 8. bis 12. Lebenswoche. Das Kritische an diesem Zeitabschnitt ist, dass die Lernfähigkeit des Welpen nun am allergrößten ist. Es ist die empfänglichste Periode im Leben eines Hundes. Vor allem in dieser Periode lernt der Welpe, wie die Umwelt aufgebaut ist, wie sich Menschen, Hunde und andere Tiere verhalten, was gefährlich sein kann und auch was Spaß macht. Die ersten Erlebnisse, die ersten Eindrücke haften bekanntlich besonders fest, so dass es gilt, dafür zu sorgen, dass der Welpe eine guten Start hat, um die richtigen Eindrücke und Erfahrungen zu bekommen.

In den USA wurden Welpen in diesem Alter trainiert, verschiedene Tätigkeiten auszuführen, z. B. Apportieren. Später unterbrach man dann das Training, bis die Welpen erwachsene Hunde geworden waren. Da zeigte es sich, dass Welpen, die am Anfang vorsichtig trainiert worden waren, später leichter ausgebildet werden konnten als die Hunde, die kein Welpentraining erhielten.

Der Welpe beginnt nun auch, die Umwelt zu erforschen. Er fängt damit an, kleine Streifzüge auf eigene Faust zu unternehmen. Die unter natürlichen Bedingungen lebende Hundemutter hat nun genug damit zu tun, ihre Jungen im Zaum zu halten. Kommt sie gerade mit dem einen Welpen zur Höhle zurück, macht sich schon der nächste auf den Weg hinaus in die große weite Welt. Die Welpen sind jedoch noch nicht dreist genug, sich weiter als einige Meter von der sicheren Höhle zu entfernen. Für Raubtiere wären sie jetzt eine leichte Beute. Die Umwelt hat jetzt eine unglaublich große Bedeutung. Nie zuvor waren die Welpen so starken Eindrücken ausgesetzt und weitere Erfahrungen häufen sich ständig an. Eine der Ursachen dafür, dass der Welpe zu diesem Zeitpunkt so leicht lernt, ist die, dass er in möglichst kurzer Zeit mit dem, was Leben für ihn bedeutet, vertraut werden soll. Er hat ja nur eine kurze Kindheit, eine kurze Lehrzeit und soll schnell selbst zurechtkommen. Er muss in kürzester Zeit einen großen Erfahrungsschatz anlegen können. Ein Welpe, der diese Zeit in einem Käfig oder Hundezwinger verbringt, sammelt nicht so viele Erlebnisse und Erfahrungen und kann es später im Leben schwerer beim Lernen und der Anpassung an äußere Umstände haben. Der

Welpe benötigt geordnete Verhältnisse, Training (spielerische Erziehung) und Schutz vor allzu starken, schockierenden Erlebnissen. Er braucht Regelmäßigkeit, damit er leichter lernt, was und weshalb etwas zu tun ist. Er braucht das Training als eine Vorbereitung auf sein Leben als Erwachsener. Er soll sich daran gewöhnen, gekämmt, gebürstet, untersucht und gebadet zu werden. Er muss vor allzu drastischen Erlebnissen geschützt werden. Da er nun derart empfänglich gegenüber dem Lernen ist, kann er auch besonders leicht schockiert werden. Er kann noch wesentlich leichter als ein erwachsener Hund beeindruckt werden und in seinem Gedächtnis bleibt alles noch besser haften. Nehmen Sie nie Ihren Welpen mit, um ein Feuerwerk, ein Motorradrennen, ein Volksfest oder eine andere Veranstaltung, die starke Sinneseindrücke hinterlässt, zu besuchen. Solche Ereignisse haben schon oft die Entwicklung von Welpen gestört.

Periode IV

Diese Periode umfasst die 13. bis 16. Lebenswoche. Das Kritische in dieser Periode ist vor allem die soziale Entwicklung, das Verhältnis des Welpen zu anderen lebenden Wesen und die geringer werdende Abhängigkeit von der Mutter. Der Welpe wird selbstständiger und beginnt zu zeigen, dass er selbst auf sich aufpassen kann und dass er nicht alles gut findet. Er ist nicht länger psychisch so abhängig von „Vater" oder „Mutter", wenn er nicht ängstlich oder besonders empfindlich ist. Früher hat er mit seinen Wurfgeschwistern und seiner Mutter gespielt und seine Kräfte gemessen. Nun hat er niemanden mehr, an dem er seine Kräfte messen könnte, stattdessen kann nun die neue Familie die nadelspitzen, kleinen Zähne des Welpen kennen lernen. Beim Spielen beißt er hart zu. Er kann noch nicht richtig wissen, dass er vorsichtig sein muss. Es ist nicht böse gemeint und es besteht kein Grund zur Sorge. Aber es kann schon zu dem Ausruf: „Au, das tut weh, Pfui!!" verleiten. Durch diese Aufmerksamkeit und den klei-

Durch liebevolle Behandlung im Welpenalter kann der Hund eine enge Beziehung zum Menschen aufbauen.

nen Widerstand bekommt der Welpe den Eindruck, dass es doch ganz lustig ist, Herrchen oder Frauchen zu beißen, und es wird immer schlimmer. Ist der Welpe vier oder fünf Monate alt, erhöht sich dessen Aktivitätsniveau und auch sein Bedarf nach Aktivität. Die Spiele werden wilder und es kommt häufiger vor, dass er einen Energieausbruch hat und in einer Art „Freudenrausch" herumrast.

Ein interessantes Phänomen liegt etwa in der sechzehnten Woche, ungefähr auf dem halben Weg zur Geschlechtsreife, die bei Hündinnen mit sechs Monaten und bei Rüden zwischen dem 8. und 10. Monat eintritt. Bei Kindern weiß man, dass sie auf halbem Weg zur Geschlechtsreife, ungefähr mit sechs Jahren, ein „Trotzalter" durchmachen, das vermutlich hormonelle Ursachen hat.

Mit dem Ende dieser Periode kann der Welpe nicht mehr geprägt werden. Hat man in der zurückliegenden Zeit keinen intensiven Kontakt mit dem Welpen aufgenommen, wird dies später kaum noch möglich sein. Mit einem intensiven und tiefen Kontakt ist gemeint, dass der Welpe vertraut ist im Umgang mit dem Menschen. Es gibt beispielsweise Welpen, die in einem Hundezwinger mit einem Minimum an menschlichem Kontakt aufgewachsen sind. Im Alter von 16 Wochen wurden sie in ein neues Heim abgegeben. Diese Hunde konnten nicht mehr „wie Hunde" werden, es war schwierig, sie zu zähmen. Sie akzeptierten zwar andere Hunde, aber keine Menschen.

Die Umwelt spielt auch weiterhin eine wichtige Rolle, aber nun vor allem das soziale Milieu. Der Welpe ist nun in erster Linie an den Familienmitgliedern, den Rudelkameraden, interessiert.

Der Welpe benötigt engen Kontakt mit der Familie, Spiel und Umwelttraining, er soll mit unterschiedlichen Umfeldern vertraut gemacht werden, sowohl mit der Stadt als auch mit dem Land.

Der Welpe benötigt auch einen freundlichen Lehrer, der ihn darin unterrichtet, welche Grenzen in der Familie gelten, was erlaubt und was verboten ist. Ist der Welpe ängstlich, benötigt er Unterstützung und Hilfe.

Bewegungsdrang und Spieltrieb sind bei Welpen sehr groß.

Fehlentwicklungen

Welche große Bedeutung das früheste Welpenalter hat, erkennt man bei der Untersuchung kindlicher Verhaltensweisen beim erwachsenen Hund. Verhaltensweisen, die dann andere Funktionen erfüllen als zuvor beim Welpen. Es kann beobachtet werden, wie der erwachsene Hund sich hinsetzt und eine Vorderpfote hebt, um Aufmerksamkeit zu erregen, z. B. wenn er bettelt oder aktive Unterwerfung zeigen möchte. Es ist sehr wahrscheinlich, dass dieses Verhalten noch von der Massage des mütterlichen Euters durch den säugenden Welpen stammt.

Welche Funktion das Welpenverhalten im Erwachsenenalter hat, wird hauptsächlich vom Erlernten bestimmt. So nimmt man an, dass als Grundlage für die Tendenz, in einer bestimmten Situation die Vorderpfoten als Ausdrucksmittel des Willens zu gebrauchen, der Milchtritt anzusehen ist. Vermutlich wird das Lecken die gleiche Ursache haben. Hier dürfte es die Saugbewegung selbst sein, die die Grundlage der Tendenz zur Anwendung der Zunge bildet. Diese Handlung muss aber zudem noch einen instinktiven Hintergrund haben, da sie auch bei der Körperpflege und als beruhigendes Signal eingesetzt wird. Dass Hunde es mögen, wenn sie mit der Hand gestreichelt werden, liegt daran, dass sie als Welpen häufig von der Mutter geleckt worden sind.

Man kann einige Parallelen zum menschlichen Verhalten ziehen, die erkennen lassen, welche Bedeutung die frühe Kindheit hat. Seine erste Liebe empfängt der Säugling von der Mutter. Von ihr lernt er, wie Liebe ausgedrückt wird. Später, wenn die erste Liebe zum anderen Geschlecht kommt, treten einige interessante Phänomene auf. Die Verliebten küssen einander (Küssen, abgeleitet von Saugen an der Mutterbrust), sie sprechen miteinander in der Babysprache (!), sie umarmen einander (das Kleinkind umklammert die Mutter, um in ihrer Nähe zu sein), sie streicheln einander (eine fürsorglich Handlung, die normalerweise gegenüber Kindern gezeigt wird). Der eine legt sein Haupt in den Schoß des anderen (der Säugling hat diese Stellung beim Trinken an der Mutter). Der größte Teil dieser Verhaltensweisen lässt sich so aus der Mutter-Kind-Beziehung ableiten.

146

Frühere Erfahrungen

In der ersten Periode im Leben des Welpen lauern viele Gefahren. Wenn die verschiedenen Bedürfnisse nicht auf die richtige Art erfüllt werden, entsteht ein großes Risiko für eine Fehlentwicklung. Ein Welpe, der in eine Welt geboren wurde, die nur aus schlechten Erfahrungen, Strenge, Unpersönlichkeit und einem Mangel an liebevollem Kontakt besteht, wird als Erwachsener weder Liebe geben noch selbst entgegennehmen können. Ein Welpe, der andererseits in einer Umgebung aufwuchs, in der er nur gute Erfahrungen machen konnte und nie eine Restriktion erfahren musste, kann dies fälschlicherweise so auffassen, dass es nichts Schlimmes oder Unangenehmes gibt und sich keine Grenzen finden lassen. Ein solcher Welpe kann sich zu einem draufgängerischen, überaktiven und ungehorsamen Hund entwickeln.

Eine lieblose Aufzucht kann die Fähigkeit des Individuums, eine positive Einstellung zu entwickeln und zu behalten, zerstören. In verschiedenen Untersuchungen wurden die Auswirkungen einer lieblosen Aufzucht untersucht. Der Forscher Harry F. Harlow z. B. entfernte junge Affen von ihrer Mutter und ließ sie jeweils zusammen mit einer Puppenmutter aus Draht und Wolle aufwachsen. Jedes Junge wuchs vollkommen isoliert vom Kontakt mit anderen lebenden Wesen auf. Die einzige Kontaktperson, die es hatte, war die kalte, unbewegliche Puppenmutter. Der Versuch lief über zwei Monate, und das Ergebnis war erschreckend. Als die Affenjungen wieder mit anderen Affen zusammengebracht wurden, zeigte es sich, dass sie nicht in der Lage waren, miteinander umzugehen. Sie konnten keine Zuneigung zeigen, konnten nicht spielen oder Zärtlichkeiten austauschen. Sie sonderten sich von den anderen ab und waren entweder aggressiv oder ängstlich. Als sie dann geschlechtsreif wurden, konnten sie sexuell überhaupt nicht normal reagieren.

Ein anderes Experiment mit Affen wurde von Dr. R. Hinde durchgeführt. Er entfernte ein 30 Wochen altes Affenjunge von der Mutter und hielt es sechs Tage lang separat. Das Junge wurde nervös und deprimiert, verminderte seine Aktivität und hörte auf zu spielen. Als es seiner Mutter zurückgegeben wurde, zeigte es ihr gegenüber teilweise ein verändertes Verhalten. Es wurde fordernd,

lästig und unsicher, wenn sich die Mutter nicht in unmittelbarer Nähe befand. Diese Verhaltensänderung dauerte lange Zeit. Sechs Tage Trennung von der Mutter in diesem jungen Alter waren also genug, um aus dem Affenjungen ein ängstliches und unselbstständiges Individuum zu machen.

Selbst wenn die genannten Experimente an Affen ausgeführt wurden, gelten die Verhältnisse auch für Hundewelpen. Eines der wichtigsten Experimente mit Hunden, das die Bedeutung des Welpenalters erfasste, ist das Folgende:

D. G. Freeman ließ die Welpen eines Wurfes unter verschiedenen Verhältnissen aufwachsen. Zwei Welpen kamen zu „Durchschnittsfamilien", in der sie liebevoll, aber konsequent aufgezogen wurden. Die übrigen Welpen des Wurfes wurden bewusst verdorben. Gleichgültig, was sie taten, sie wurden immer bestraft. Das Ergebnis dieses Experiments zeigte, dass die „erzogenen" Welpen freundliche und gute Familienhunde waren, die „verdorbenen" waren in Umgang und Handhabung beinahe unmöglich. Sie waren hyperaktiv und schwer in einer Familie zu halten, da sie aggressiv wurden, wenn ihr Wille nicht erfüllt wurde. Der gleiche Forscher führte ein anderes Experiment durch, welches beinhaltete, dass ein Welpe zwischen der 4. und 9. Lebenswoche unter Verhältnissen aufwuchs, bei denen alle Kontakte zum Menschen negativ waren, in denen er vollkommen ignoriert und stets zur Seite geschoben wurde. Das Ergebnis war ein unsicherer und ängstlicher Hund.

Nach diesen Experimenten testete man verschiedene Rassen auf die gleiche Art, aber unter etwas besser kontrollierten Verhältnissen. Es zeigten sich gewisse Unterschiede zwischen den Rassen, aber im Großen und Ganzen bestätigte sich die aufgestellte Hypothese:

1. Ein Leben voller Zuneigung und Freiheit, aber ohne Disziplin, schafft hyperaktive, ungehorsame Hunde.
2. Ein Leben voller Disziplin, ohne Zuneigung, schafft ängstliche und häufig ungehorsame Hunde.

Der Junghund braucht den engen sozialen Kontakt mit dem Menschen, um ein angenehmer Familienhund zu werden.

Die Einsamkeit und die Gefangen-
schaft während der Reise vom
Züchter zum neuen Besitzer kann
für einen kleinen Welpen eine große
Belastung sein.

3. Ein Leben, in dem die Anforderungen an die Disziplin nie über
   der Summe von viel Zuneigung liegen, schafft aktive und ge-
   horsame Hunde.

Diese drei Hypothesen können als eine allgemeine Richtschnur
genommen werden. Das Heranwachsen mit Bestimmtheit und
Konsequenz in einem liebevollen Verhältnis zwischen Welpe
und Familie ist die beste Voraussetzung dafür, dass der Hund harmonisch und glücklich wird.

Das mit dem Schlagwort „allgemeine Richtschnur" ist natürlich
schön und gut, aber wir müssen gleich feststellen, dass diese Regeln für den absolut normalen Welpen gelten. Steht man da mit
einer Krabbe von einem Welpen, einem Naturtalent im Ausdenken von verrückten Streichen, der vor reiner Freude das Haus auf
den Kopf stellen möchte und der mit unersättlichem Appetit an
allem kaut, was verboten ist, dann sollte man die Prioritäten dieser
Regeln etwas umstellen. Man sollte die Anforderungen an die Disziplin etwas erhöhen – also gegenüber dem Welpen bestimmter
sein. Oder man riskiert, dass einem die Schwierigkeiten mit dem
Welpen über den Kopf wachsen. Hat man andererseits ein jäm-
merliches Bündel zu Hause, das ganz allein in einer Ecke sitzt und
verängstigt dreinblickt, sollte man seine Liebesbezeugungen verstärken und die Anforderungen an die Disziplin vermindern. Mit
anderen Worten: Richten Sie die Erziehung immer nach dem Individuum aus. Befolgen Sie nie sklavisch gute Ratschläge, üben Sie

nicht zu viel Druck aus, seien Sie nie zu prinzipienfest. Die Erziehung muss an die Konstitution des Welpen angepasst werden können. Jeder Hund ist ein Individuum, das sich von dem anderen unterscheidet, und er verdient eine individuelle Erziehung.

Der Welpe kommt nach Hause

Der Welpe wird normalerweise mit acht Wochen seiner Mutter weggenommen. Er wird von nun an seine neuen Besitzer als „Eltern" betrachten. Noch kann er nämlich nicht ohne Mutter zurechtkommen. Deshalb muss man sich selbst immer wieder erinnern, dass man nun sozusagen eine stellvertretende Hundemutter ist, und es gilt, sich in diese Rolle einzuleben. Jedes Mal wenn Zweifel aufkommen über etwas, was der Welpe tut oder nicht tut, sollte man sich fragen: „Was würde die Hundemutter in dieser Situation tun – was ist natürlich?" Normalerweise ist der Welpe ja vorher nie unheimlichen Erlebnissen ausgesetzt gewesen, abgesehen vom Transport vom Züchter zum neuen Eigentümer. Diese Reise wird unterschiedlich erlebt, abhängig zum Teil von der Stabilität des Welpen und von Art und Umfang der Reise. Flug-, Zug- oder Schiffsreisen, bei denen der Welpe allein in einem Käfig eingeschlossen ist, können unglaublich zerstörende Effekte für seine weitere Zukunft haben. In einem dunklen Raum eingeschlossen zu sein, umgeben von fremden, gewaltigen Geräuschen, und nicht ahnen können, wie das alles ausgehen könnte – dies alles auf einmal und gleich beim ersten Mal, wenn man von der Mutter wegkommt, wo die absolute Sicherheit, die durch die Mutter verkörpert wurde, nicht mehr da ist, und sich die Mutter auch nicht einmal mehr in der Nähe aufhält, dies kann einen Welpen überfordern. Ich persönlich bin der Ansicht, dass der Welpe mit dem Auto vom Züchter abgeholt werden sollte. Er kann dann während der Fahrt in den Arm genommen werden und dadurch Sicherheit trotz diesem außergewöhnlichen Ereignisses erfahren. Geht das nicht, ist es besser, den Welpen in der näheren Umgebung zu erwerben.

Der erste Tag

Kommt der Welpe in sein neues Heim, sollte man daran denken, wieviel er bereits erlebt hat, und das zum ersten Mal in seinem Leben: die Reise, neue Menschen, neue Gerüche, neue Laute, neue Sinneseindrücke. Für den kleinen Welpen ist dies alles sehr anstrengend. Er war ja bislang daran gewöhnt, den größten Teil des Tages zu verschlafen. Deshalb werden folgende Vorsichtsmaßnahmen wohl einleuchten:

1. Wenn der Welpe heimkommt, sollte es im Haus ruhig sein. Verhindern Sie es, dass er zu vielen Menschen begegnet, die ihn mit Streicheln und Klopfen überschütten.
2. Lassen Sie ihn in Ruhe sein neues Heim erforschen und die verschiedenen neuen Gerüche kennen lernen.
3. Nehmen Sie ihn nicht sofort wieder mit hinaus. Er benötigt einige Stunden, um seine neue Umgebung kennen zu lernen und sich mit ihr vertraut zu machen.
4. Schimpfen Sie nicht, wenn er auf den Boden pinkelt. Er hat früher nie etwas Unangenehmes in Verbindung mit dieser Handlung erlebt und er ist es noch nicht gewohnt, den Urin zurückzuhalten. Sein erster Aufenthaltsraum sollte so beschaffen sein, dass so eine kleine Pfütze auf dem Boden kein Unglück ist.
5. Lassen Sie den Welpen nicht allein, er ist nicht an Einsamkeit gewöhnt. Der Welpe betrachtet seinen neuen Besitzer ja als seine Mutter. Und eine gute Hundemutter wird ihre Welpen nie unbewacht lassen. Gehen Sie nur kurz weg, wenn er müde ist.
6. Halten Sie einen Hundekorb oder etwas Ähnliches bereit, damit der Welpe sich hinlegen kann – er wird schnell müde.
7. Sind Kleinkinder im Haus, ist viel Sorgfalt und Aufmerksamkeit erforderlich, wenn der Welpe ihnen vorgestellt wird. Beachten Sie bitte, dass bei den Kindern keine Eifersucht geweckt wird, diese werden sie sonst später am Welpen auslassen. Bringen Sie den Kindern von Anfang an bei, dass sie ordentlich mit dem Welpen umzugehen haben. Sie dürfen den Welpen nie hart anfassen, ihn absolut nie umarmen und beim Spiel vorsichtig

Wenn der Welpe in Ihrer Nähe schlafen darf, vermitteln Sie ihm dadurch Sicherheit und können auch lästige Hilfsexpeditionen vermeiden, falls er doch seinen Einsamkeitsgefühlen Ausdruck verleiht.

mit ihm sein. Sie müssen lernen, dass sie den Welpen nie auf seinem Lager oder in seinem Korb stören dürfen! Dort soll der Welpe immer Ruhe und Frieden finden. „Mein Korb ist meine Burg!"

Natürlich führen sich nicht alle Welpen am ersten Tag gleich auf. Einige sind vorsichtig – andere nehmen die Familie im Sturm. Der vorsichtige und schüchterne Welpe braucht mehr Ruhe und Gesellschaft mit seiner Ersatzmutter, der Stürmer fordert „Aktion" und Spiel.

Die erste Nacht

Es ist viel über die Frage, wo der Welpe schlafen soll, diskutiert worden. Es ist vollkommen unangebracht, ihn vom Kontakt zu den anderen Familienmitgliedern auszuschließen. Ein derartig traumatisches Erlebnis kann auch einen selbstsicheren Welpen ängstigen. Nie zuvor war er einsam, von seinen Wurfgeschwistern und seiner Mutter getrennt, nun ist er an einem neuen Platz und wird von der Gemeinschaft und der damit verbundenen Sicherheit isoliert.

Fühlt sich der Welpe einsam, wird er mit Sicherheit zu jaulen und zu winseln beginnen. Das ist sein einziges Hilfsmittel, um seine Mutter anzulocken. Alleinsein ist für einen Welpen gefährlich. Er reagiert auf Einsamkeit stark, sowohl draußen als auch im Haus. Wird der Welpe allein gelassen, kann es geschehen, dass er vor lauter Angst blockiert und derartig vor dem Zurückgelassen werden erschrickt, dass er künftig problematische Verhaltensweisen entwickelt. Der Welpe ist vollkommen auf den Schutz der anderen angewiesen, er kann sich noch nicht selbst verteidigen.

Der beste Schlafplatz befindet sich daher in der Nähe eines Familienmitgliedes, dadurch erhält der Welpe hörbaren, sichtbaren, riechbaren und fühlbaren Kontakt. Es sollte vermieden werden, ihn im Bett schlafen zu lassen. Er gewöhnt sich sonst daran, dort zu liegen und später, wenn er größer ist, ist es schwierig ihn wieder aus dem Bett zu bekommen. Wird er unruhig, spricht man mit ihm oder streckt die Hand aus, um ihn zu streicheln.

Welpenerziehung

Die Erziehung eines Welpen kann gewisse Schwierigkeiten bereiten. Die Erziehung in der Natur ist so gesund und richtig, dass es vernünftig ist, wenn wir Menschen uns in deren Vorgehensweisen hineinversetzen. Aber wir sind schon zu sehr zivilisiert, als dass wir noch richtig natürlich sein könnten. Der Hund, wie „domestiziert" er auch ist, reagiert dagegen immer in Übereinstimmung mit seiner Natur, und jede Hundeausbildung muss in einem höchstmöglichen Grade den natürlichen Bedingungen entsprechen. Wir müssen wissen, wie der Welpe in der Natur lernt, was erlaubt und was verboten ist.

Es gibt zwei Arten von Erfahrungen, die ein Hund macht: soziale und nichtsoziale. Sie stehen für verschiedene Lernsituatio-

Der Welpe ist in einer „nichtsozialen Ausbildungssituation" zusammen mit einem Igel.

nen. Eine soziale Situation ist, wenn sich Individuen der gleichen Art zusammentun, um ein Vorhaben miteinander durchzuführen. Nichtsoziale Situationen sind solche, in denen der Hund seine Interessen und seine Aktivitäten seiner Umwelt oder einem artfremden Tier, z. B. einem Beutetier, zuwendet.

In Freiheit besteht eine soziale Situation z. B. darin, dass ein Welpe ein Stück Fleisch gegenüber jedem verteidigt, der sich nähert. Auch gegenüber erwachsenen Tieren. Es scheint, als hätte jedes Individuum das Recht, seine Mahlzeit zu bewachen, keiner wird es angreifen. Auch wenn das Muttertier zu nahe kommt, beginnt der Welpe zu knurren. Sie wird sofort auf die Seite schauen, vielleicht eine Pfote ein bisschen heben, unter Umständen gähnt sie auch und geht weiter. All dies sind aggressionsdämpfende Signale. Mit diesem Verhalten informiert sie ihn darüber, dass sie nicht versuchen wird, ihm das Futter zu nehmen. Folglich lernt der Welpe etwas über seine Mutter, er begreift schnell, dass er ihr gegenüber das Futter nicht verteidigen muss.

Diesem Verhaltensmuster sollten wir folgen. Knurrt der Welpe und bewacht er seine Futterschüssel, dann hat dies nichts mit einer Rangordnung oder mit fehlendem Respekt vor Herrchen oder Frauchen zu tun. Das Knurren bedeutet nur, dass uns der Welpe in dieser Situation nicht traut. Er glaubt, wir machen ihm sein Futter streitig. Sollte der Welpe nun bestraft werden, dann war seine Vermutung richtig. Wir zeigten ihm, dass wir tatsächlich mit ihm konkurrieren wollten. Der Welpe hat nun zu uns noch weniger Vertrauen und er wird sein Futter das nächste Mal noch schärfer bewachen. Die beste Vorgehensweise besteht darin, das Knurren zu ignorieren. Vielleicht wenden wir unseren Blick ab und gähnen, wie dies die Mutter tun würde.

Beim Wolf tritt eine nichtsoziale Ausbildungssituation dann auf, wenn z. B. ein Wolfswelpe von einem Igel fasziniert ist und mit ihm spielen möchte. Berührt er ihn mit der Pfote oder mit der Schnauze, macht er sofort eine unangenehme Erfahrung mit diesem stachligen Tier und lässt es in Frieden.

Nichtsoziale Situationen in der häuslichen Umgebung treten dann auf, wenn Gegenstände oder artfremde Tiere eine Rolle spielen. Hier ist es besser, der Welpe macht selbst seine Erfahrungen mit dem Gegenstand. Genau wie in der Natur, wenn am Igel geschnüffelt wird, soll der verbotene Gegenstand unangenehm sein. Es wird dadurch vermieden, dass uns der Welpe in einer schimpfenden oder bestrafenden Rolle erlebt. Unter natürlichen Bedingungen treten so die Eltern, die Führer, nicht auf. Sie sind sicher und ruhig. Sie setzen Grenzen, aber sie attackieren nicht wegen Kleinigkeiten. Außerdem sind Hunde schlau. Erlebt ein Welpe, dass etwas verboten ist und wir das Verbot überwachen, dann wartet er, bis wir außer Sicht sind, um dann zu tun, was er möchte.

Für Hunde in häuslicher Umgebung entsteht eine Lernsituation, die es unter natürlichen Bedingungen nicht gibt. Der Welpe hat ganz bestimmte, natürliche Bedürfnisse oder Triebe, die er im Haus kontrollieren und umdirigieren muss. Hier sind zuallererst

So kann eine Ausbildungssituation im Haus aussehen. Dem Welpen wird ein unangenehmes Erlebnis vermittelt, wenn er an der Tischdecke zieht, unabhängig von der Anwesenheit des Besitzers.

156

die Stubenreinheit und das Jaulen zu nennen. Drinnen darf der Welpe nichts verunreinigen und er darf nicht jaulen und winseln, weil er allein ist. In diesen Situationen müssen andere Wege beschritten werden. Der Welpe weiß nicht, was er falsch macht und er kann nicht verstehen, weshalb wir auf ihn wütend sind. Es ist doch ganz natürlich zu pinkeln, wenn es notwendig ist, und zu jaulen, wenn man sich einsam fühlt. Es ist sinnlos, in einer solchen Situation zu schimpfen oder etwas steuern zu wollen. Stattdessen sollte das richtige Verhalten gezeigt, eingeübt und belohnt werden. Diese Lernsituation gehört zur sozialen Ausbildung, weil man selbst in das Erfahrungsbild des Welpens eingreift.

Diese drei Situationen, die im Folgenden ausführlicher behandelt werden, können anhand einer Skizze dargestellt werden:

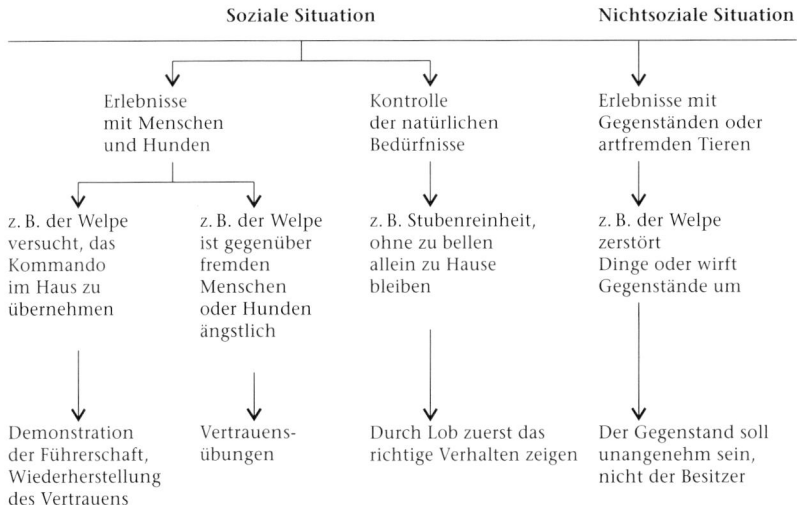

Die Ausbildung in der sozialen Situation

Führerschaft und Verbote

Die Führerschaft soll freundlich sein. Schreien, Schimpfen und Schlagen sind schlechte Methoden, um zu zeigen, wer entscheidet, und sie sind unnatürlich. Ein Hund, sei es nun ein Welpe oder ein erwachsener, sollte es nicht notwendig haben, aus Angst zu gehorchen. Die Führerschaft soll auf eine nette, ruhige und natürliche Art ausgeübt werden, das „Vorlesen der Regeln" eingeschlossen.

Um eine Entscheidung durchzusetzen, reicht es im Allgemeinen vollkommen aus, wenn der Welpe ein Wort, das ein Verbot beinhaltet, versteht und respektiert. Das Wort „Nein!", auf eine ruhige, freundliche, aber bestimmte Art gesagt, sollte gewöhnlich einen Welpen in allen Verbotssituationen steuern können.

Soll der Welpen die Bedeutung des Wortes „Nein!" erlernen, ist es nicht genug, nur das Wort zu sagen. Es muss ihm demonstriert werden, was damit gemeint ist, aber ohne die Stimme zu einem hysterischen Geschrei zu erheben. Teils lernt der Welpe dadurch nur, dass er erst zu gehorchen braucht, wenn „Herrchen" wütend und hoch erregt ist, teils können sensible Welpen dadurch ängstlich werden. Außerdem charakterisiert man sich als aggressiven und damit unnatürlichen Führer. Die einzige Methode zu zeigen, dass „Nein!" ein Verbot bedeutet, ist, den Welpen zu nehmen und ihm „die Regeln vorzulesen". Man hält dabei die Haut des Halses an jeder Seite fest. Dies ist die Gegend, in die sich Hunde bei Auseinandersetzungen zur Demonstration oder auch beim Ernstkampf am häufigsten verbeißen. Und so nützt man die Empfindlichkeit des Hundes gegenüber nahem Kontakt aus, man zieht ihn ganz nahe zu sich her, Nase gegen Nase – mit Augenkontakt.

Festlegen der Grenzen

In dieser Situation fühlen sich die meisten Welpen ziemlich beeindruckt. So beginnt man leise, ihm „die Regeln vorzulesen":
§ 1: „Wenn ich ‚Nein!' sage, dann meine ich auch ‚Nein!'"
§ 2: „Selbst wenn du noch nicht so groß bist, so hast du trotzdem darauf zu hören!"
§ 3: „Ich bin es überdrüssig, dass du ungehorsam bist–!"
Je länger man dabei bleibt, desto stärker bedrückt fühlt sich der Welpe in dieser Situation. Nach einigen Wiederholungen geht den meisten Welpen auf, was „Nein!" gemeint ist. Kein Hund, weder ein Welpe, noch ein erwachsener, wird dadurch ängstlich, voraus-

„Glaubst du, dass man sich so benehmen kann? Du weißt, dass ich unzufrieden bin, wenn du so etwas tust. Tüchtige Hunde führen sich nicht so schlimm auf …!" Das „Regeln vorlesen" gegenüber einem Welpen mit freundlicher, aber bestimmter Stimme führt zum Erfolg, ohne dass der Hund erschrickt oder Vertrauen zerstört wird.

gesetzt, es wird richtig gemacht. Es darf nie in einer wütenden Stimmung geschehen

Ein stärkeres „Nein" für tatkräftigere Welpen kann so aussehen, dass bei einer verbotenen Handlung gleichzeitig mit dem Wort „Nein" ein Wasserstrahl auf die Nase des Welpens gespritzt wird. Der Welpe kaut vielleicht an einem Schuh oder einer elektrischen Leitung. Man hat sich darauf vorbereitet und wenn solches geschieht, liegt eine geladene Wasserpistole oder Ähnliches bereit. Genau zu dem Zeitpunkt, indem der Welpe zu kauen beginnt, schießt man einen Wasserstrahl ab und sagt im Gesprächstonfall:

„Nein!" Bei einem sensiblen Welpen kann dies eine zu harte Maß-
nahme sein, die nur als letztes Hilfsmittel eingesetzt werden sollte.

Startet ein Welpe aus eigener Initiative ein Kampfspiel und
beißt in Arme, Finger, Füße und Hosen, dann verstärkt sich dieses
Verhalten schnell und effektiv, sobald man schimpft und sich dagegen wehrt. Für den Welpen wird es erst richtig unterhaltsam,
wenn er ein Ergebnis hört und Widerstand spürt. Es gibt einen
einfachen Trick, um dieses Problem zu vermeiden und um nicht
als unsicherer und aggressiver Führer dazustehen. Man spritzt etwas Essig oder auch Mundwasser auf seine Kleider und Hände.
Dadurch schmeckt man schlecht und der Welpe kann dies selbst
herausfinden. Nun kann der Welpe mit angenehmen Beschäftigungen aktiviert werden, er lernt das Miteinander-Arbeiten und
nicht das Gegeneinander-Arbeiten.

Wurden einem Welpen die „Regeln vorgelesen" und es ist nun
bekannt, wo die Grenzen verlaufen, dann sollte man ihm zu verstehen geben, dass nun alles vergessen ist. Einige Augenblicke
später spielt man ganz einfach wieder ein bisschen mit ihm. Es
ist ein schwerer Fehler, wenn die schlechte Laune zum Ausdruck
kommt, der Welpe sich gar noch „schämen" soll. Er schämt sich
nicht, er zeigt nur seine Unterwerfung. Dies führt nur zu einem
Vertrauensverlust und hat überhaupt keinen positiven Lerneffekt.
Also: Nichts nachtragen!

Denken Sie an die meisten erwachsenen Hunde mit ihrer enormen Geduld gegenüber kleinen Welpen. Es braucht sehr lange,
bevor sie einmal wütend reagieren. Diesem guten Vorbild sollten
wir folgen.

Angst

Angst oder Zurückhaltung gegenüber sehr unangenehmen Er-
lebnissen können später beim erwachsenen Hund zu aggressiven
Reaktionen führen, die weitere Unlustgefühle verhindern sollen.
Hat der Hund vor etwas Angst, dann wird er im Allgemeinen seine
Angst mit Aggression kompensieren. Die meisten erwachsenen
Hunde, die man als „bissig" abstempelt, waren als Welpen ängst-
lich und zurückhaltend.

Zeigt ein Welpe gegenüber Menschen oder Hunden eine erhöhte Zurückhaltung muss mit ihm langsam und vorsichtig geübt werden, damit er Vertrauen zu diesem Schreckgespenst aufbauen kann. Dies ist die einzige Möglichkeit zu verhindern, dass er aggressiv wird. Befolgen Sie die Ratschläge auf S. 257 ff.

Die Kontrolle von natürlichen Bedürfnissen

Es gibt Fälle, bei denen Welpen bestraft worden sind, weil sie im Haus pinkelten oder ihr Geschäft erledigten. Wird der Welpe wegen der Ausführung einer natürlichen Verhaltensweise bestraft, kann er zuerst keinen Zusammenhang zwischen der Strafe und der Handlung erkennen. Er kann nicht verstehen, weshalb er „angegriffen" wurde. Das Pinkeln ist eine derart natürliche Verhaltensweise, dass er die Strafe nur als Angriff werten kann. Dies schafft Angst, macht den Welpen unterwürfig und schüchtert ihn ein. Hieraus entwickeln sich schnell neue Probleme. Es gibt viele Beispiele für Hunde, die draußen beim Pinkeln Angst zeigen, weil sie für die gleiche Handlung drinnen bestraft worden sind. Es gibt auch Hunde, die nie richtig stubenrein geworden sind, weil die Strafe bei ihnen derartige Ängste verursachte, dass das richtige Erlernen der Stubenreinheit blockiert worden ist.

Natürliche Handlungen dürfen nicht bestraft werden. Dem Welpen ist immer eine Alternative anzubieten, das Pinkeln im Freien, und diese muss intensiv belohnt werden. Nach ein, zwei oder drei Wochen wird er seine Geschäfte nur noch im Freien erledigen.

Stubenreinheit

Es liegt tief in der Natur jedes Hundes, sich nicht an seinem Schlafplatz zu lösen. Bei kleinen Welpen dauert es ein bisschen, bis sie hellhörig gegenüber den Befehlen ihrer Natur werden. Sie wurden außerdem dadurch verwöhnt, dass die Mutter die Umgebung sauber hielt. Dem Lösen an anderer Stelle als an der Schlafstelle steht unter natürlichen Lebensbedingungen nichts entgegen. Hier muss der Mensch eingreifen und dem Hund erklären, wo man darf und insbesondere, wo man nicht darf. Mit anderen

Worten, der Hund soll lernen, sich nicht im Haus zu lösen. Das Lernen ist einfach, wenn der Welpe harmonisch ist, kann aber kompliziert sein, wenn der Welpe psychisch instabil ist. Die Kontrolle der Urinblase wird besonders von psychischen Faktoren beeinflusst, vor allem, wenn die psychische Beeinflussung von positiver Art ist. Es gibt Hunde, die können nicht dicht bleiben, wenn man nach Hause kommt, einfach deshalb, weil sie so glücklich sind. Dies beweist, dass die Willenskontrolle bei den Welpen nicht in so hohem Grade entwickelt ist, als dass sie von Anfang an über die Entleerung der Urinblase bestimmen könnten. Aber es kann durch ruhiges Lernen erreicht werden.

Eine häufig verwendete Methode, mit einem Welpen die Stubenreinheit zu trainieren, ist, dass man ihm zuerst beibringt, sich auf einer Zeitung zu lösen, die man schrittweise nach draußen verlegt. Man kann sagen, dass durch diese Methode „das Pferd von hinten aufgezäumt wird", aber sie kann in bestimmten Fällen durchaus eine Lösung sein. Der Welpe muss normalerweise dringend, wenn er geschlafen, gespielt oder gefressen hat. Die Chance für ein gutes Ergebnis beim Sauberkeitstraining steigt, wenn Folgendes berücksichtigt wird:

1. In den ersten zwei, drei Wochen gehen Sie oft und in regelmäßigen Abständen mit dem Welpen hinaus. Danach können Sie die Zahl der Ausgänge etwas reduzieren. Auf diese Art hat der Welpe die Möglichkeit, seinen Körperrhythmus auf bestimmte Zeiträume einzustellen.
2. Beschäftigen Sie den Welpen in den letzten 10–15 Minuten, bevor er hinaus soll, so dass er sich nicht aus reiner Langeweile lösen möchte. Aber unterlassen Sie es, ihn übermäßig aufzuregen.
3. Lassen Sie den Welpen sich möglichst in einem Raum aufhalten, in dem eine kleine Pfütze auf dem Boden kein großes Unglück ist.
4. Gewöhnen Sie ihn bei den Spaziergängen an die gleiche Stelle. Diese Stelle sollte ein bisschen abseits liegen und ruhig sein, so dass sich der Welpe in Ruhe lösen kann.
5. Loben Sie den Welpen vorsichtig, während er pinkelt – aber nicht so stark, dass er unterbricht. Es genügt, ihm zu erklären, dass er ein „tolles Kerlchen" ist.

Jaulen

Lang anhaltendes Jaulen und Gebell ist für viele Hundebesitzer und deren nähere Umgebung ein großes Problem. Viele erwachsene Hunde können keinen Augenblick alleine bleiben, ohne dass sie anfangen zu bellen, zu jaulen oder zu winseln. Dieses Übel hat seine Wurzel häufig in den Einsamkeitsgefühlen der ersten Tage. Wenn der Welpe sich verlassen fühlt, beginnt er zu bellen. Reagiert jemand auf seine Klagelaute und kommt, hat der Welpe gelernt, dass er dem Alleinsein durch Bellen entfliehen kann. Wenn keiner da ist, der auf das erste bescheidene Bellen reagiert, kann er all seine verborgenen Stimmressourcen aktivieren.

Das beste ist, man hat die Möglichkeit, dem vorzubeugen, so dass der Welpe überhaupt nicht in eine Situation gerät, in der er sich verlassen fühlt. Wenn er als Welpe nie einen Anlass hatte, „nach Mutter zu rufen", ist das Risiko, dass er dies als Erwachsener lernt, sehr gering. Soll er das Alleinsein akzeptieren lernen, beginnt das Training am besten, wenn er müde ist.

Der Welpe soll das Gefühl bekommen, dass er nie verlassen wird und dass man nie lange fort ist. Wird der Welpen nur für kurze Augenblicke allein gelassen, gewöhnt er sich schnell daran und fühlt sich nicht einsam. Am Anfang sind diese Zeiträume nur Sekunden, dann werden die Phasen schrittweise verlängert.

War man nicht in der glücklichen Lage, gleich zu Anfang dem Gebell des Hundes vorzubeugen, heißt es, mit einem aufwendigen, viel Geduld erforderndem Training zu beginnen. Die Vorsicht, die man anwandte, um dem Hund die Sauberkeit beizubringen, ist nun genauso wichtig, wenn er lernen soll, still zu sein. Es liegt tief in der Natur des Welpen, Signale abzugeben, um die Mutter zum Schutz herbeizurufen.

Dieses Verhalten darf nicht bestraft werden, weil der Welpe nicht verstehen kann, wo der Fehler liegt. Die Strafe erhöht nur die Angst und er wird noch mehr Angst haben, wenn er wieder alleine ist.

Ein altes Hausmittel zur Beruhigung eines unsicheren Welpen ist es, ihm unter die Decke in seinem Korb eine Wärmflasche zu legen. Das kann das warme, sichere Gefühl durch die Mutter und die übrigen Welpen kompensieren. Man kann ebenfalls einen Wecker – mit abgeschaltetem Alarm! – unter die Decke legen. Dies soll ein schlagendes Herz imitieren. Beides kann als Hilfsmittel verwendet werden, wie die Übungen, die im Folgenden beschrieben werden. Das Training erfolgt am besten, wenn der Welpe müde, satt und ruhig ist.

1. Der Welpe soll sich an einem Ort aufhalten, an dem er sich sicher fühlt, z. B. seinem Korb und Sie bleiben ein bisschen bei ihm sitzen.
2. Streicheln Sie ihn, bis er beginnt zu dösen. Sagen Sie: „Auf Wiedersehen! Ich komme bald." oder etwas Ähnliches in einem ganz neutralen Tonfall und gehen Sie dabei ein paar Schritte weg vom Hundekorb. Gehen Sie dann sofort zurück und loben Sie den Hund, wenn er still, ohne zu bellen oder zu winseln, liegen geblieben ist, selbst wenn es nur ganz kurz war.
3. Langsam vergrößert man den Abstand von seinem Schlafplatz und den Zeitraum der Abwesenheit. Wenn der Hund damit klar kommt, kann man den Raum für einen Augenblick verlassen. Der Welpe soll ständig ruhig in seinem Korb liegen.
4. Man sollte nie solange weg bleiben, bis der Welpe zu winseln beginnt. Wenn er erst einmal damit anfängt, ist die Wahrscheinlichkeit, dass er es wieder tut, größer.
5. Wenn man sieht, wie der Welpe sich ruhig und entspannt hinlegt, wenn man zu ihm „Auf Wiedersehen!" sagt, kann man beginnen, etwas längere Zeit wegzubleiben. Ein Welpe von vier Monaten sollte (nach dem Training!) einige Stunden allein zu Hause bleiben können. Je älter der Hund ist, desto länger muss er allein bleiben können. Jedoch sollte man immer anstreben, den Hund nie länger als vier bis fünf Stunden täglich allein zu lassen.
6. Kommt man zurück und das ganze Wohnviertel hallt wider vom Klagelaut des Welpen, sollte man **nicht** hineingehen. Sonst würde der Welpe ja lernen, dass er nur lange genug heulen muss, damit jemand kommt. Vollkommen falsch ist eine Bestrafung des Welpens. Er kann den Sinn dieser Strafe nicht erkennen und wird nur ängstlich und unterwürfig. Stattdessen sollte man ein Geräusch verursachen, z. B. ein kurzes Pfeifsignal, damit er schweigt. Ist er einen Augenblick ruhig, geht man hinein und lobt ihn, als hätte er die ganze Zeit geschwiegen.

Die Erziehung in nichtsozialen Situationen

Es ist damit zu rechnen, dass ein Welpe an nahezu allem im Hause seine Zähne ausprobieren möchte. Dies geht bei den meisten Welpen über einen kürzeren oder längeren Zeitraum. Nachdem sich der Welpe einige Zeit in der neuen Umgebung eingewöhnt hat, beginnt man daher, ihm beizubringen, dass bestimmte Dinge „Igel" und andere Dinge „Spielzeug" für ihn sind. Das „Spielzeug" muss selbstverständlich „hundesicher" sein, damit der Welpe sich nicht schaden kann. Viele Hundebesitzer räumen alles weg, was nicht niet- und nagelfest ist, damit der Welpe ja nichts zerstören kann. Eine Alternative dazu ist, ihm beizubringen, Gegenstände in Ruhe zu lassen.

In diesem Zusammenhang ist es wichtig, dass der Welpe erfährt, dass die Sachen unangenehm sind, nicht Herrchen oder Frauchen. Der Welpe sollte seine Erfahrungen ohne sichtbare Einmischung von Seiten des Besitzers machen. Beteiligt man sich bei der Bestrafung aktiv, riskiert man, dass der Welpe immer artig ist, wenn man in der Nähe ist. Aber sobald er allein ist, werden Gardinen heruntergerissen, verschwinden Schuhe auf geheimnisvolle Weise und der Inhalt von Kissen legt sich wie Schnee auf die Möbel.

Die Einstellung zum Kampf

Außerdem wird der Welpe zu der Ansicht gezwungen, dass die Verhältnisse innerhalb der Familie vom Kampf und nicht vom Zusammenhalt geprägt sind. Durch jedes Verbot und durch jede Strafe entsteht eine kleine Reiberei zwischen dem Willen des Welpens und seinem eigenen. Gibt es zu viele „Pfui!", „Hör auf!", „Nein!" und „Das ist verboten!", lernt der Welpe schnell, für alles zu kämpfen – gegen Herrchen und Frauchen. Etwas, was man nicht machen darf oder wofür man kämpfen muss, ist immer auch attraktiver und spannender.

Allerdings kann man den Welpen wegen seines Beißens zurechtweisen und ihm „die Regeln klarmachen". Wenn man heimkommt und entdeckt, dass der Welpe mit offensichtlichem Genuss dabei ist, an einem Schuhe zu kauen kann man einfach nicht auf andere Art reagieren, als wütend zu werden. Das kann man auch, aber nur unter der Voraussetzung, dass der Welpe sein Zerstörungswerk aufrechterhält, wenn man ihn antrifft. Dann kann man ihm auch „die Regeln vorlesen". Wenn er jedoch bereits „gegessen hat", ist es für eine Strafe zu spät. Zuallererst wird ihm der Schuh in aller Ruhe abgenommen und auf die Seite gelegt.

Beim Training wird ein Verleitungsgegenstand (z. B. der Schuh) auf den Boden gelegt. Der Welpe wird nun unauffällig beobachtet. Eine gefüllte Wasserpistole oder Plastikflasche liegen bereit.

Sobald der Welpe beginnt, den verbotenen Schuh zu nehmen, spritzt man einen Schuss Wasser auf seine Nase – ohne etwas zu sagen. Der Welpe wird künftig den verbotenen Gegenstand mit dem unangenehmen Erlebnis verknüpfen. Der Besitzer hat dabei die Aufgabe, gegenüber dem armen Tier den vollkommen Unwissenden und Unschuldigen zu spielen. Geht der Welpe das nächste Mal zu dem „gefährlichen" Gegenstand hin, ohne ihn zu berühren, kann man versuchen, ihn ein bisschen zu loben. Hat er jedoch die Absicht, in das Ding hineinzubeißen, darf das Lob natürlich nicht ausgesprochen werden. Stattdessen bietet man ihm einen anderen Gegenstand zum Spielen an.

Eine gut geeignete Alternative ist das Bespritzen des verbotenen Gegenstandes mit Essig oder Mundwasser. Und natürlich sollten genügend geeignete Beschäftigungsmöglichkeiten bereitgestellt werden.

Das Welpentraining

Nie wieder ist die Fähigkeit zum Lernen so groß wie im Welpenstadium – und das sollte ausgenützt werden. Sei es nun, um mit ihm das Herbeikommen auf Zuruf oder das Gehen an der Leine zu üben oder um die Pflege und das Untersuchen zu trainieren.

Herbeirufen
Es ist günstig, wenn man die Abhängigkeit des Welpen von seinen Rudelkameraden ausnutzt. Lassen Sie ihn frei laufen, rennen Sie ein bisschen von ihm weg, spielen Sie mit ihm „Verstecken",

Beim Training muss immer viel gelobt werden.

gleichzeitig rufen Sie seinen Namen und „Komm" in einem lockenden Ton.

Der Welpe darf nie gejagt werden! Er lernt dadurch nur, dass Wegrennen Spaß macht. Ab und zu wird der Welpe hergerufen, nur um ihn zu streicheln, ihm einen Leckerbissen zu geben, dann kann er wieder frei weiterlaufen. Der Welpe wird nur gerufen, wenn auch sichergestellt ist, dass er auch kommen wird und dass ihm eine angenehme Sache angeboten werden kann, z. B. ein Spiel oder Futter. In anderen Fällen holt man ihn ab.

Wenn der Hund an der Leine zieht, bleiben sie sofort stehen und bleiben ganz ruhig.

Zieht der Hund nicht mehr an der Leine, gehen Sie weiter.

168

Von diesem Herbeirufen darf nicht gefordert werden, dass es sicher ist. Dieses Stadium soll nur das spätere Training erleichtern. Ein Welpe kann nicht perfekt gehorchen! Hat man einen sensiblen Welpen, darf das Weglaufen und das Verstecken nicht übertrieben werden, damit er nicht ängstlich wird.

Ohne zu ziehen an der Leine gehen

Man kann einem Welpen nicht beibringen, schon perfekt bei Fuß zu gehen. Das wäre zu viel verlangt. Aber andererseits kann man ihm doch einüben, an der Leine zu gehen, ohne zu ziehen, denn das kann dem Welpen sowohl physisch als auch psychisch schaden. In der Sekunde, in der der Welpe zu ziehen beginnt, sagt man „Nein". Lockert sich die Leine, wird er gelobt.

Eine andere Methode hat der norwegische Ausbilder Turid Rugaas entwickelt. Er bleibt unmittelbar bei jedem Straffen der Leine stehen. Am Anfang sind das sehr viele Stops, aber bald lernt der Welpe, das Ziehen an der Leine zu vermeiden.

Pflege

Alle Hunde müssen sich damit abfinden, gepflegt zu werden. Es wird gebürstet, die Zähne werden kontrolliert, die Ohren gereinigt. Gewöhnen Sie den Welpen daran, indem Sie ihn immer nur über einen kurzen Zeitraum, dafür aber mehrmals behandeln. Versuchen Sie das Ganze angenehm zu gestalten, indem Sie freundlich und lobend mit ihm reden. Aber geben Sie nicht auf, nur weil er sich widersetzt. Dadurch lernt er nur, wie er sich der Behandlung entziehen kann!

Untersuchung

Früher oder später muss der Tierarzt aufgesucht werden. Gewöhnen Sie den Welpen daran, auf einen Tisch gesetzt und an allen Ecken und Enden untersucht zu werden. Gestalten Sie das Training kurz und so angenehm wie möglich, dann wird der Welpe bald damit vertraut sein.

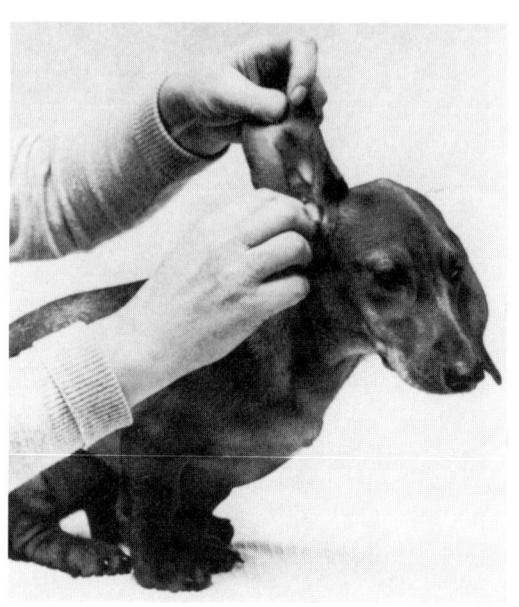

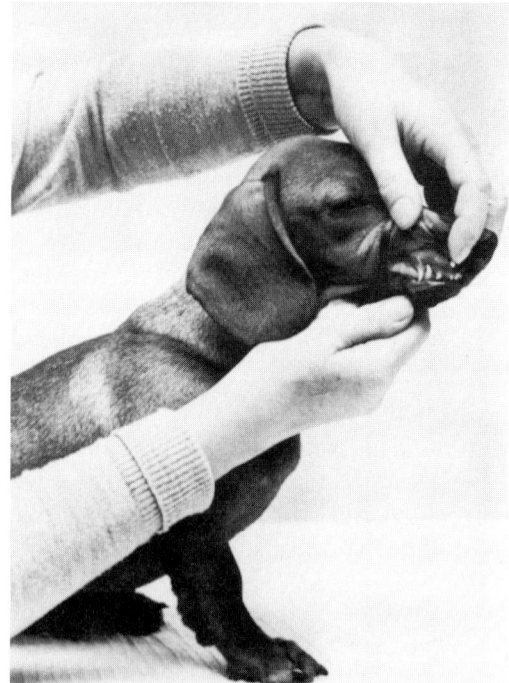

Es ist wichtig, dass
der Welpe frühzeitig lernt,
sich an allen Ecken und
Enden untersuchen zu
lassen.

Die weitere Entwicklung

Die Geschlechtsreife tritt bei Hündinnen im 6. bis 7. Monat, bei Rüden im 8. bis 10. Monat ein. Aber Ausnahmen sind möglich und kein Grund zur Beunruhigung. Es kann geschehen, dass die Geschlechtsreife bei nervösen Hunden später eintritt.

Die Welpen durchlaufen nach den ersten vier ereignisreichen Monaten keine große, kritische Phase mehr. Die Entwicklung verläuft jetzt bis zur Geschlechtsreife relativ ruhig. Die Beeinflussbarkeit und die Anpassungsfähigkeit sind aber immer noch groß. Man kann stufenweise die Anforderungen an den Gehorsam erhöhen, aber man muss daran denken, dass es dem Welpen erlaubt sein muss, Welpe zu sein. Da der Welpe immer noch besonders formbar ist, sollte man an den Problemen arbeiten, die man vielleicht noch nicht gelöst hat. Nach der Geschlechtsreife wird es sofort schwieriger (aber bei weitem nicht unmöglich), eine problematische Verhaltensweise, die noch aus der Welpenzeit stammt, zu beeinflussen. Der geschlechtsreife Hund ist psychisch stabiler und ändert nicht mehr gerne seine Ansichten, die er bereits hat.

Kapitel 9:
Weshalb wird ein Hund zum „Problemhund"?

Es gibt ungefähr genauso viele Probleme, wie es Hunde gibt. Einige dieser Probleme sind klein und leicht zu korrigieren, andere sind groß und schwieriger zu lösen.

Eines haben jedoch alle Probleme gemeinsam: Das gute Verhältnis zwischen Besitzer und Hund ist gestört. Dies führt zu Irritationen und Enttäuschungen. Selbst das kleinste Problem wird groß, wenn man sich Tag für Tag damit herumschlägt. Ein Spaziergang mit dem Hund wird statt zu einer schönen Stunde zu einem notwendigen Übel.

Ein Hundepsychologe arbeitet nicht so sehr mit verschiedenen Trainingsmethoden, wie viele glauben. Es geht nicht so sehr um verschiedene Methoden, durch die der Hund veranlasst werden soll, dieses oder jenes zu unterlassen. Das wichtigste Arbeitsgerät ist eigentlich die Erstellung der Analyse. Es wird versucht, das Symptom, das Problem zu ergründen und die Ursachen zu analysieren. Erst, wenn die Ursache bekannt ist, kann das Symptom gelindert werden. Oft reicht es aus, die Ursachen zu beseitigen und das Problem verschwindet ebenfalls, z. B. wenn ein unterstimulierter Hund aktiviert wird. Sich nur um das Symptom oder das Problem zu kümmern, würde z. B. bedeuten, dass man einer Frau, die nervös ist, weil sie von ihrem Mann geschlagen wird, Beruhigungstabletten gibt, anstatt die Ursache zu ändern.

Die Analyse geht von eigenen und fremden Untersuchungen und Statistiken aus, die ich auf meinen Karteikarten seit 1975 zusammengetragen habe. Es handelt sich um etwa 15 000 Karten. Außerdem verwende ich das Material von Tierpsychologen, die weltweit tätig sind. Es gibt Statistiken, die zeigen, welche Problemursachen am weitesten verbreitet sind und welche Ursachen weniger häufig auftreten.

Die verbreitetsten Ursachen sind verschiedene gesundheitliche Störungen und Stressphänomene. Folglich sind die Schmerzanalyse und die Stressermittlung die wichtigsten Instrumente, um einen Problemhund zu untersuchen. Es gibt auch verschiedene hormonelle Störungen und Fütterungsfehler, die oft kombiniert mit weiteren gesundheitlichen Störungen auftreten.

Nahezu 50% der Hunde, die ich statistisch erfasst habe, waren krank und deshalb problematisch. Fast 80% der Hunde mit Problemen, die an meinen Kursen teilnahmen, hatten Symptome aus den Bereichen Fehlernährung, Krankheit oder sonstige Mängel. Auf Lehrgängen besteht ja eine wesentlich bessere Möglichkeit, um eine genauere Analyse zu erstellen, z. B. kann der Besitzer eine umfassende Symptomliste ausfüllen. Natürlich beeinflussen nicht alle physischen Defekte das Verhalten. Aber in vielen Fällen waren sie die größten und wichtigsten Faktoren, in anderen Fällen haben sie viel zu den Problemen beigetragen.

Schmerzen als Ursache

Das größte Problem mit kranken Hunden ist, dass sie ihre Krankheit nicht so zeigen, wie wir das eigentlich gewohnt sind. Hier verhält sich der Hund manchmal vollkommen unlogisch. Er kann bei einer kleinen Störung, die vermutlich kaum Schmerzen verursacht, sehr krank wirken. Seine Krankheit ist deutlich zu erkennen.

Andere Hunde wiederum zeigen nur wenig oder überhaupt nichts, trotzdem können sie starke Schmerzen haben!

Die Tiere haben nicht die gleichen Möglichkeiten wie Menschen, ihren Schmerzen mit Hilfe der Mimik Ausdruck zu verleihen. Sie sehen ganz normal aus und wir lassen uns dadurch täuschen.

Im Allgemeinen äußern sich Krankheiten und Schmerzen in schlechter Laune und problematischen Verhaltensweisen. Aber auch das muss keinesfalls immer so sein. Das zu wissen, ist wichtig, wir Menschen erwarten immer eine Art Logik oder Konsequenz. Aber verursachen Schmerzen Verhaltensprobleme, kann dies in unterschiedlichster Weise zum Ausdruck kommen. Es gibt Hunde, die nur gegenüber anderen Hunden irritiert reagieren oder nur gegenüber den Kindern der Familie oder nur gegenüber Frauchen, während die anderen freundlich behandelt werden. Andere

Hunde sind nur am Abend oder am Morgen eigenartig. Häufig lahmen die Hunde drinnen, draußen ist nichts zu erkennen.

Für einen Laien ist es oftmals sehr schwer, um nicht zu sagen unmöglich, die Krankheit seines eigenen problematischen Hundes zu erkennen. Er hat strahlend weiße Zähne, ein Fell, indem man sich spiegeln kann, ist spielfreudig und fröhlich, liebt Menschen und Tiere und wirkt vollkommen gesund. Aber gegenüber einem der Kinder in der Familie reagiert er „sauer". Man wundert sich, was dieses Kind wohl falsch gemacht hat und kommt nicht hinter die Lösung des Problems. Häufig wird beim Hund ein psychischer oder mentaler Fehler vermutet.

Wie z. B. bei einem kleinen deutschen Jagdterrier. Er besuchte einen Problemhundekurs, da er aggressiv und eigenartig reagierte. Ich vermutete einen medizinische Ursache hinter seinem problematischen Verhalten, aber kein Tierarzt konnte etwas finden. Erst sehr viel später erhielten wir die Diagnose. Der Hundebesitzer selbst entdeckte die Ursache. In der Nase des Hundes hatte sich ein Grashalm festgehakt!

Indirekte Symptome

Um zu erkennen, ob ein Hund krank ist, muss man sich an indirekten Symptomen orientieren. Bei vielen Hunden kann anhand typischer Merkmale mit großer Wahrscheinlichkeit erkannt werden, dass eine Krankheit vorliegt. Es kann jedoch auch sein, dass der Hund gesund ist, obwohl er das eine oder andere Merkmal zeigt, oder auch dass eine ernsthafte Krankheit vorliegt, ohne dass eines dieser Symptome auftritt. Im Folgenden sind einige der typischsten Indikationen aufgeführt, die darauf schließen lassen, dass der Hund Schmerzen hat.

Das Dr. Jekyll und Mr. Hyde Symptom

Damit ist gemeint, dass der Hund im Allgemeinen freundlich und angenehm ist und sich nur manchmal extrem irritiert zeigt. Er ist eigentlich viel zu freundlich, um phasenweise so aggressiv zu sein. Oder er ist eigentlich viel zu selbstsicher, um plötzlich so ängstlich zu reagieren. Als Beispiel dient ein Mischling aus einem Schäferhund und einem Labrador, den ich vor einigen Jahren im Privattraining hatte. Dieser Rüde war positiv, offen, gutmütig und freundlich, aber gegenüber allen anderen Hunden sehr aggressiv. Er griff nicht nur andere Rüden an, sondern auch Hündinnen und Welpen. Diese Aggression passte in keiner Weise zu diesem Hund. Das Training half überhaupt nicht oder wirkte nur ein oder zwei Wochen. Nach verschiedenen Tierarztbesuchen und vielen Untersuchungen fand letztendlich der Tierarzt Hakan Björklund in Stockholm die Ursache. Ein kleines, steifes Haar hatte sich im Ohr festgesetzt und irritierte das Trommelfell. Als dieses entfernt war, wurde er normal.

Bessere und schlechtere Tage

Eines der sichersten Anzeichen für die Krankheit eines Hundes sind Stimmungsschwankungen – das Problem erscheint und verschwindet periodisch. Dieses Phänomen ist bei Problemhunden stark verbreitet. Eine Familie nahm an einem Problemhundekurs mit ihrem West-Highland-White-Terrier-Rüden teil. Er biss die Mitglieder der Familie. An Samstagen war er freundlich und zutraulich. Er konnte gekämmt, gebürstet und untersucht werden, ohne dass er dagegen protestierte. Aber es konnte auch sein, dass er plötzlich angriff. Das Problem trat periodisch auf, es gab bessere und schlechtere Tage.

Am Sonntag konnte es sein, dass man nicht in seine Nähe kommen konnte, ohne dass er knurrte oder angriff. Die Familie begann nun, seine „schlechten Tage" aufzuzeichnen. Das Ergebnis war sehr aussagekräftig. Meistens hatte er an Sonntagen und an Montagen schlechte Laune. Es zeigte sich, dass er an Leg Pertes (einem Fehler des Hüftgelenks bei kleinen Hunden) litt. An Sonntagen war er den ganzen Tag im Freien und überanstrengte seine Hinterläufe. Er versteifte sich und bekam am Sonntag Schmerzen, die er auch noch am Montag hatte. Als er regelmäßiger bewegt wurde, verbesserte sich auch sein Verhalten.

Wie der Blitz aus heiterem Himmel

Verändert sich plötzlich eine Verhaltensweise, ohne dass ein Grund erkennbar ist, kann mit hoher Wahrscheinlichkeit eine gesundheitliche Beeinträchtigung vermutet werden. Als Beispiel sei hier eine Afghane-Hündin genannt, die plötzlich begann, die Nahrung zu verweigern. Die um Rat gefragten Personen sprachen von „einer fixen Idee", taten dies als „Blödsinn" ab, bezeichneten es als ein „Verhalten, um Aufmerksamkeit zu erregen" oder sprachen von einer „Verwöhnung". Nach einer Woche begann die Hündin Gewicht zu verlieren, aber sie verweigerte immer noch die Nahrungsaufnahme. Nun wurde gesagt, dass es unmöglich sei, dass der Hund verhungern würde, aber nach 14 Tagen kamen doch Zweifel auf. Aufgrund der geringen Rationen war die Hündin krank geworden. Die Besitzerin rief mich an und ich vermutete eine Erkrankung hinter der Tatsache, dass die Hündin nicht fraß. Eine einzige Untersuchung reichte aus, um diesen Verdacht zu bestätigen. Die Hündin hatte stark angeschwollene Mandeln, so dass sie nur unter großen Schmerzen fressen konnte. Nach der medizinischen Behandlung begann sie sofort wieder zu fressen. Aber es hatte bis zur richtigen Diagnose so lange gedauert, dass der Tierarzt gezwungen war, unter ihrer Haut Nahrungsdepots anzulegen.

Langsame Entwicklung der problematischen Verhaltensweise
Die Art und Weise, wie sich ein Problemverhalten entwickelt, kann auch ein Hinweis auf den Charakter der Krankheit beinhalten. Verschlimmert sich ein anfänglich kleines Problem immer mehr, kann dies ein Anzeichen für zunehmende Schmerzen sein. Es kann sich um einen wachsenden Tumor handeln, der die Verhaltensweisen des Hundes immer mehr beeinflusst.

Eine Labradorhündin kam zu einem Problemhundekurs. Sie war nach und nach immer aggressiver geworden. Am Anfang gegenüber fremden Kindern, dann gegen die Kinder in der Familie und zum Schluss auch gegen Herrchen und Frauchen. Der leidende Blick dieses Hundes versicherte mir, dass hier ein medizinisches Problem vorlag. Ich weigerte mich, mit ihm zu trainieren. Die Familie nahm am theoretischen Unterricht teil, beteiligten sich bei der Aktivierung und ging ansonsten mit der Hündin nur spazieren. Sofort nach dem Kurs wurde der Tierarzt Håkan Björklund aufgesucht und das Problem war leicht zu lokalisieren: Zahnfäule. Nach der Zahnbehandlung war der Hund in Ordnung.

Rassenuntypische Verhaltensweisen

Manchmal kann auch dann eine Krankheit vermutet werden, wenn der Hund sich nicht rassetypisch verhält. Ist z. B. ein Neufundländer sehr gestresst, kann dies ein Hinweis auf Schmerzen sein (davon abgesehen, gibt es sicherlich auch überaktive Neufundländer). Auch ungewöhnlich ist ein Flat Coated Retriever, der sich auffallend ruhig verhält. Ich kannte eine Flat-Rüden, Timmy, der meistens still herumsaß, als würde er es bevorzugen, an Blumen zu riechen. Er verhielt sich so ruhig, dass er nicht gesund sein konnte. Es stellte sich heraus, dass er einen Herzfehler hatte.

Eine Dame rief mich an, weil ihre beiden Rüden intensiv miteinander kämpften. Es waren Cavalier King Charles Spaniels. Da stimmte etwas nicht. Diese Rasse ist eigentlich nicht besonders aggressiv. Aber dies galt für diese beiden nicht. Vor allem einer der beiden kämpfte intensiv. Ich schlug vor, den Hunden ein vom Tierarzt empfohlenes Schmerzmittel zu geben. Sie rief einige Stunden später nochmals an und berichtete, dass sie nun zwei ganz neue Hunde hätte. Das war eine gute Nachricht. Leider habe ich nicht erfahren, wie es weiterging, aber ich hatte ihr empfohlen, den aggressiveren Hund vom Tierarzt untersuchen zu lassen.

Grundloses Knurren oder Attacken

Beginnt ein Hund plötzlich zu knurren oder zu attackieren, ohne dass auch nur die geringste Provokation festzustellen ist, dann ist auch dies häufig das Zeichen einer Krankheit. Ein Rottweiler hatte im Verlaufe eines Jahres zweimal sein Frauchen angegriffen. Sie war nur an ihm vorbeigegangen, als er sie von hinten angriff. Normalerweise verhielt er sich ihr gegenüber in dieser Situation freundlich. Der Hund hatte Probleme mit seiner Schulter und hatte zu diesem Zeitpunkt gerade eine Muskelentzündung in der Schulter. An den ersten Angriff konnte sich die Besitzerin nicht mehr erinnern, aber kurz vor der zweiten Attacke hatte der Hund gerade einen langen Spaziergang bewältigt.

Ein Flat-Coated-Retriever-Rüde griff die Familienmitglieder an und biss zu, aber nur in der Zeit, in der gegessen wurde. Er lag unter dem Tisch und begann zu knurren. Bewegte jemand seinen Fuß, konnte es sein, dass er hineinbiss. Bei einer Untersuchung hörte der Tierarzt, wie es im Magen des Hundes rumpelte und gluckerte. Er schloss daraus, dass diesem Hund ätzende Magensäure über den Magenmund hinaus bis in die Speiseröhre aufstieß und dies vor allem bei den Mahlzeiten. Entweder hatte der Hund eine Wunde oder einen Krampf oberhalb des Magenmundes, der Schmerzen verursachte, oder er reagierte auf das brennende Gefühl im Hals, das durch das Aufstoßen der Magensäure entstand.

Das Suchen nach Schutz
Ein weiteres Zeichen für eine Krankheit kann sein, wenn der Hund einen Liegeplatz unter Möbeln, unter der Garderobe oder an anderen geschützten Stellen sucht. Vor allem, sofern er dies vorher nicht tat und nun damit anfängt. Ein kranker Hund möchte in Ruhe gelassen werden, er sucht sich deshalb einen Ruheplatz, der schwieriger zu erreichen ist. Schläft der Hund normalerweise in unserer Nähe und möchte nun dort nicht mehr liegen, kann auch dies eine wichtige Beobachtung sein. Eine derartige Veränderung von Verhaltensweisen kombiniert mit der Suche nach Einsamkeit kann ein Signal sein, dass an eine Krankheit denken lässt.

Die Rituale der Aggression werden nicht befolgt
Die Hunde haben spezielle, ererbte Rituale, die bei Drohgebärden oder Kämpfen befolgt werden. Geschieht dies nicht, liegt eine Störung vor, deren Ursache zu untersuchen ist. Wurde ein Hund von einem anderen ohne weitere Vorwarnungen angegriffen, ist es möglich, dass das Opfer nun seinerseits andere Hunde mit übertriebener Aggressivität attackiert. Aber falls derartige Erlebnisse nicht stattgefunden haben und es wird ohne vorherige Provokation angegriffen oder Demutsgesten werden nicht akzeptiert, dann kann dieses Verhalten auf Schmerzen hinweisen.

Kleine äußere Anzeichen
Ich glaube, am Blick des Hundes ist es am einfachsten zu erkennen, ob er sich schlecht fühlt oder Schmerzen hat. Der Hund sieht dann einfach so unendlich unglücklich aus. Es gibt jedoch sicherlich auch Hunde, die ohne krank zu sein, leidend aussehen.

Auch die Schwanzhaltung ist ein beachtenswertes Kennzeichen. Lässt der Hund überwiegend seinen Schwanz hängen, dann ist er nicht glücklich, aber es kann auch ein Ausdruck von Schmerzen sein, ebenso wie die Bewegungsabläufe des Hundes. Ich habe hierauf immer geachtet. Ein Hund muss nicht unbedingt lahmen, weil er einen Defekt im Rücken oder in den Gelenken hat, er kann auch nur einen kaum zu bemerkenden, unreinen Gang haben. Läuft der Hund nicht taktrein, dann ist das für mich ein Alarmsignal. Dieser Hund hat Schmerzen. Das gleiche gilt beim Hinweis des Besitzers, dass der Hund ab und zu lahmt. Ich empfehle dann den Besuch eines Chiropraktikers und eines Tierarztes. Es kommt oft vor, dass der Rücken geschädigt ist

Ein Tierarzt kann sie darüber aufklären, wie an der Kopfhaltung des Hundes zu erkennen ist, ob er Kopfschmerzen hat. Läuft der Hund mit gesenktem Kopf und gestreckten Nacken oder hält er den Kopf in der Horizontalen, kann beides auf Kopfschmerzen hinweisen.

Es besteht immer der Verdacht, dass Schmerzen vorliegen
Es gibt zwei gute Gründe, bei Verhaltensstörungen immer auch an Schmerzzustände zu denken. Zum Ersten ist es ein weit verbreitetes Phänomen, dass sie als Ursache für eine problematische Verhaltensweise anzusehen sind. Zum Zweiten ist dies eine konstruktive Möglichkeit, um ein Problem in Angriff zu nehmen. Findet sich eine medizinische Ursache, dann steht die Prognose für den Hund günstig. Außerdem ist der Vorwurf des „schlechten Führers" entkräftet und es wird auch nicht notwendig, einen Hund wegen „schlechter Veranlagung" zu töten, um sich dann in Selbstzweifeln zu verlieren.

Rückenprobleme sind weit verbreitet
In den Statistiken über medizinische Ursachen bei Problemhunden stehen Störungen des Bewegungsapparates, d. h. der Muskeln und des Skeletts an erster Stelle. Diese Fehler werden im Allgemeinen von Chiropraktikern festgestellt. Es kann alles vorkommen, von unerheblichen Abweichungen bis zu stark behindernden und schmerzenden Schäden. Rückenschäden sind auch beim Menschen weit verbreitet. Nach Schätzungen haben 40% der Leute Rückenprobleme mit Schmerzen, 40% haben Rückenprobleme ohne sie zu bemerken und nur 20% haben einen gesunden Rücken.

Wie beim Menschen kann es auch bei einem Hund vorkommen, dass ein Problem mit dem Rücken vom Chiropraktiker diagnostiziert wird, ohne dass der Hund jedoch darunter leidet.

Untersuchungsergebnisse
Im Herbst 1991 führte ich mit Hilfe von Chiropraktikern eine Untersuchung durch. Sie umfasste 400 Hunde aus einem Gebiet, in dessen Süden Skane und in dessen Norden Dalarne lag. Sechs Chiropraktiker, die in der Behandlung von Hunden ausgebildet waren, nahmen daran teil. Berücksichtigt wurden ganz normale Fälle, ohne eine Auswahl zu treffen. Die Hundebesitzer mussten einen Fragebogen ausfüllen. Die Absicht war, die Ursachen der Rückenprobleme aufzuspüren.

Was sind Rückenprobleme?
Mit dem Begriff „Rückenprobleme" ist hier eine für einen Chiropraktiker mehr oder weniger erkennbare Blockierung oder Verdrehung von einem oder mehreren Wirbeln oder ein oder mehrere unnormal verspannte Muskeln oder Muskelknoten zu verstehen. Dieses muss nicht immer mit einer tierärztlichen Diagnose übereinstimmen. Viele Tierärzte weisen darauf hin, dass kleinere Blockierungen und Verdrehungen im Rücken der Hunde häufig vorkommen, ohne dass sie den Hund stören, schmerzen oder hemmen.

In diesem Text wird der Begriff „Rückenprobleme" im Verständnis der Chiropraktiker verwandt, als eine Abweichung im Rücken des Hundes.

Viele Hunde haben Rückenprobleme
Das Untersuchungsergebnis zeigte, dass die Chiropraktiker bei 63 % der Hunde Fehler fanden. Die Fehler hatten folgende Verteilung:
Nacken 27 %
Vorderkörper 67 %
Hinterkörper (einschließlich Schwanz) 72 %
Viele der Hunde hatten an verschiedenen Stellen Defekte, deshalb übersteigt die Addition 100 %. Die Verteilung zwischen Rüden und Hündinnen war gleich.

Rückenprobleme und Problemverhalten

55% der vom Chiropraktiker wegen Rückenbeschwerden behandelten Hunde waren problematisch. Die meisten waren aggressiv und überaktiv. Von denen, die keine Beschwerden mit dem Rücken hatten, waren nur 30% problematisch. 78% der Hunde, die sowohl aggressiv als auch überaktiv waren, hatten Rückenprobleme.

Wir können festhalten, dass bei vielen Hunden Rückenprobleme eine Irritation ergeben, die häufig zu Stress, Aggressivität oder Angst führt. Dieses Ergebnis stimmt gut mit meinen und den Erfahrungen meiner Schüler beim Training mit gestörten Hunden überein. Nach einer Behandlung durch den Chiropraktiker ging es vielen deutlich besser, manchmal war alles in Ordnung.

Die Ursache von Rückenproblemen

Bei dieser Untersuchung stellten sich auch einige Faktoren heraus, die mit den Rückenproblemen in engem Zusammenhang standen. Das waren:

1. Lahmheiten während des Wachstums
2. Unfälle
3. Rucken oder Ziehen an der Leine

1. Frühes Lahmen

Hunde, die während des Wachstums lahmen, haben oft Rückenprobleme. Die Ursachen für diese Lahmheiten können variieren: z. B. Beinbruch, Schäden an den Gelenkknorpeln, Verstauchungen, Wachstumsschmerzen, Krallenschäden oder das Lahmen treten ohne erkennbaren Grund auf. Wahrscheinlich gilt dies nicht, wenn das Lahmen nur kurze Zeit über wenige Tage auftritt. Aber die Wahrscheinlichkeit ist groß, dass ein länger hinkender Hund seinen Körper falsch belastet und dadurch Rückenprobleme kommt. Daher ist es wichtig, dass ein lahmender Junghund lange genug genesen darf und das mit Massagen und anderen Maßnahmen darauf geachtet wird, dass die Muskeln in Form bleiben.

2. Unfälle

Hunde, die einer „äußeren Gewalteinwirkung" ausgesetzt waren, laufen immer Gefahr, Rückenprobleme zu bekommen. Ganze

72 % der Hunde, die äußerer Gewalt ausgesetzt waren, hatten Rückenprobleme.

Unter der Rubrik Unfälle ist Folgendes zu finden: Attacken von einem anderen Hund, plötzliches Niederdrücken oder Umwerfen (dies wird leider bei bestimmten Führerschaftsübungen eingesetzt), von einem Auto oder Fahrrad angefahren werden oder dass ein Hund bei einer Notbremsung im Auto oder bei einem Unfall sein Gleichgewicht verliert.

Kommt ein Hund plötzlich aus seinem Gleichgewicht, entsteht in seinem Körper eine Anspannung einer oder mehrerer Muskelgruppen mit dem Ziel, wieder in Balance zu kommen. Daraus resultiert häufig eine Muskelzerrung oder ein Muskelriss. Solche Vorfälle enden später häufig in Rückenproblemen und sollten daher unbedingt vermieden werden.

3. Rucken oder Ziehen

Von den Hunden, die Abweichungen an den Nackenwirbeln hatten, hatten 91 % häufig an der Leine gezogen oder waren harten Rucken an der Leine ausgesetzt gewesen.

Menschen erleiden schnell ein Peitschenschlagsyndrom, wenn der Kopf plötzlich nach hinten geschleudert wird. Dieses Risiko besteht auch beim Hund. Bedenkt man außerdem die Konstruktion eines Würgehalsbandes, dann ist verständlich, dass durch harte Rucke Schädigungen auftreten können. Dieses Halsband verteilt den Druck, der beim Rucken entsteht rund um den gesamten Hals. Aber die Muskeln, die den Ruck dämpfen könnten, sitzen an der Seite des Halses. Der Nacken und die Kehle sind ungeschützt!

Durch diese Untersuchung hatten wir nun ein Indiz auf eine Behauptung, die wir schon vor längerer Zeit aufstellten: Hartes Rucken an der Leine ist gefährlich. Dies ist ein bisschen schwierig, da viele im alltäglichen Hundetraining die Rucktechnik anwenden. Natürlich steht das Schadensrisiko im Verhältnis zur Stärke des Ruckes. Die größte Gefahr liegt im kräftigen Ruck.

Vor der Laufleine wird gewarnt

Es gibt auch allen Grund davon abzuraten, Hunde an der Leine zu lange oder zu hart ziehen zu lassen. Sie müssen von klein auf lernen, nicht zu ziehen.

Besonders zu warnen ist auch davor, Hunde an Ketten, Leinen oder Laufleinen anzubinden und sie ohne Aufsicht zu lassen. Regt sich der Hund z. B. wegen eines vorbeifliegenden Vogels oder wegen eines Kindes auf, vergisst er die Begrenzung durch die Leine. Er rast mit voller Geschwindigkeit los und wird plötzlich gebremst, die gesamten Kräfte konzentrieren sich hierbei auf die Halsregion.

Spielen ist nicht gefährlich, aber Aufwärmen ist anzuraten
Freudenäußerungen wie Springen und Spielen sind mit Rückenproblemen nur gering korreliert. Es ist also ungefährlich, einen Hund spielen oder ihn über Hindernisse springen zu lassen oder mit ihm Agility zu trainieren, aber es sollte verhindert werden, dass große Hunde mit kleinen spielen. Es sollte jedoch darauf geachtet werden, dass die Gefahr einer Muskelverletzung besteht, wenn der Hund nicht aufgewärmt worden ist. Jeder Hund sollte vor einer starken Leistung z. B. durch Massagen aufgewärmt und gelockert werden. Sei dies nun vor einem Spiel mit anderen Hunden, vor einem Agility-Parcour oder vor der Jagd. Genauso wichtig sind tägliche Spaziergänge in abwechslungsreichem Gelände, damit eine kräftige Muskulatur aufgebaut werden kann, die das Skelett schützt.

Weitere Schäden

Bei der Analyse von Problemhunden können, neben den bereits genannten Rückenproblemen, noch eine Vielzahl weiterer Schädigungen auftreten. Ohne eine Aussage über die Häufigkeit machen zu wollen und ohne Anspruch auf Vollständigkeit, werde ich nun einige körperlichen Störungen aufzählen, die als Ursache für problematische Verhaltensweisen angesehen werden können.

Hier können genannt werden: löchrige oder abgebrochene Zähne, Holzstücke, die sich zwischen den Zähnen oder im Gaumen verklemmt haben, Nasenmilben, Sehstörungen, Grassamen, die sich in den Nasengängen verhakt haben, Fremdkörper im Gehörgang, Muskelverspannungen im Nacken, Muskelzerrungen, Brennen im Halsbereich, verursacht durch das Aufstoßen von Magensäure, Schwierigkeiten im Bereich der Schulter, des Ellenbogens, der Hüfte, des Knies, Frakturen eines Sesambeins (kleine Knochen, die die Führung der Sehnen in den Gelenken sichern), verschiedene Magenprobleme, Störungen der Leber- und Darmfunktion.

Bei der Arbeit mit einem Problemhund entdeckte einer meiner Schüler mit Hilfe eines engagierten Tierarztes, dass in einer Halsmandel eine Ameise verkapselt worden war. Als die Ameise entfernt wurde, verbesserte sich das Verhalten des Hundes umgehend.

Infektionskrankheiten

Infektionen, verursacht durch Bakterien und Viren, vervollständigen die Liste der verhaltensbeeinflussenden Situationen. Normalerweise hat der Hund eine gut Immunkapazität. Dies erklärt, warum er gesund bleibt, obwohl er einer Infektion ausgesetzt war. Aber es gibt verschiedene Ursachen, die zu einer Schwächung der Widerstandskraft führen können. Eine in unseren Augen unbedeutende Verletzung, z. B. ein aufgescheuerter Zehenballen, kann zu einer Beeinträchtigung des Immunsystems führen. Von Unterkühlungen, Stress, Fütterungsmängeln und Depressionen ist bekannt, dass diese Zustände einen Einfluss auf das Immunsystem haben. Dies gilt mit Sicherheit auch bei Hunden. Bei Hündinnen kann nach der Läufigkeit häufig der Ausbruch einer Infektion beobachtet werden. Es kann sich um eine Halsinfektion handeln, die dank des guten Immunsystem noch nicht ausbrechen konnte, aber nun setzt die Läufigkeit ein. Vierzehn Tage später hat die Hündin geschwollene Mandeln und Probleme beim Fressen. Vielleicht beginnt sie nun, auf Kinder empfindlich zu reagieren, oder sie beginnt, andere Hunde anzugreifen.

Auch durch Zecken kann ein Hund infiziert werden, z. B. mit Borreliose und Ehrlichia. Innenparasiten haben ebenfalls eine schwächende Wirkung. Welpen, vor allem Hündinnen, die zu lange auf einem kalten Untergrund gesessen haben, können eine Harnwegsinfektion bekommen, die sie ihr ganzes Leben lang begleitet.

Entzündungsherde und ihre Symptome
Entzündungen sind Abwehrreaktionen in den verschiedenen Organen und Geweben. Sie führen zu Schwellungen, Rötungen und Erwärmungen. Im Folgenden einige weit verbreitete und typischen Verhaltenssymptome, die beobachtet werden können:

Ohren: Kopfschütteln, Kratzen am Ohr.

Augen: Rote, tränende Augen.

Mandeln: Appetitprobleme, Gras fressen, Lecken an Textilien, Husten, Haltung der Vorderpfoten.

Harnwege: (Meist bei Hündinnen) Häufiger Harndrang, häufiges Lecken.

Analdrüsen: Kratzen am hinteren Körperteil, Schlitten fahren, Probleme beim Stuhlgang.

Muskeln: Lahmheiten, Steifheiten oder häufiges Ausruhen.

Prostata: (Bei älteren Rüden) Probleme beim Stuhlgang, die Exkremente können auf einer Seite flach sein.

Die Hunde können ihre Verhaltensweisen mehr oder weniger deutlich ändern. Häufig werden sie in unterschiedlicher Art und Weise aggressiv. Welpen und Junghunde neigen dazu, ängstlich zu werden. Eine interessante Beobachtung war für mich, dass Hunde, die im hinteren Körperbereich Schmerzen hatten, eher ängstlich als aggressiv reagierten. In einem Fall hatte ich einen Hund, der plötzlich weg war, als wäre er von einer Ziege gestoßen worden. Er hatte eine Analdrüsenentzündung, die vermutlich zu akuten Schmerzzuständen führte.

Mangelkrankheiten

Eine Unter- sowie eine Überversorgung an Vitaminen und Mineralstoffen kann körperliche und geistige Störungen verursachen. Im Zusammenhang mit Problemhunden ist eine Unterversorgung eher zu vermuten. Es sind mehr oder weniger deutliche Zeichen einer Nahrungs- und Vitaminunterversorgung erkennbar, aber Versorgungsmängel können auch ohne die typischen Symptome auftreten.

Zu diesen Merkmalen gehören u.a. Infektionsanfälligkeit, Zahnfleischentzündungen, Allergien, schlecht pigmentierte Nase, die Aufnahme von Exkrementen, mattes Fell, schlechte Kondition. Zu den Faktoren, die zu einer Unterversorgung führen können, zählen unter anderem unausgewogene Ernährung, viel Stress, Magenprobleme, wiederholte Behandlungen mit Antibiotika und Darmparasiten.

Vermuten Sie, dass ihr Hund an einer Unterversorgung leidet, kann auch die Homöopathie erfolgreich eingesetzt werden. Es empfiehlt sich, die Ernährung zu analysieren, da sie bei der Arbeit mit Problemhunden eine große Bedeutung hat.

Hundefutter

Im Allgemeinen sind die Futtermittel für Hunde so vielseitig zusammengesetzt, dass keine Unterversorgung auftritt. Aber auch bei einem Futtermittel, das nach wissenschaftlichen Erkenntnissen zusammengestellt worden ist, muss das nicht immer so sein. Man muss selbst ausprobieren, welches Futter vom Hund am besten vertragen wird. Es kann individuelle Unterschiede geben. Viele Hunde sind gegen bestimmte Komponenten, die bei Fertigfuttermitteln eingesetzt werden, empfindlich, andere Hunde haben viel Bewegung und arbeiten hart, deshalb benötigen sie mehr Protein. Einige Hunde haben ein sehr ruhiges Leben, werden aber gefüttert, als würden sie hohe Leistungen bringen. Einige Futtermittel beinhalten Stoffe, welche die Passage anderer Komponenten behindern. Einige Futtermittel wurden aus schlechten Rohstoffen erzeugt oder sie enthalten Zusatzmittel wie Hormone oder Antibiotika.

Ein Auge auf die Fütterung zu haben, ist vor allem dann angebracht, wenn beim Hund irgendein Problem auftritt. Gibt es keine Probleme und er verträgt das verabreichte Futter gut, besteht auch kein Anlass zur Sorge.

Veränderungen an den Sinnesorganen

Vor allem ältere Hunde leiden oft an einer Verminderung der Seh-, Hör- und Riechleistung. Wenn ein Hund mit neun, zehn Jahren oder darüber plötzlich mürrisch und angespannt wird, wenn er plötzlich aus dem Schlaf aufschreckt und sich unter

Möbeln verkriecht oder auf andere Art zeigt, dass er in Ruhe gelassen werden möchte, kann dies darauf hinweisen, dass er schlechter hört oder sieht. Sogar der Geruchssinn kann sich verschlechtern und zu den gleichen Symptomen führen. Ein Hund, der etwas von seiner Sinnesleistung einbüßt, verliert damit einen größeren oder kleineren Teil des Kontaktes mit der Umwelt. Er kann dem, was um ihn herum geschieht, nicht mehr ganz folgen und reagiert deshalb unsicherer. Er wird schreckhafter. Bei einem solchen Hund sollten Sie immer dafür sorgen, dass er Bescheid über Ihre Anwesenheit weiß, bevor Sie ihn stören.

Versuchen Sie, die Sinnesleistungen des Hundes in regelmäßigen Abständen untersuchen zu lassen. Ein amerikanischer Wissenschaftler, Larry Meyer, konnte beweisen, dass sich die Riechleistung verschlechtert, wenn der Hund an Staupe, Zwingerhusten, Cushing Syndrom (eine Erkrankung der Nebenniere), Diabetes oder an Hirnhautentzündung litt. Bei Hündinnen verschlechtert sich die Riechleistung während der Welpen- und der Scheinträchtigkeitsphase. Das gleiche gilt nach Meyer bei einer Behandlung mit Cortison. Die Symptome können von vorübergehender Natur sein oder chronisch werden.

Geschlechtshormone

Eine stärkere Produktion von Geschlechtshormonen bei Hunden kann zu einer aggressiveren Veranlagung führen und dadurch die Ursache für weitere Probleme sein. Die normale Folge ist Aggressivität gegenüber anderen Hunden. Dies gilt sowohl für Rüden als auch für Hündinnen. Die Produktion des männlichen Hormons Testosteron beginnt beim Rüden mit drei Monaten und erreicht das Niveau eines erwachsenen Hundes im Alter von sieben bis neun Monaten, die Geschlechtsreife setzt nun ein. Hat der Rüde Kontakt zu läufigen Hündinnen, wird die Produktion manchmal erhöht. Bei Hunden, die z. B. erschreckt wurden, kann sich die Produktion auch verringern. Leider werden heutzutage in erster Linie übermaskuline Hunde gezüchtet mit all den Problemen, die hierbei auftreten können.

Typische Symptome für übermaskuline Hunde sind: schlechter Appetit (für bestimmte Rassen gelten Ausnahmen), übertriebenes Interesse an Uringerüchen, übertriebenes Markieren mit Urin, sexuelles Interesse auch an Hündinnen, die nicht läufig sind, manchmal auch Aggressivität gegenüber anderen Rüden und manchmal die Tendenz zum Streunen.

Die Konzentration der weiblichen Geschlechtshormone, vor allem dem Östrogen („Brunsthormon") und dem Progesteron („Trächtigkeitshormon"), im Blut folgen dem Läufigkeitszyklus der Hündin. Die Konzentration von Östrogen erhöht sich einen Monat vor der Läufigkeit und lässt sofort nach Beendigung der Blutung nach, dafür erhöht sich jetzt die Konzentration von Progesteron, die dann nach dem Werfen oder nach einer Scheingeburt wieder sinkt. Von neuem erhöht sich nun für eine kurze Zeit die Produktion von Östrogen. Es scheint, als würde gerade das Östrogen leicht zu Irritationen führen.

Die Scheingeburt
Eine Hündin kann etwa zwei Monate nach Ende Läufigkeit schwierig werden. Dies hängt mit der sogenannten Scheingeburt zusammen. Die Hündin reagiert wie eine werdende Hundemutter, obwohl sie nicht gedeckt worden ist und keine Welpen austrägt. Es kommt sehr häufig vor, dass sie in dieser Zeit ihr Verhalten ändert. Milch kann ins Gesäuge einspritzen, manchmal baut sie ein Nest in ihrem Korb, nimmt verschiedene Gegenstände an sich, z. B. einen Schuh oder ein Stück Stoff, und bewacht diese, als wären es ihre Welpen. All dieses ist die Folge einer Veränderung im Hormonhaushalt. Es besteht das Risiko, dass eine Hündin mit Scheinwelpen beginnt, Gegenstände gegenüber Familienmitgliedern zu bewachen und ihr Revier gegenüber Fremden intensiver zu verteidigen. Diese Verhaltensänderung kann bis zu drei Wochen nach der Scheingeburt, anhalten.

Schädigungen des Gehirns

Selten werden Tumore, Virusattacken oder Entzündungen des Gehirns beobachtet, obwohl viele Hunde wegen einer angeblichen Störung des Gehirns getötet werden. Es ist schwierig, eine derartige Erkrankung festzustellen, der sicherste Weg ist die Obduktion. Zeigt ein Hund problematische Verhaltensweisen, dann ist die Wahrscheinlichkeit, dass es sich hierbei um eine Störung im Gehirn handelt, nicht groß. Beginnt eine Veränderung einzusetzen, für die es keine vernünftige Erklärung gibt, und der Hund benimmt sich im Verlaufe einiger Wochen immer merkwürdiger, dann kann eine derartige Krankheit vorliegen – aber wie gesagt, das Risiko ist gering.

Das Erbe

Es ist über jeden Zweifel erhaben, dass das Verhalten des Hundes von Erbfaktoren beeinflusst wird. Man hat festgestellt, dass z. B. Angst, Aggressivität und Nervosität erblich sein können. Aber welche Anlagen der Hund am Ende hat, wird von der Umwelt stark beeinflusst. Dank der großen Anpassungsfähigkeit des Hundes ist er nicht sklavisch an ein unveränderliches Erbe gebunden. Dass ein Problem erblich bedingt ist, ist nicht so verbreitet, wie viele glauben.

Eine Möglichkeit, bei einem Problemverhalten das erhöhte Risiko einer erblichen Veranlagung zu beweisen, besteht darin, alle Wurfgeschwister zu untersuchen. Dabei wird jedoch nicht das Verhalten selbst vererbt, z. B. das Jagen von Joggern, sondern nur die Voraussetzungen, z. B. niedere Stresstoleranz. Ein Problemverhalten, das bei den meisten Wurfgeschwistern auftritt, kann auch durch frühere, gemeinsame Erlebnisse bedingt sein. Auch ist zu berücksichtigen, dass bei allen ein Hormonfehler auftreten könnte oder der gesamte Wurf eine Krankheit durchgemacht hat.

Stress

Stress ist eine Reaktion des Körpers auf eine äußere Einwirkung. Dieses Phänomen ist bei den meisten Säugetieren bekannt. Wenn ein Mensch oder ein Hund mit einem überraschenden, vielleicht bedrohlichem oder ärgerlichen Erlebnis konfrontiert wird, mobilisiert es mit Hilfe der Stresshormone, die in das Blut abgegeben werden, zusätzliche Kräfte (s. S. 41).

Man kann täglich eine gewisse Dosis an Stress erdulden, aber auch nicht mehr. Liegt das Stressniveau eine Zeit lang über dem ertragbaren Maximum, kann die Nebenniere sich an diese starke Produktion von Stresshormonen derart anpassen, dass sie sich nicht mehr auf das normale Niveau reduziert, wenn die Stressperiode vorüber ist. Außerdem kann sie an Größe zunehmen. Das Resultat ist ein Individuum, das sich nie richtig entspannen kann. Ebenso bekommt es ein heftigeres und stärkeres Temperament und ist leichter reizbar. Man bezeichnet ein solches Individuum als „hochadrenalisiert", obwohl nicht gerade das Adrenalin hierfür verantwortlich ist.

Wild lebende Hunde und Wölfe sind täglich einer bestimmten Stresseinwirkung ausgesetzt. Sie steuert den Tagesablauf, hilft bei der Anpassung an die Umwelt und ermöglicht das Überleben. Wölfe waren im Verlaufe ihrer langen Existenz immer einer bestimmen „Stressmenge" ausgesetzt, an die sie sich angepasst haben und die sie vertragen. Diese Fähigkeit haben unsere Hunde ererbt. Sie ertragen die gleiche Menge Stress, ohne dass sie ihnen schadet oder zu Verhaltensstörungen führt. Deshalb ist es für uns wichtig, die Stressfaktoren der Wölfe und das Vorkommen dieser Faktoren unter natürlichen Bedingungen zu kennen.

Jagd

Die Jagd ist die Situation, die für den Wolf die größte Stresswirkung hat. Hier benötigt er alle verfügbare Muskelstärke. Deshalb scheidet die Nebenniere eine Menge von Stresshormonen aus und beschleunigt den Herzschlag, um das Blut von den Verdauungsorganen auf die Muskeln umzuverteilen. Die Atmung wird tiefer und schneller. Fett wird von den Fettdeponien und der Blutzucker wird von der Leber freigesetzt. Dies erhöht die Effektivität des Organismus bei der Jagd.

Aber wie oft jagt ein Wolf im Durchschnitt? In Wirklichkeit nicht so oft, wie man glaubt. Dies ist nicht so sehr vom Gesamtbestand der Beutetiere abhängig, sondern vor allem von der Zahl der Beutetiere, die der Wolf tatsächlich töten kann. Die meisten Tiere sind nämlich jung, gesund und stark, so dass das Wolfsrudel ihnen gegenüber meist aufgeben muss.

Im Frühjahr und Sommer ist die Nahrungsbeschaffung leichter. Es gibt reichlich leicht zu erlegende Beute, z. B. kleine Nager, junge Vögel und andere kleine Tiere. Es besteht kein Mangel. Im Winter ist es anders. Es herrscht nicht nur Nahrungsmangel, es muss auch härter um die Beute gekämpft werden. Im Winter konzentriert sich der Wolf auf große Beute, z. B. Elche und Hirsche. Aber es können auch Tage und sogar Wochen vergehen, in denen der Wolf keine Nahrung findet. Im Durchschnitt rennen sie also nicht so oft hinter einem fliehenden Beutetier her.

Kampf

Im Kampf, ob im Ernst oder Spiel, werden die Reservekräfte des Körpers ebenfalls mobilisiert. Der Stärkste, Schnellste und Geschickteste gewinnt den Kampf. Eine Kampfsituation ist deshalb auch stressend. Ernsthafte Kämpfe zwischen Wölfen eines Rudels sind selten. Während der Zeit der Läufigkeit, im Februar/März, entstehen jedoch leicht Streitigkeiten. Im Winter, wenn der Hunger in den Gedärmen nagt, kann auch um ein Stück Futter gekämpft werden. Aber im Großen und Ganzen herrscht Ruhe. Nur ab und zu beschäftigen sich Jungtiere mit Kampfspielen.

Revierverteidigung

Die Verteidigung des Reviers gegen eindringende Individuen ist ebenfalls eine stressende Situation. Die Mitglieder des Rudels, einschließlich der Welpen, werden dadurch bedroht. Alle Hilfsmittel und Reserven werden mobilisiert, um Familie und Territorium zu verteidigen. Aber es ist selten, dass sich ein oder mehrere Eindringlinge an ein Wolfsrudel heranwagen, das zum Gegenangriff bereit ist. Das Wolfsrudel ist zu mächtig.

Angst

Wenn man Angst hat, muss man fliehen können. Deshalb sind die Stressfaktoren in bedrohlichen Situationen ein lebensrettender Faktor. Angst ist eine Stressreaktion. Mit dem Ausdruck „die Angst verlieh ihm Flügel" ist gemeint, dass Angst Reserven mobilisiert. Wölfe haben es selten notwendig, Angst zu haben; sie haben nämlich keine mächtigen Feinde, abgesehen vom Menschen in den letzten hundert Jahren.

Liebe

Es klingt vielleicht merkwürdig, wenn die Liebe als Stressfaktor bezeichnet wird. Aber im Grunde ist sie das. Eine verliebte Person zeigt alle bekannten Stresssymptome. Ihr Herz hämmert, die Atmung wird tiefer, das Blut zirkuliert anders, sie errötet leicht. Sie ist blockiert (Liebe macht blind). Den ganzen Tag über führt sie sich merkwürdig auf, singt unter Balkonen, kauft Blumen usw.

In der Periode der Läufigkeit sind auch Wölfe verliebt. Aber dies geschieht nur einmal im Jahr, so dass man die Liebe nicht zu den häufig auftretenden Stressfaktoren rechnen kann.

Summiert man nun alle Stressfaktoren, die dem Wolf im Laufe eines Jahres begegnen, sehen wir, dass es eigentlich gar nicht so häufig ist, dass die Nebenniere gezwungen wird, unter Hochdruck zu arbeiten. Die Menge der Stressfaktoren, denen die Wölfe ausgesetzt sind, entspricht der Menge, die die Hunde ertragen. Aber leider sind unsere Hunde diesen Stressfaktoren bedeutend häufiger ausgesetzt als Wölfe. Eine Belastung, die häufig zu Problemverhalten führt.

Überstimulierung

Jagd- und Kampfspiele

Wir setzen unsere Hunde häufig Stresssituationen aus, ohne dass wir uns darüber Gedanken machen. Wir spielen mit ihnen Jagd- und Kampfspiele. Dadurch wird ebensoviel Stress ausgelöst wie unter natürlichen Bedingungen in der gleichen Situation.

Der Hund erlebt ein Jagdspiel, wenn wir ihm einen Ball oder einen Stock werfen. Entsprechendes geschieht, wenn Hunde miteinander spielen. Sie spielen eher Jagdspiele, als Kampfspiele. Selbstverständlich ist es nicht falsch, Hunde miteinander spielen zu lassen, dies ist eine ganz natürliche Notwendigkeit. Schädlich wird es erst, wenn es zu häufig geschieht. Wie wir gesehen haben, treten Stresssituationen in der Natur nur spärlich auf, und dies sollte auch bei unseren Hunden so sein. Wirft man jeden Tag Stöcke, Bälle oder anderes, ist der Hund unnatürlich oft einem Jagdspiel ausgesetzt. Spielt er jeden Tag mit anderen Hunden, kann dies auch zu viel sein.

Ein typisches Kampfspiel, das schädlich sein kann, ist der Ringkampf, bei dem der Hund die Erlaubnis bekommt zu beißen und an den Armen und Beinen zu zerren und bei dem man den Hund im Zimmer herumschubst und -zerrt. Das ist ein aggressives Spiel. Es gibt Hinweise darauf, dass diese Form des Spiels Aggressivität fördern kann. In jedem Fall sollte man mit seinem Hund so wenig Kampfspiele wie möglich spielen.

Revierverteidigung

Wir Menschen haben bedeutend häufiger Fremde (Gäste) zu Besuch, als dies ein Wolfsrudel unter natürlichen Bedingungen hat. Viele Hunde haben es jedoch gern und es scheint, als seien sie durchaus nicht besonders gestresst. Aber einige reagieren auch heftig, wenn es an der Tür klingelt, und für sie ist der Besuch ein bedeutender Stressfaktor. Zu erwähnen sind dann noch die Familienmitglieder, die sein Gebell noch steigern, indem sie laut schreiend hinter ihm her zu Tür laufen. Der Ringkampf an der Tür, begleitet vom Schreien und Fluchen, ist nicht geeignet, um einen bellenden Hund zu Schweigen zu bringen, ganz im Gegenteil. Der Hund fühlt sich unterstützt und bellt noch stärker. Es kann dann darüber diskutiert werden, wer hier der größere Stressfaktor ist.

Ängstliche Hunde

Ängstliche Hunde führen sich zerstreut und nervös auf. Dies ist dadurch bedingt, dass sie ständig gestresst sind. Angst kann ein bedeutender Stressfaktor sein, wenn der Hund oft, vielleicht jeden Tag mit einem erschreckenden Erlebnis konfrontiert wird, z. B. kann ein schussscheuer Hund in der Nähe einer Schießbahn sehr unter dem Stress leiden.

Unsere Hündinnen werden zweimal im Jahr läufig. Dies ist das Ergebnis der Hundezucht. Die Zeit der Läufigkeit fällt nicht immer auf einen bestimmten Zeitpunkt, z. B. Frühjahr oder Herbst. In einer Umgebung, in der viele Hunde leben, kann in der Nachbarschaft immer eine Hündin läufig sein. Es führt dazu, dass ein Rüde ausgesprochen gestresst wird.

Summieren wir nun die Stressfaktoren, denen unsere Hunde ausgesetzt sind, und vergleichen wir sie damit, wie oft ein Wolf gestresst wird, dann sehen wir, dass die meisten Haushunde häufiger stressenden Situationen ausgesetzt sind als ihre wilden Vorfahren. Die meisten Hunde haben damit jedoch keine Schwierigkeiten, sicher weil vieles in ihrer Umgebung so gut funktioniert, dass eine höhere Belastung nicht unbedingt zu Schwierigkeiten führt. Einige Hunde haben jedoch Symptome, die sich in verschiedenen Verhaltensstörungen ausdrücken können. Da gestresste Individuen auch einen höheren Bedarf an Nahrung haben, können nach einiger Zeit Unterversorgungen auftreten, die wiederum zu einer Reihe von Erkrankungen führen können.

Stressbedingte Verhaltensweisen, die heftige Beschleunigungen oder Ähnliches umfassen, schließen auch ein hohes Verletzungsrisiko der Muskeln ein. Diese Arten von Stress, die wir gerade besprochen haben, können wir auch als **Überstimulierung** bezeichnen. Das natürliche, erträgliche Maß wurde überschritten. Im Allgemeinen ist es einfach, einen überstimulierten Hund zu „heilen". Vorgänge, die den Hund stressen, sind zu vermeiden, z. B. Stöcke werfen. Stattdessen sollte man lange, entspannende Spaziergänge mit seinem Hund machen und ihn auf andere Art aktivieren.

Unterstimulierung

Ein sehr verbreiteter Stressfaktor ist die **Unterstimulierung**. Damit ist gemeint, dass unsere Hunde für ein Leben mit anstrengender physischer und psychischer Arbeit ausgerüstet sind. Aber unsere Hunde schlafen zu viel. Sie sind einfach gelangweilt. Dies

Auch Unterstimulierung kann zu Stress führen.

führt zu Verhaltensproblemen auf Grund der Überschussenergie, die nicht abgebaut werden kann.

Eine Untersuchung

Im Jahre 1977 führte ich eine Untersuchung durch, um festzustellen, wie aktiv ein Familienhund ist. Ich wollte auch untersuchen, inwieweit Langeweile als Hintergrund für Hundeprobleme anzusehen ist. Die Untersuchung umfasste im Ganzen etwa 200 Hunde. Die Besitzer sollten auf Fragebögen beantworten, wie lange der Hund täglich insgesamt spazieren geht und draußen oder drinnen spielt. Außerdem wurde gefragt, ob sie Probleme mit dem Hund hätten und wie sich diese äußerten. Die meisten, die aufgefordert wurden, an der Untersuchung mitzuwirken, waren aktive „Hundeleute", die an Kursen und Vorträgen teilnahmen und Mitglieder in Hundeklubs usw. waren. Aber eine Gruppe der Befragten bestand aus „gewöhnlichen" Hundebesitzern, 30 aus einem Vorstadtviertel und 15 aus einem Industrieviertel. Das Ergebnis der Untersuchung ist in folgender Tabelle dargestellt:

195

Inaktive Perioden am Tag

Maximal 18 Stunden	18–20 Stunden	Mindestens 20 Stunden	
34%	27%	39%	Verteilung in %
47%	75%	82%	hatten Probleme

Erschreckende Zahlen

Die Tabelle zeigt, dass etwa $1/3$ (34%) der Hunde mindestens 6 Stunden am Tag aktiv (inaktiv max. 18 Stunden) waren, 27% waren 4 bis 6 Stunden aktiv und 39% der Hunde waren mindestens 20 Stunden am Tag inaktiv. Es sind mir Fälle begegnet, wo ein Hund 23 Stunden am Tag inaktiv war. Er hatte also gerade mal eine Stunde Leben am Tag. Die Problembelastungen verteilten sich in den Gruppen unterschiedlich. In der aktiven Gruppe hatten etwa die Hälfte (47%) Probleme. Die Hundebesitzer gaben an, dass es sich hierbei jedoch um weniger ernste Probleme handelte. In der Zwischengruppe hatten 75% der Hunde Probleme. Hier gab etwa die Hälfte der Hundebesitzer an, dass sie die Probleme für größer ansähen. In der Gruppe der passiven Hunde war die Problembelastung sehr groß. Ganze 82% der Hundebesitzer dieser Gruppe sagten, dass sie Probleme mit ihren Hunden hätten. Bei weitem der größte Teil sah diese Probleme zudem für sehr ernst an. Die Zusammenhänge sind ganz einfach und voraussehbar. Je inaktiver ein Hund ist, desto mehr Überschussenergie hat er und all diese Energie kann durch Verhaltensprobleme zum Ausdruck kommen.

Weshalb ist ein Hund unterstimuliert?

Man kann sich fragen, weshalb ein so aktives Tier wie der Hund so inaktiv sein kann. Die Antwort ist einfach. Der Hund ist ein Rudeltier. Zusammenhalt und Anpassung sind hierbei Schlüsselbegriffe. Ein erwachsener Hund darf nicht zu viele individuelle Aktivitäten entwickeln. Er darf z. B. nicht weiterschlafen, wenn die anderen ausgeruht sind und beginnen, aktiv zu werden. Dadurch würde ein Ungleichgewicht entstehen, welches das gesamte

Rudel stören würde. Alle ruhen gleichzeitig aus und alle sind gleichzeitig aktiv. Zur gleichen Zeit sind alle gleich müde oder gleichzeitig voller Energie. Dies ist bei Hunden ein ungeschriebenes Gesetz. Sobald der Hund das Welpenstadium durchschritten hat, wird er passiv. Alle Aktivitäten werden vom führenden Paar eingeleitet. Sobald die Leittiere sich hinlegen, legen sich auch die anderen Rudelmitglieder hin. Ist das Leittier aktiv, sind auch die anderen aktiv. Der Zusammenhalt und die Anpassung funktionieren tadellos. Unser Hund ist mit seinem Erbe so zuverlässig verbunden, dass er Tag für Tag nach den Lebensregeln seiner wilden Vorfahren lebt. Als Welpe entwickelte er eine große Eigeninitiative und war sehr aktiv. Mit fünf oder sechs Monaten hat er sein Verhalten mit unserem in so hohem Maße synchronisiert, dass wir nirgends hingehen könne, ohne dass er uns wie ein Schatten folgt. Selbst auf die Toilette begleitet er uns.

Bald lernt er jedoch, dass es im Haus langweilig ist. Wir suchen zwar verschiedene Orte auf, aber das führt aus seiner Sicht nicht zu interessanten Aktivitäten. Anders sieht das aus, wenn wir zur Haustüre oder in die Küche gehen. Daher legt er sich an einen strategisch günstigen Platz, an dem er mindesten eine Tür, am besten die Küchentür, sehen kann. Dort döst er nun halbwach vor sich hin.

Einige Monate später wechseln die meisten Hunde zu einer Strategie über, die ihnen erlaubt, tiefer zu schlafen und damit die Langeweile besser zu überstehen, mit der sie jedoch trotzdem erfahren, was im Haus geschieht. Der Hund legt sich nun an eine Stelle, die wir auf unserem Weg zur Haustür oder zur Küche passieren. Wach wird er, wenn wir über ihn weg steigen oder ihn bitten aufzustehen. Dadurch bemerkt er rechtzeitig, wohin wir wollen, in die Küche vielleicht...?

Ohne es zu beachten, haben wir nun einen Hund, der sich im Verlaufe von 24 Stunden zu wenig bewegt. Nur die eine Stunde Spaziergang ermöglicht es ihm, seiner Energie freien Lauf zu lassen, und dabei wird er dann so wild, dass wir uns nicht wundern dürfen, wenn wir einen Problemhund haben.

Die Natur ist das Vorbild

Es ist leicht einzusehen, dass ein Hund durch rein physische Bewegung nicht ausreichend ermüdet. Es sind psychische Aufgaben, die zu einer Ermüdung führen, auf die gleiche Art wie ein Hund nach einer Hundeausstellung wesentlich müder ist als nach einem gleich langen Waldspaziergang.

Um herauszufinden, was eine natürliche Form der Aktivierung ist, beobachtete ich die Beschäftigungsfomen bei Wildhunden im Verlauf von 24 Stunden.

Ich konnte die geistige Aktivität von Hunden in vier Gruppen aufteilen:

1. Nasenarbeit
2. Lernaufgaben
3. Problemlösungen
4. Balancierkunst

Für jede Gruppe suchte ich und meine Mitarbeiter Aufgaben und trainierte mit einigen Hunden. Sie wurden dabei richtig müde. Sie fühlten sich aber wohl und harmonisch und eventuelle Probleme verschwanden ganz. Wenn wir die vier Kategorien etwas genauer betrachten, erkennen wir, dass wir es oft verhindern, dass unsere Hunde diese Aktivitäten ausüben. Wenn der Hund auf einem Spaziergang an den Markierungen anderer Hunde schnuppert, arbeitet er mit der Nase. Eine derartiges Kennzeichen enthält viele Informationen, so dass es einige Zeit dauern kann, bis er fertig ist. Aber häufig haben wir nicht ausreichend Geduld, um zu warten und ziehen ihn weg.

Unter natürlichen Bedingungen lernen Wölfe ständig. Dabei handelt es sich um die Verbesserung der Jagdtechnik, die Anpassung der Verhaltensmuster an die unterschiedlichen Beutetiere, die Verbesserung der Zusammenarbeit und der Kommunikation. In der Regel bringen wir unseren Hunden jedoch nur bei, welche Forderungen wir an ihn stellen, und welche Verbote bestehen wie: „Sitz!", „Platz!", „Fuß!", „Nein!", „Pfui!". Dies erlernt ein Hund schnell, aber es ist keine ermüdende Aktivität. Steht der Hund vor einem Problem, nehmen wir ihm die Lösung ab. Nimmt der Hund auf einem Spaziergang den Weg um einen Pfosten, so dass

Durch Stöbern und Fährtensuchen wird der Hund aktiviert und gefordert und dadurch auch ausgeglichener.

sich die Leine um den Pfosten wickelt, werden wir die Leine sofort abwickeln, damit wir weiterkönnen. Wir bewegen unsere Hunde nie in unwegsamem Gelände. Wenn wir endlich im Wald sind, bewegen wir uns auf gepflegten Wegen und angelegten Pfaden. Ist der Hund viel an der Leine, kann er sich nicht ausreichend genug bewegen, er erlebt nur wenig Spannung und Herausforderung.

Wir müssen jedoch unsere Hunde aktivieren. Wir müssen in unterschiedlichster Weise den Mangel an natürlicher Aktivierung ausgleichen. Sonst werden wir mit keiner Form eines Trainings erfolgreich sein können.

Aktivierung

Sie können selbst eine Menge Aktivitäten in den verschiedenen Gruppen erfinden. Als kleine Hilfe für den Anfang hier einige Vorschläge. Sie sollten für drinnen und draußen Beschäftigungen finden:

Nasenarbeit

Hierzu gehören die Fährtensuche, Stöbern und die Suche nach versteckten Gegenständen. Am verbreitetsten ist die Suche einer menschlichen Fährte. Im nächsten Hundeklub bekommen Sie Ratschläge und Hinweise.

Das Stöbern beinhaltet, dass der Hund mit erhobenem Kopf im Wind sucht, anstatt einer Spur zu folgen. Der Wind transportiert z. B. den Geruch eines Menschen und dadurch ist es möglich, eine versteckte Person zu finden. Der Hund kann ja auch einmal im Haus ein verstecktes Familienmitglied suchen.

Die Suche nach versteckten Gegenständen ist eine Aktivität, die sowohl drinnen wie draußen durchgeführt werden kann. Rennt ihr Hund gerne hinter Bällen oder Stöcken her? Statt ihn dahinter herrennen zu lassen, was ihn stressen könnte, kann er doch auch danach suchen. Das ist natürlicher. Werfen Sie den Ball oder den Stock nicht so oft, verstecken sie ihn und lassen den Hund danach suchen und ihr Hund wird ruhiger und harmonischer. Das Verstecken von Leckerbissen ist eine ganz einfache Form der Aktivierung. Mein eigener Hund benötigt 13 Minuten um 20 kleine Leckerbissen, die ich in einem Zimmer versteckt habe, zu finden. Und nach diesen 13 Minuten ausgezeichneter Aktivierung ist er wirklich müde.

Lernen

Unter dieser Rubrik können viele Aktivitäten gefunden werden. Alles was ein Hund lernen kann, rechnet dazu. Das können nützliche Dinge sein wie Gehorsam und unnütze wie kleine Zirkuskunststücke. Das Wichtigste ist nicht, was der Hund lernt, sondern dass er beginnt, mit seinem Kopf zu arbeiten. Sie können dem Hund beibringen, Ihre Pantoffeln und die Leine zu holen, mit der Post hereinzukommen, die Zeitung nach Hause zu tragen, die Tür zu schließen – ja, es gibt viele Möglichkeiten.

Zu den Kunststücken zählen z. B. das Zick-Zack-Gehen zwischen den Beinen, das durch die Arme springen, sich herumrollen, sich mit der Zunge das Maul ablecken, die richtige Pfote heben und vieles, vieles mehr. Lassen Sie Ihrer Fantasie freien Lauf, aber rüsten Sie sich mit vielen Leckerbissen und jeder Menge Geduld aus.

Problemlösung

Ein Problem zu lösen, bereitet wirklich Kopfzerbrechen. Der Hund muss selbst herausfinden, wie er ein Ziel erreichen kann, sei dies nun ein Spielzeug, ein Leckerbissen oder Herrchen oder Frauchen. Umwegsprobleme sind ein gutes Beispiel. Sie können wie folgt aussehen: Der Hund befindet sich auf einem Grundstück, das von einem Zaun oder einer Hecke umgeben ist. Die Gartentür ist offen. Während er von einem Helfer festgehalten wird, gehen Sie durch das Gartentor hinaus und um das Grundstück herum. Der Hund soll, wenn er Sie dann auf der anderen Seite sieht, die Tür hinter seinem Rücken haben. Rufen Sie ihn nun. Der Hund wird zuerst versuchen, auf dem direkten Weg zu Ihnen zu laufen, aber da ist ja die geschlossene Hecke. Nun soll er seinen Kopf dazu verwenden, um herauszufinden, dass er zuerst von Ihnen weggehen muss, um die Gartentür zu finden, durch die er zu Ihnen gelangen kann. Auf die gleiche Art kann man den Hund herausfinden lassen, wie er sich befreien kann, wenn sich die Leine um einen Baum oder einen Pfosten gewickelt hat. Nicht Sie sollen das Problem lösen, sondern der Hund. Auch im Haus kann man sei-

Wie komme ich an den Leckerbissen im schwarzen Eimer? Solche Problemlösungen aktivieren den Hund, fordern ihn und machen ihm Spaß.

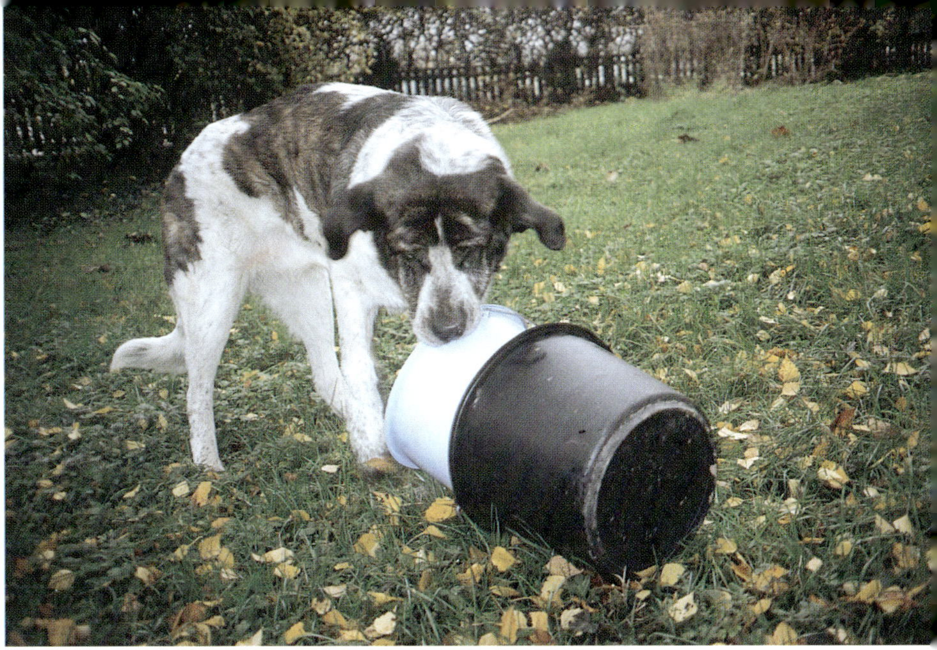

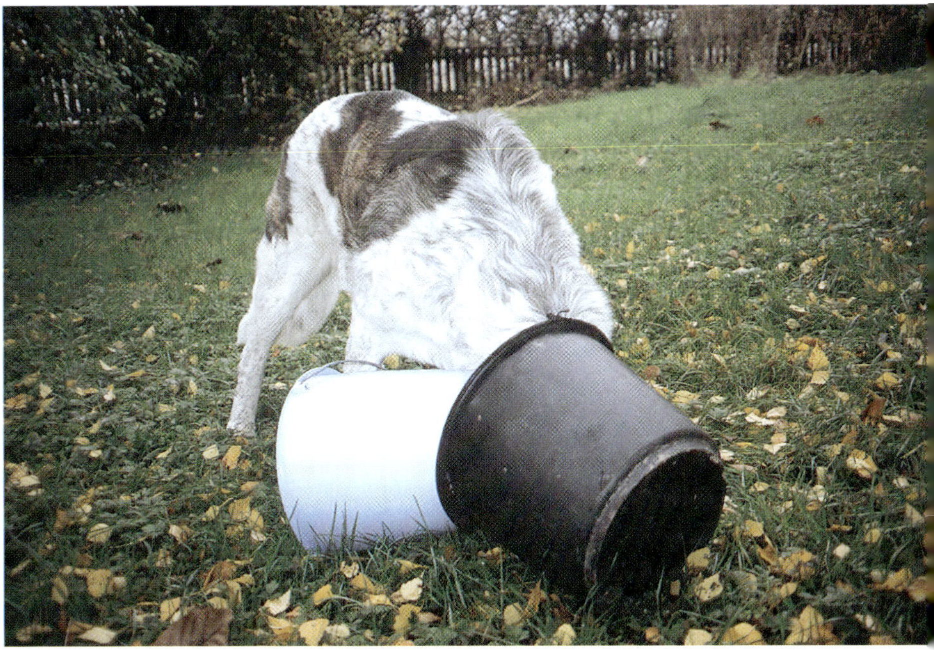

nem Hund verschiedene Aufgaben stellen, z. B. wie kommt man an einen Leckerbissen, der unter einer Schale, einem Handtuch oder einem Korb liegt? Es gibt viele Möglichkeiten, der Fantasie freien Lauf zu lassen, um Problemlösungsaufgaben zu erfinden.

Balancieren

Diese Aktivität beinhaltet, dass der Hund unter natürlichen Bedingungen in schwerem und unwegsamem Gelände gefordert werden kann, um z. B. ein Beutetier zu jagen. Deshalb ist der Hund mit einem gut entwickelten Kleinhirn ausgestattet, welches für das Halten des Gleichgewichtes und die Koordination der Körpermuskeln verantwortlich ist. Der Hund ist geländegängig, ganz im Gegensatz zu uns Menschen. Wir wollen nicht auf Hängen herumklettern oder auf Steinen balancieren. So laufen auch unsere Hunde auf unseren ebenen Wegen und ausgetrampelten Pfaden.

Wir sollten darauf achten, dass sich unsere Hunde in vielfältiger Weise bewegen können, damit sie auch auf diesem Gebiet gefördert werden. Als Anregungen seien genannt: im Wald auf einen Stein springen, auf einem umgefallenen Baumstamm balancieren, über ein Hindernis springen oder unter einem durchkriechen. Die Natur bietet viele Möglichkeiten. Natürlich können auch im Haus geeignete Hindernisse gefunden werden, z. B. ein fest stehender Stuhl, ein sicherer Schemel oder eine Haushaltsleiter. Es ist vieles geeignet, man muss nur danach suchen.

Erlebnisse vor der Geburt

Untersuchungen haben gezeigt, dass Frauen, die während der Schwangerschaft schockierenden Erlebnissen ausgesetzt waren, Kinder bekommen, die etwas nervöser und furchtsamer sind als die Kinder, die von Frauen entbunden wurden, deren Schwangerschaft ruhig verlief. Es ist anzunehmen, dass es sich bei Hündinnen ähnlich verhält. Eine trächtige Hündin muss daher in größtmöglichem Umfang vor aufregenden und erschreckenden Erlebnissen beschützt werden. Es ist selbstverständlich, dass sie auch in einem guten Gesundheitszustand sein muss.

Erfahrungen im Welpenalter

In den ersten drei Lebenswochen ist der Welpe gegenüber Einwirkungen von der Außenwelt relativ gut geschützt, wenn sich seine Mutter darum kümmert. Erst danach beginnt der Welpe, Erfahrungen zu machen. Wie das geschieht und um welche Erfahrungen es sich dabei handelt, kann ausschlaggebend für das zukünftige Verhalten sein. Man muss den Welpen als gefühlvolles und zartes Individuum betrachten, das vor allen stärkeren Erlebnissen beschützt werden sollte, aber er sollte auch gute und schlechte Erfahrungen machen können – nichts davon sollte jedoch übertrieben werden.

Beim Heranwachsen kann eine Menge geschehen, was dazu führt, dass aus dem Welpen künftig ein Problemhund wird. Das während der Welpenzeit Gelernte kann für den Rest des Lebens Folgen haben. Es sind die ersten Erlebnisse, die die tiefsten Spuren hinterlassen und den stärksten Eindruck hervorrufen.

Leider gibt es vieles, was einem Welpen zustoßen kann. Dies kann ein ungeschickter Welpeninteressent sein, der einen Welpen hochnimmt und es das erste Mal im Leben des Welpens ist, dass sich ihm ein Fremdling entgegenstreckt. Das kann ein Besuch beim Tierarzt sein, der unter Zeitdruck stattfindet. Es werden die Schmerzen, die eine Ohrmarkierung verursacht, nicht berücksichtigt oder auch ein Gewitter, ein Feuerwerk, ein Schuss oder eine Fehlzündung im Auspuff.

Auch ein Hund, der ihn bei der Begrüßung zu sehr bedrängt oder auch Kinder, die ihn zu eifrig streicheln und umarmen. All die oben genannten negativen Erlebnisse kommen immer wieder vor.

Diese Liste hätte noch länger sein können, aber ich möchte sie nun mit einer Mahnung abschließen: Schützen Sie ihren Welpen so gut wie möglich vor erschreckenden oder schockierenden Erfahrungen. Das ist keine übertriebene Fürsorge, sondern es erhöht die Chance auf einen guten Start in sein Leben.

Frustration

Frustrationserlebnisse beinhalten, dass „man nicht tun kann, was man gerne möchte". Das englische Wort „frustrate" kann als „durchkreuzen, zunichte machen" übersetzt werden. Wenn man frustriert wird, bedeutet dies, dass man daran gehindert wird, etwas zu tun, an dem man interessiert ist, und man reagiert damit, dass man gegenüber demjenigen aggressiv wird, der einen davon abhält, dem eigenen Willen zu folgen.

Haben Sie jemals versucht, einen Faden durch eine sehr kleine Öse zu ziehen? Trotz unzähliger Versuche und großer Anstrengung weigert sich dieser dumme Faden, durch das Nadelöhr zu gehen. Man fühlt, wie sich der Magen zusammenzieht und es einem kalt den Rücken hinunter läuft, die Hände beginnen vor Wut zu zittern – man ist frustriert. Was geschieht in diesem Zustand? Alle Aktivitäten, die eingesetzt worden sind, um ein Ziel zu erreichen, wurden plötzlich gestoppt. Man befindet sich in einem Stadium der Erregung und dadurch mobilisiert der Körper noch mehr Kraft. Stresshormone werden frei gesetzt und man wird aggressiv. All diese Vorgänge haben eine Funktion. Die Wut verstärkt die Kraft und das kann dabei helfen, das hemmende Hindernis zu überwinden. Wenn man sich vergeblich bemüht hat, einen schweren Gegenstand hochzuheben, ist man zuletzt frustriert und wird dadurch aggressiv. Dann kann man plötzlich mehr leisten und den Gegenstand vielleicht doch noch hochheben.

Aggression durch Frustration
Die Frustration hat jedoch auch negative Seiten, z. B. fällt das Urteilsvermögen im erregten oder wütenden Zustand aus. „Berserkergang" und ähnliche Aggressionsausbrüche werden normalerweise durch Frustrationserlebnisse verursacht.

Die amerikanischen Wissenschaftler Barker, Dembo und Lewin haben im Jahr 1940 ein sehr aufschlussreiches Experiment durchgeführt. Eine Gruppe mit Kindern spielte eine Zeit lang mit attraktiven Spielsachen. Danach wurden sie mit einem aufgespannten Netz daran gehindert, die Spielsachen zu erreichen. Sie sahen sie zwar, aber sie konnten sie nicht berühren. Viele der Kinder reagierten nun erregt und wütend. Sie schüttelten und traten nach

Die Wut eines Kettenhundes gegenüber Menschen und Tieren kann teilweise mit Frustration erklärt werden.

dem Netz und richteten ihre Wutausbrüche auch gegen die Erwachsenen im Raum. Den Kinder wurde eine ganz normale Puppe zum Spielen angeboten. Aber anstatt mit ihr zu spielen, schlugen sie mit ihr auf den Boden und ließen ihre Wut noch in anderen Formen an ihr aus.

In der Psychologie finden sich unterschiedliche Untersuchungen, um die Frustrations-Aggressions-Theorie zu belegen. Man konnte beobachten, dass Frustrationen immer in irgendeiner Form zur Aggressivität führte.

Hunde, die viel an der Leine gehen, bellen häufig und werden aggressiv. Es ist nicht ungewöhnlich, dass ein angeleinter Hund einen anderen angreift, mit dem er jedoch ohne Leine ganz normal umgehen würde. Nicht aufzuzählen sind die Vielzahl der

Kämpfe, die entstanden, weil die Hundebesitzer an der Leine zogen, während sich zwei Hunde gegenseitig beschnupperten. In England gehen die Hunde meistens ohne Leine, Aggressivität zwischen Hunden ist dort ein selteneres Problem.

Das Interesse an einem anderen Hund sinkt sofort, wenn eine Möglichkeit zur Begrüßung gegeben war, es bleibt aber erhalten, wenn der andere Hund nur sichtbar, jedoch nicht erreichbar ist. Viele Hundebesitzer haben diese unterschiedlichen Interessenlagen bereits beobachtet.

In aller Regel möchte der Hund den anderen begrüßen, es handelt sich um ein Bedürfnis, bedingt durch die Prägung und positiven Erfahrungen mit anderen Hunden. Verhindert eine Leine diese Begrüßung, dann wird sein Wille und sein Bedürfnis nicht befriedigt und dadurch entsteht eine Frustration. An der Leine zerren und kläffen sind die ersten Stufen einer aggressiven Verhaltensweise. Wiederholen sich derart frustrierende Erlebnisse, kann der Hund schrittweise sein aggressives Verhalten steigern. Der Hass eines Kettenhundes auf Mensch und Tier kann teilweise als Folge von Frustrationen erklärt werden. Der Leinenzwang hat den gleichen Effekt. Leider können Hunde in Dressurkursen nur selten frei sein. Das Risiko, dass die Abneigung gegenüber anderen Hunden gefördert wird, ist groß und das kann nicht Ziel eines Kurses sein.

Physische Hindernisse, z. B. ein Zaun, festgehalten werden oder eine Leine, sind bedeutend frustrierender als psychische Hindernisse, z. B. ein erlerntes Verbot.

Geistige Überanstrengung

Ein Hund, der gleichzeitig oder über eine kürzere Periode zu vielen Reizen ausgesetzt ist, zeigt häufig Symptome einer nervlichen Überbelastung und des „ausgebrannt sein".

Soll z. B. ein Hund zum ersten Mal ausgestellt werden, weigert er sich vielleicht, in den Ausstellungsraum zu gehen; er legt sich am Eingang hin und will nicht mehr. All die vielen Gerüche und Geräusche aus der Halle sind für ihn eine zu große Belastung, er ist „überreizt" und muss nun eine Pause einlegen, um all diese Eindrücke zu verdauen. Erst dann kann der Hund den Raum betreten. Bei Symptomen geistiger Überbelastung Zwang anzuwenden, schafft nur Angst.

Auch Hunde, die z. B. im Gehorsam zu eifrig trainiert worden sind oder die eine anstrengende Arbeit haben, z. B. Rettungshunde bei der Arbeit, können Symptome der Überanstrengung zeigen. Es ist ohne Zweifel individuell unterschiedlich, wieviel ein Hund erträgt. Aber wenn der Hund beim Training Anzeichen zeigt, die man als Renitenz oder Unwille bezeichnen kann, sollte man das Training mit einigen kleinen, leichten Übungen, die der Hund gerne ausführt (z. B. Springen), beenden und den Hund ausruhen lassen.

Kommunikationsfehler

Eine der verbreitetsten Ursachen für Angst und Aggression liegt in den Schwierigkeiten, die bei der Verständigung zwischen Mensch und Hund auftreten. Es gibt viele Menschen, die die verschiedenen Signale eines Hundes nicht verstehen können und daher gegenüber dem Hund eine falsche Körpersprache anwenden.

Wenn etwa ein Welpe vor Menschen erschrickt oder Angst zeigt, kann dies durch gegenseitige Missverständnisse verursacht worden sein. Man möchte gerne einen Welpen berühren oder streicheln. Aber der Welpe ist gegenüber einem Fremden noch reserviert und möchte vielleicht zuerst ein bisschen schnuppern, um selbst einen Eindruck zu bekommen. Ein Fremder kann gegenüber einem Welpen aufdringlich sein und seine Demutsgesten (Kriechen, Hinlegen) missachten mit dem Ergebnis, dass er für den Rest seines Lebens gegenüber fremden Personen ängstlich reagiert. Diese Person hat die Unterwerfungs- und Angstsignale des Welpen nicht erkannt und verstanden oder sie hat versucht zu zeigen, wie ungefährlich sie sei, indem sie versuchte, durch provozierendes Streicheln das Vertrauen des verunsicherten Welpens zu erzwingen. Genau dies darf nie geschehen. Ein zurückhaltender Hund sollte immer in Ruhe gelassen werden, er darf erst begrüßt werden, wenn er zeigt, dass er daran nun interessiert ist.

Es ist wichtig zu wissen, wie Hunde die menschliche Körpersprache übersetzen. Hier beantwortet der Hund die Kontaktaufnahme des Menschen durch passive Unterwerfung.

Die drohende Körpersprache

Einer der häufigsten Fehler von Seiten des Menschen ist der, einen fremden Hund scharf anzusehen, vor allem, wenn dieser ängstlich und aggressiv reagiert. Für Menschen ist das nur die genaue Beobachtung des Hundes, aber der Hund fasst dieses Verhalten als Drohung auf.

Die Hunde signalisieren ihre friedlich Einstellung gegenüber einem anderen, indem sie seine Existenz einfach nicht wahrnehmen. Fixieren sich Hunde gegenseitig, ist dieses Interesse häufig eine Herausforderung oder eine Drohung. Beim Menschen gilt Entsprechendes. Sie haben vielleicht selbst schon das unangenehme Gefühl erlebt, wenn Sie von einem fremden Menschen angeschaut wurden, und dieser vielleicht längeren Blickkontakt hielt – „Was will er von mir?", dachten Sie sicher und fühlten sich dabei unbehaglich.

Fährt man in einem Aufzug mit einer unbekannten Person, macht man alle möglichen Anstrengungen, um einen Blickkontakt zu vermeiden. Der Blick ist auf den Boden gerichtet oder wandert im Fahrstuhl umher. Man steht zu Nahe beieinander und eine Begegnung der Blicke könnte ein zu tiefer Kontakt sein. Auch wenn zwei Menschen miteinander sprechen, lässt der jeweilige Redner den Blick wandern, bis er mit dem Sprechen nahezu fertig ist. Mit dem letzten Satz erst nimmt er wieder Blickkontakt auf, gleichsam als Signal: „Ich bin jetzt fertig – du bist jetzt dran." Der Hörende schaut hingegen im Allgemeinen auf den Redner.

Fixiert man einen fremden Hund mit seinem Blick, signalisiert man also, dass man auf die eine oder andere Art an ihm interessiert ist. Ist ein Hund reserviert, ängstlich oder aggressiv, übersetzt er das Interesse negativ: „Nun komme ich, sei gewarnt!" Und man wirkt auf den Hund auch nicht weniger abschreckend, wenn man ihn freundlich anlächelt; er sieht dann nur das entblößte, auf ihn drohend wirkende Gebiss. Wenn hingegen der Besitzer oder eine andere Person, die der Hund gut kennt und die er auch gut leiden kann, ihm tief in die Augen schaut, signalisiert dies ein positives Interesse, vorausgesetzt, es herrscht gute Stimmung: „Feiner Hund." Ein solcher Blickkontakt kann dann auch länger dauern.

Viele Hunde erschrecken auch noch an anderen Fehlinterpretationen der menschlichen Körpersprache. Zum Beispiel das Vorbeugen gegenüber einem fremden Hund. Er wird dies als starke Drohung auffassen. Ein Bestandteil dieser Drohung ist, dass sich eine Person von oben nähert. Soll ein Hund begrüßt werden, sollte man sich auf die gleiche Höhe wie er begeben.

Ebenso sollte es vermieden werden, eine Hund oben auf den Kopf zu tätscheln. Hände, die sich von oben gegen die Augen richten, sind aus der Sicht des Hundes nicht besonders freundlich.

Oftmals werden die verschiedenen Signale des Hundes falsch übersetzt und man verwendet beim Umgang mit dem Hund häufig selbst falsche Signale.

Er sollte an den Backen und an der Halsseite gestreichelt werden. Dies zeigt dem Hund, dass wir freundlich sind.

Einige Hunde zeigen Unterwerfungssignale, manchmal auch Fluchttendenzen, wenn sie angelächelt werden. Wahrscheinlich ist dies für den Hund ein merkwürdiges Signal, wenn es direkt auf ihn gerichtet ist. Lächeln ohne Anstarren ergibt keine Probleme.

Konflikte

Wir haben festgestellt, dass es eine Gefühlsdimension in Verbindung mit Erlebnissen gibt, nämlich Lust oder Unlust. Das Angenehme löst Lustgefühle aus – sie werden aufgesucht. Das Unangenehme verursacht Unlustgefühle – sie werden gemieden. Gewiss gibt es auch Erlebnisse, die weder Lust- noch Unlustgefühle auslösen, die im Grunde einfach keine besonderen Gefühle hervorrufen. Es ist möglich, ein Diagramm zu erstellen, das die Lust/Unlustdimension nach dem sogenannten „hedonistischen Prinzip" beschreibt:

+	0	–
starke Lust	**neutral**	**starke Unlust**
für den Hund anziehend	der Hund ist uninteressiert	der Hund flieht

Trotz der vielen Kritik und den Versuchen, ein anderes Modell zu finden, welches erklärt, wie Gefühle das Verhalten steuern, hatte dieses Modell dennoch einen längeren Zeitraum Bestand. Um das menschliche Verhalten zu erklären, reicht es jedoch nicht aus. Dazu sind wir zu kompliziert. Aber man kann es ruhig dazu verwenden, um die Erlebnisse des Hundes in lust- und unlustbetonte aufzuteilen und dadurch den größten Teil im Verhalten des Hundes zu erklären. Die Jagd, die Nahrung, das Spiel und das Streicheln sind angenehme Erlebnisse. Bedroht, bestraft, erschreckt oder gebissen zu werden sind unangenehm. Der Hund wird normalerweise dem Unbehaglichen ausweichen und sich dem Angenehmen zuwenden. Unter einem Konflikt versteht man, dass widersprüchliche Gefühle gleichzeitig erlebt werden. Es gibt hauptsächlich drei Typen von Konflikten:

I. Die Qual der Wahl zwischen zwei lustbetonten, lockenden Dingen.
II. Der Zwang, zwischen zwei unlustbetonten und abstoßenden Dingen wählen zu müssen.
III. Das Hin-und-Her-Gerissen-Sein, wenn etwas sowohl lockt als auch abstößt (der häufigste Konflikt).

Konflikttyp I
Die erste Form kann am besten mit dem Bild des Esels beschrieben werden, der nicht weiß, welchen von zwei Heuballen er wählen soll. Gehen bei einem Waldspaziergang „Herrchen" und „Frauchen" plötzlich in verschiedene Richtungen, kann der Hund in einen Konflikt dieser Art kommen, vorausgesetzt, dass er nicht ein ausgeprägter „Hund des Frauchens" oder „Hund des Herrchens" ist. Der Hund wird hin- und herlaufen und versuchen, seine „Heuballen" zu sammeln.

Je größer die Anziehungskraft der Objekte ist, desto stärker ist der Konflikt. Beachten Sie, dass eine starke Anziehungskraft als Zwang erlebt werden kann. Eine Hündin, die Welpen hat, kann in einen schwer zu überwindenden Konflikt kommen, wenn sie es nötig hat, hinauszugehen – und dadurch gezwungen wird, ihre Welpen unbewacht zurückzulassen.

Konflikttyp II
Ein anderer Konflikttyp, der weniger alltäglich ist, ist dem „Heuballenkonflikt" entgegengesetzt. Es geht darum, zwischen zwei gleich unangenehmen Handlungen zu wählen.

Ein krasses Beispiel: Man befindet sich in der 10. Etage eines brennenden Hochhauses und hat nun die Wahl, entweder zu verbrennen oder zu springen, um auf dem Pflaster zerschmettert zu werden.

Ein Hund kann in eine ebenso unangenehme Situation kommen, z. B. wenn er einer harten Dressur unterzogen wird oder wenn man möchte, dass der Hund sich auf einer feuchten und kalten Stelle ablegen soll. Wenn „Platz!" dabei genauso viel Unlust symbolisiert wie das Niederlegen im Schlamm, kommt der Hund in einen Konflikt zwischen zwei gleich unangenehmen Reaktionen.

Das Rudel teilt sich. „Frauchen" geht in die eine Richtung, „Herrchen" in die entgegengesetzte. Der Hund, der sein Rudel gerne zusammen hat, gerät in einen Konflikt.

Konflikttyp III

Der dritte Konflikttyp entsteht, wenn eine Handlung oder ein Gegenstand gleichzeitig anziehend und auch abstoßend ist. Die gewöhnlichste Form eines Gefühlskonflikts, in die ein Mensch oder ein Tier kommen kann. Man möchte sich gerne nähern und gleichzeitig am liebsten fliehen.

Ein junger Mann möchte gern ein Mädchen zum Tanzen auffordern – oder sich gleichzeitig abwenden – weil er befürchtet, abgelehnt zu werden.

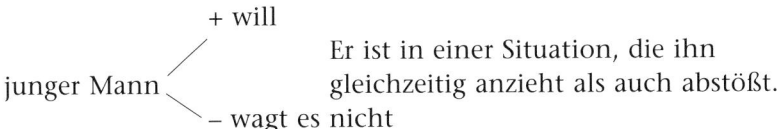

junger Mann
+ will
– wagt es nicht

Er ist in einer Situation, die ihn gleichzeitig anzieht als auch abstößt.

Dieser Konflikttyp wurde verschiedentlich experimentell bei Menschen und bei Tieren hervorgerufen. Der Forscher Massermann setzte z. B. eine Katze einem Konflikt aus, indem er sie zuerst daran gewöhnte, dass ein bestimmtes Signal Fressen bedeutete. Als sie dies gelernt hatte, passierte es plötzlich, dass nach dem Futtersignal kein Futter im Fressnapf war, aber ihr stattdessen ein Luftstrahl ins Gesicht gepustet wurde, wenn sie wie gewohnt zum

Fressnapf kam. Als dann das nächste Mal das Signal wieder ertönte, wusste sie natürlich nicht, ob diesmal Futter oder wieder nur Luft kam. Ihr Wille und der Wunsch nach Futter lockten sie einerseits zur Futterschale, aber die Angst vor dem Luftstrahl hielt sie andererseits davon ab. Dieser Konflikt führte allmählich zu einer Veränderung ihres Verhaltens. War sie bislang eine ruhige, glückliche Katze, wurde sie jetzt unruhig, aggressiv und impulsiv. Sie hörte mit dem Schnurren auf, wurde mager und unruhig.

Hundebesitzer verursachen bei ihren Hunden den gleichen Konflikt, wenn sie diesen eingeübt haben, auf Ruf zu kommen, und sie dann beim Herbeikommen bestrafen, weil sie nicht schnell genug gekommen sind oder etwas anderes getan haben. Der Hund lernt, dass „Hier" oder „Komm" sowohl lust- als auch unlustbetont ist. Der Wille zum Gehorchen treibt ihn vorwärts, die Furcht vor der Bestrafung hält ihn ab.

Ein anderes Experiment: Ein Hund hatte den Unterschied zwischen zwei Figuren, einem Kreis und einem Oval, kennen gelernt. Wenn der Kreis gezeigt wurde, bekam der Hund einen Leckerbissen, wenn das Oval gezeigt wurde, gab es nichts. Die beiden Figuren hatten die Bedeutung „Futter" bzw. „kein Futter" bekommen. Der Hund war bis dahin ruhig und harmonisch. Der Experimentator begann nun schrittweise, die Form der beiden Figuren zu ändern. Der Kreis wurde jedes Mal ovaler, wenn er sein Futter bekam, und das Oval wurde immer runder.

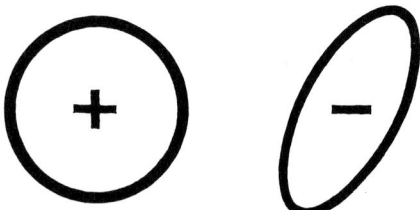

Nach und nach waren die Figuren aber so sehr verändert, dass der Hund nicht mehr länger einen Unterschied erkennen konnte. Die Figuren waren schließlich gleich, beide waren so gleichzeitig anlockend und nicht anlockend. Dies führte zu einem Zusammenbruch des Hundes. Das Verhalten änderte sich: verminderter Appetit, zunehmende Nervosität, Misstrauen, Scheuheit, Unsicherheit – alles Symptome einer Neurose.

Als man später den Versuch mit dem gleichen Hund wiederholte, zeigte es sich, dass der Hund wegen dieses Nervenzusammenbruchs die Fähigkeit verloren hatte, zwischen den beiden Figuren zu unterscheiden, ausgenommen ganz zu Beginn, als der Unterschied zwischen beiden Figuren noch groß war. Das kam daher, dass er zwei Reize oder Signale nicht unterscheiden konnte, die einander glichen, aber eine unterschiedliche Bedeutung hatten. Der Hund hatte die Fähigkeit verloren, die Informationen, die ihm vermittelt wurden, zu übersetzen

Der Hundebesitzer kann bei seinem Hund den gleichen Konflikt in einem milderen oder schwereren Grad auslösen: Manchmal darf der Hund auf dem Sofa liegen – manchmal nicht. Wir heizen den Hund erst im Spiel auf – ermüden jedoch schnell und machen ihm Vorhaltungen, wenn er nicht gleich aufhören will.

Das oben genannte Experiment verdeutlicht, dass man seinem Hund immer klar und deutlich zu verstehen geben sollte, was man von ihm möchte und was nicht. Man sollte dem Hund die Konsequenzen unklarer Wünsche ersparen.

Noch ein Experiment: Der Wissenschaftler Dworkin brachte einer Katze bei, eine Futterkiste zu öffnen, sobald sie einen hohen Ton hörte. Danach erhöhte er schrittweise die Tonhöhe, bis der Ton schließlich so hoch war, dass die Katze große Schwierigkeiten hatte, ihn wahrzunehmen. Die Katze wurde als Folge davon neurotisch, weil sie sich über das Gehörte unsicher war. Sie machte wiegende Bewegungen mit dem Kopf und dem ganzen Körper, wurde unruhig, aggressiv usw. Der Konflikt folgte dem gleichen Muster, wie die zuvor genannten. Etwas war sowohl verlockend als auch abschreckend. Ein Hund oder auch ein Mensch muss aber wissen, was er sieht, hört und riecht, er muss seinen Sinneseindrücken vertrauen können; sie sind ja die Vermittler der Kontakte mit der Umwelt.

Diesem Konflikterlebnis ist auch ein Hund ausgesetzt, dessen Riech-, Seh- oder Hörvermögen vermindert ist. Wenn er nicht genau weiß, ob er etwas sehen, hören oder riechen kann, führt dies zu Lust- oder Unlustgefühlen. Gleiches geschieht, wenn der Hund einen Befehl erlernen soll, dessen Bedeutung er einfach noch nicht verstanden hat, oder bei unklaren Strafen, deren Sinn der Hund nicht versteht.

Durch Konflikte entstehen problematische Hunde
Ständig wechselnde Milieus mit Stress und unklaren Anforderungen verhindern bei vielen Hunden eine ausgeglichene Reaktion. Ein inkonsequenter Ausbilder, der an einem Tag etwas erlaubt und es am nächsten Tag verbietet, ein Ausbilder, der falsche, aber harte Anforderungen stellt, wenn Frauchen etwas sagt und Herrchen etwas anderes, wenn bei einer Begegnung einige der fremdem Personen freundlich, andere jedoch irritierend sind, wenn jeder entgegenkommende Hund zuerst kontrolliert werden muss, ob er vielleicht aggressiv ist – eine solche Umwelt kann ebenso effektiv zu einem Zusammenbruch führen wie bei dem Wissenschaftler in seinem gut kontrollierten Experiment!

Bei Tieren und Menschen, die von Menschen „gepflegt" werden, können häufig die Symptome der Verhaltensstörungen, die in Verbindung mit dem oben genannten Experiment auftreten, beobachtet werden. Verschiedene kleinere oder größere Probleme, die beim Hund auftreten, werden durch Konflikterlebnisse verursacht oder verstärkt. Es gibt Fallbeispiele, bei denen die Beseitigung des Konfliktes ausreichte, um eine Besserung herbeizuführen.

Erlernte Hilflosigkeit

Martin Seligman war im Jahre 1960 Wissenschaftler am Psychologischen Institut der Universität Pennsylvania, USA. Er interessierte sich für ein eigenartiges Phänomen, das in seinen Versuchen bei einigen Hunden auftrat. Obwohl sie über ein Gitter im Boden Stromstöße in die Pfoten bekamen, versuchten sie nicht zu fliehen. Sie hätten ohne Schwierigkeiten über ein kleines Hindernis springen können, um sich in Sicherheit zu bringen. Andere Hunde lernten nach zwei, drei Wiederholungen über dieses kleine Hindernis zu springen, um auf die sichere Seite zu gelangen.

Zuerst wurden einige Hunde mit dieser eigenartigen Verhaltensweise gesucht. Diese Hunde blieben still sitzen, obwohl sie einem sehr unangenehmen Ereignis, den Stromstößen in den Pfoten, ausgesetzt waren.

Der Versuchsraum war ein großer, länglicher Kasten, in dessen Mitte eine kleine Barriere angebracht war, die jedoch von einem Hund mit Leichtigkeit übersprungen werden konnte. Die eine Hälfte war mit einem Drahtnetz ausgelegt, durch das Stromstöße geleitet werden konnten, auf der anderen Seite war kein Strom.

Es wurden verschiedene Warnsignale eingesetzt, z. B. ausgehende Lichter, blinkende Lampen oder surrende Laute. Die Hunde bekamen 10 Sekunden Zeit, um in die andere Hälfte der Box zu springen.

Die Wissenschaftler begannen nun, die Vergangenheit der Hunde zu analysieren. Konnten besondere Ereignisse während des Heranwachsens ermittelt werden? Hieraus könnte eine Erklärung gefunden werden. Sie hatten alle ein schockierendes oder sehr belastendes Erlebnis gehabt. Konnte es sein, dass ein Hund, in dessen Vergangenheit ein schreckliches Erlebnis stattgefunden hatte, so passiv wurde, dass er künftig bei einem unangenehmen Ereignis nicht mehr flüchtete?

Seligman führte eine Reihe von Experimenten durch. Er setzte Hunde ein, die noch nie einen Schock erlebt hatten und die sich vollkommen normal verhielten. Diese Hunde wurden nun mit unangenehmen Situationen konfrontiert, denen sie nicht entfliehen konnten.

Es wurde die gleiche Versuchsanordnung verwendet, nur wurde die Barriere so erhöht, dass sie nicht mehr überwunden werden konnte. Es war nicht mehr möglich, den Stromstößen auszuweichen. Das Warnsignal kam. Zehn Sekunden später begannen die Hunde in der Box zu springen, zu schreien, sie kletterten aufeinander und kläfften. Sie rannten auf und ab, ohne zu entkommen.

Die Wissenschaftler setzten sie nun wieder in die Box mit dem niederen Hindernis, sie hätten nun wieder leicht in den stromfreien Teil fliehen können. Aber als das Warnsignal ertönte, versuchten sie nicht zu fliehen. Sie setzten sich nur in eine Ecke und erduldeten die Stromschläge. Sie wirkten, als hätten sie aufgegeben und würden nun ihr Schicksal akzeptieren. Sie waren geistig abgestumpft und apathisch. Beim Warnsignal wurden sie nicht mehr unruhig und nervös, wie die andere Hunde, sie verhielten sich passiv und teilnahmslos. Sie suchten sich eine Wand oder eine Ecke und setzten sich mit einer hochgehobenen Vorderpforte nieder, schlossen die Augen und wendeten den Kopf zur Seite und zuckten bei den Stromschlägen zusammen.

Diese Hunde waren meistens depressiv, suchten die Gesellschaft mit anderen Hunden nicht und spielten nicht. Sie gehorchten den Pflegern ausreichend, jedoch ohne Freude zu zeigen.

Hilflosigkeit
Erlebt ein Individuum, dass keiner seiner Versuche geeignet ist, seine Situation in irgendeiner Weise zu ändern, dann wird es mit der Zeit aufgeben und seine Versuche einstellen.

Das Gefühl, dass es sich nicht lohnt zu versuchen, seine Situation zu beeinflussen, vermittelt dem Individuum Hilflosigkeit. Und diese Hilflosigkeit wird ein Bestandteil seines psychologischen Profils. Der Kampfwille verschwindet, die Resignation wird erlernt.

Hunde werden leicht hilflos
Seligman wies darauf hin, dass Hunde besonders leicht mit Hilflosigkeit reagieren. Sie müssen nur einige schwere Erlebnisse gehabt haben, denen sie sich nicht entziehen konnten. Danach zeigen sie die Tendenz aufzugeben, sobald sie mit einer neuen Situation konfrontiert werden. Er beschrieb u. a. folgende Symptome der erlernten Hilflosigkeit.

- Verminderte Eigeninitiative, mangelnde spontane Aktivität, Apathie
- Schwierigkeiten einzusehen, dass es sich lohnt zu kämpfen
- Verminderte Aggressionsbereitschaft („hilflose Tiere und Menschen zeigen weniger aggressive und konkurrenzstarke Reaktionen, ihre leitende Position schwindet")
- Verminderung des Appetits, Gewichtsverlust
- Mängel im sexuellen und sozialen Verhalten
- Schwächen im Immunsystem

Die Entstehung von Hilflosigkeit

Erlernte Hilflosigkeit kommt in unterschiedlichen Graden vor. Diese hängen von früheren Erfahrungen und der gegenwärtigen Situation des Hundes ab. Folgende Ereignisse sind negativ und tragen zum Erlernen von Hilflosigkeit bei:

1. Ein oder mehrere Schocks, vor allem in frühen Phasen der Entwicklung
2. Eingesperrt sein in einem Zwinger, Auslauf oder Ähnlichem (gilt nicht bei kurzen Aufenthalten)
3. Angekettet oder festgebunden zu sein z. B. Laufkette (gilt nicht bei kurzen Phasen)
4. Misshandlung
5. Harte und autoritäre Erziehung und Ausbildung
6. Viele Verbote, wenig Erlaubtes
7. Mobbing
8. Langwierige Schmerzzustände

Lieber ein bisschen verwöhnt als hilflos

Um zu verhindern, dass ihr Hund Symptome der Hilflosigkeit entwickelt, sollten Sie darauf achten, dass die Zahl der o. g. negativen Erlebnisse möglichst gering bleibt. Der Hund ist besser ein bisschen wild und verwöhnt als ohne Initiative und passiv.

Für jedes erlernte Verbot zahlt der Hund immer „einen Preis". Darum gilt es, nicht so viele Verbote, Überforderungen und Konflikte zu schaffen, weil dieser Preis sehr hoch ist und man riskiert, dass der Hund hilflos wird.

Der Schock

Der Schock ist eine plötzliche Überbelastung des Nervensystems. Er führt häufig zu einer dauerhaften Änderung des Verhaltens und zwar derart, dass oftmals eine erhöhte Tendenz dazu besteht, ängstlich, nervös oder angespannt zu reagieren. Älteren Hunde fällt es leichter, sich von einem schockierenden Erlebnis zu erholen. Aber bei Welpen und Junghunden führt dies oft zu einer dauerhaften Verhaltensänderung. Leider ist es schwierig, diese

Verhaltensänderung, z. B. die Angst vor bestimmten Gegenständen, Personen oder Geräuschen, wieder abzutrainieren.

Drei Kategorien

Man unterteilt den Schock oder das Trauma, wie er auch genannt wird, in drei verschiedene Kategorien. Die erste ist der akute, traumatische Zustand, der unmittelbar nach einem Schock eintritt. Das Individuum ist sehr stark beeindruckt und desorientiert., z. B. hört es nicht, was man zu ihm sagt, es ist unempfänglich gegenüber Informationen.

Die zweite Kategorie ist diejenige, bei der der Schock oder die Nachwirkungen nicht aufhören. Das Individuum kehrt nicht zum Normalzustand zurück. Es handelt sich hier um den sogenannten chronischen Schock. Das Individuum ist zerstreut. Bei Vorgängen, die es vorher ohne Probleme bewältigen konnte, gerät es nun in Panik; in Situationen, in denen es vorher ruhig reagierte, wird es nun plötzlich aggressiv.

Die dritte Kategorie des Schocks nennt man den latenten Schockzustand. Das Individuum kehrt scheinbar zum Normalzustand zurück. Das Verhalten ist normal – es sei denn, dass plötzlich ein Ereignis eintritt, welches an das schockierende Erlebnis erinnert. Ein Hund ist z. B. auf einem Weg von einem Auto angefahren worden. Der Hund hat weiterhin keine Angst vor Autos, aber er zeigt eine geradezu panische Angst gerade vor dieser Wegstrecke.

Hunde, die einem Schockerlebnis ausgesetzt waren, reagieren unterschiedlich. Einige werden ängstlicher, andere weniger. Ein Teil erholt sich relativ rasch, andere sind lebenslang verdorben. Die Ursache für diese Abweichungen sind zweifellos frühere Erfahrungen, vor allem erschreckende Erlebnisse im Welpenalter. Erbliche Faktoren spielen ebenfalls eine große Rolle.

Symptome

Man hat bei verschiedenen Säugetierarten, einschließlich des Menschen, die gleichen Schocksymptome beobachtet. Dies gilt sowohl für den psychischen Schock mit Panikzuständen wie auch für den medizinischen Schock mit körperlichen Schädigungen.

Bei allen Schockzuständen zeigen sich schwächere oder stärkere Veränderungen im Verhalten. Vor allem sind dies Störungen des Gefühlslebens, z. B. unkontrollierte Ausbrüche von Angst oder Irritation, manchmal auch Unruhe und Ratlosigkeit, bei schweren Fällen Depressionen und Apathie.

Eine andere Art von Symptomen sind Schlafstörungen. Das Individuum wirkt so, als traute es sich nicht, sich auszuruhen und zu entspannen, weil etwas Gefährliches geschehen könnte, während es schläft. Dadurch wird der Schlaf unruhig. Der Hund sucht zum Schlafen besonders sichere Stellen auf z. B. unter einem Tisch, unter der Garderobe oder in einer abgeschirmten Ecke.

Der schockierte Hund träumt auch mehr als andere Hunde. Man nimmt an, dass Erlebnisse im Traum verarbeitet werden. Wird ein Mensch z. B. am Träumen gehindert, reagiert er leicht verwirrt.

Ein dritter Typ von Symptomen ist eine Einschränkung der vielen Verhaltensvariationen. Wenn der Hund früher, wenn ihm ein fremder Hund begegnete, diesen begrüßte, beschnüffelte, ihm imponierte, auf steifen Beinen um ihn herumging und zu spielen begann, zeigt er nun nur noch Fragmente dieser Verhaltensweisen. Vielleicht tritt an deren Stelle sogar Knurren und Unterwerfung. Eine Aufgabe, an der der Hund früher geschickt und ausdauernd mitarbeitete, ist nun vergessen oder das Interesse ist merklich geringer geworden. Die Selbstsicherheit ist verschwunden und die Konzentrationsfähigkeit vermindert.

Häufig wird auch beobachtet, dass ein schockierter Hund stärker auf jeden Reiz reagiert, vor allem bei bedrohlichen oder unerwarteten Ereignissen. Der geschockte Hund übertreibt seine Reaktionen, er wird pessimistischer oder aggressiver als eigentlich notwendig wäre. Er wirkt temperamentvoller, jedoch meist in einer negativen Richtung. Je stärker der Schock, desto stärker die Nachwirkungen. Deshalb trifft er einen sensiblen Hund härter. Er erlebt alles intensiver. Ein psychisch robuster Hund kann größere Belastungen ertragen, ohne dass dies zu einer Verhaltensänderung führt.

Angespanntheit

Man kann sie häufig bei einem Hund beobachten, der einem Schock ausgesetzt war. Er wirkt zerstreut, angespannt und rastlos. Er dreht leicht durch und ist leicht gestresst. Er ist die ganze Zeit auf der Hut und kontrolliert ständig die Umgebung. Alle Sinne sind ständig in Bereitschaft. Eine Person, die vorbeigeht, wird angespannt und konzentriert beobachtet. Ein Geräusch kann den Hund zusammenfahren lassen. Er ist selten entspannt und kann sich nicht auf eine Sache konzentrieren. Schnuppert er an einer interessanten Stelle, wird er immer wieder den Kopf heben, um die Umgebung auf Gefahren zu überprüfen. Oft klemmt er den Schwanz ein und seine Ohren drehen sich, um eine eventuelle Gefahr zu orten.

Pessimist

Eines der vielleicht auffälligsten Kennzeichen bei einem schockierten Hund ist seine negative Erwartungshaltung. Er wird zum Pessimisten. Er erwartet, dass ihm überall etwas Unangenehmes begegnet, besonders an neuen, unbekannten Stellen. Er wagt sich nicht in einen neuen Raum, bevor er nicht von der Türschwelle aus mit ausgestrecktem Hals die Räumlichkeit untersucht hat. Ein merkwürdiges Ding an einer unerwarteten Stelle, z. B. eine Papiertüte in einer Hecke, kann gleichzeitig erschrecken und locken. Der Hund muss sie untersuchen. Er streckt sich, solange er kann, er spannt alle Muskeln an und ist gleichzeitig zur Flucht bereit. Mit gesenkter Körperhaltung nähert er sich dem Unheimlichen. Erst wenn er daran gerochen und gesehen hat, dass da nichts ist, vor dem er Angst zu haben braucht, kann es weitergehen. Dann erst ist die Gefahr weg. Fremde Menschen sind gefährlich bis zum Beweis des Gegenteils. Bei plötzlichen Geräuschen zuckt der Hund zusammen und flieht vielleicht. Gerade erhöhte Empfindlichkeit gegenüber Geräuschen sind bei schockkranken Hunden – und Menschen – üblich.

Je früher der Schock, um so schlimmer

Welpen sind sehr empfindlich und ein Schock kann sie vollkommen verderben. Erleidet ein Welpe einen Schock, dann folgt im

Allgemeinen eine fortdauernde, kräftige Veränderung seiner Persönlichkeit und seines Verhaltens. Seine gesamte Einstellung zur Umwelt, sein Erfahrungsschatz und sein Lernvermögen werden beeinflusst.

Ein älterer Hund, der geschockt wurde, zeigt meist in Situationen, die ihn daran erinnern, intensive Angst. Ein schockierter Welpe zeigt vor allem Unbekanntem Angst. Der Schock wirkt allgemein, d. h., er umfasst die gesamte Existenzgrundlage des Welpen.

Ein Transport im Flugzeug ist gefährlich
Ein Hundewelpe, acht Wochen alt, soll mit einem Flugzeug vom Züchter zum neuen Besitzer geflogen werden. Wahrscheinlich weiß keiner der Beteiligten, welches Risiko sie eingehen. Allein das Absetzen von seiner Mutter und den Wurfgeschwistern und das Eingesperrtwerden in einen Käfig können für den kleinen Welpen ein traumatisierendes Erlebnis sein.

Beim Transport mit dem Flugzeug wird der Welpe wie ein normales Gepäckstück behandelt, d. h., er wird im Käfig auf dem Gepäckwagen transportiert, der unmittelbar in der Nähe der Motoren abgestellt wird, während das Flugzeug beladen wird. Häufig geschieht es, dass die Motoren aufgewärmt werden, auch wenn der Gepäckwagen noch dasteht. Der ohrenbetäubende Lärm hat schon vielen Hunden, sowohl erwachsenen wie auch Welpen, für ihr restliches Leben geschadet.

Akzeptieren Sie es deshalb nie, dass ein Hund mit einem Flugzeug versandt wird. Man muss den Welpen selbst holen, nur so kann man ihm Sicherheit geben, die er gerade dann am meisten braucht, wenn er zum ersten Mal in seinem Leben seine Mutter und seine Geschwister verlässt. Statt ein normaler, fröhlicher, spielsüchtiger Welpe zu sein, ist er nach dem oben genannten Erlebnis nur noch ein zerstreuter, desorientierter, ängstlicher Hund und wird dies für den Rest seines Lebens bleiben.

Wenn ein Schaden bereits vorliegt
Ein Hund kann relativ leicht mit einem Schock konfrontiert werden. Vielleicht wird er durch eine unvorsichtige Person erschreckt, vielleicht erlebt er im Heck eines Autos eine Auspuffexplosion.

Vielleicht feuert ein Kind mit einem Schwärmer neben den Hund. Vielleicht erschrickt er durch einen schmerzhaften Eingriff beim Tierarzt. Vielleicht fällt eine Hartfaserplatte um, in die der Welpe beim Spielen gerannt ist. Vielleicht wird er auch von einem aggressiven Hund ohne Vorwarnung angegriffen. Die genannten Beispiele entstammen meiner Fallsammlung.

Die Immunabwehr wird z. B. bei starken und langwierigen Stressreaktionen herabgesetzt, die Folge ist ein höheres Infektionsrisiko. Außerdem werden auch verschiedene Organe stark belastet, z. B. das Herz und der Magen, dadurch entsteht ein erhöhtes Krankheitsrisiko. Außerdem hat man kürzlich festgestellt, dass sich verschiedene Hormone des Gehirns, die als Transmittersubstanzen wirken, verändern. Diese stehen in Verbindung mit der Nebenniere, welche die Stresshormone absondern.

Ich habe viele Jahre die Effekte eines Schocks beim Hund studiert und dabei gelernt, dass die Zeit ausschlaggebend ist. Es gelingt nämlich, die Schäden eines Schockes zu minimieren und zu begrenzen, wenn rechtzeitig mit der richtigen Behandlung begonnen wird. Dies bedeutet jedoch nicht, dass sich die Folgen eines traumatisierenden Erlebnisses nicht korrigieren ließen, wenn dieses früher stattgefunden hat. Aber es ist dann schwieriger.

Die Behandlung des akuten Schocks
Der Naturtherapeut David Selin hat ein natürliches Mittel entwickelt, das ungefährlich ist und keine Nebenwirkungen hat. Sein Einsatz ist meistens effektiv. Es sollte sobald wie möglich nach der Schockeinwirkung gegeben werden. Das Mittel, ein Tranquilizer, kann im Zoofachhandel erworben werden.

Beachten Sie! Sollte sich der Hund in einem schweren Schockzustand befinden, gekennzeichnet durch helle Schleimhäute, dann sollten Sie ohne Rückfrage bei einem Tierarzt keine beruhigenden Mittel einsetzen. Die Akutschockbehandlung dauert drei bis fünf Tage und geht dann in die nächste Phase über.

Die Behandlung nach einem Schock
In der Zeit nach einem Schock verbraucht der Hund mehr Nahrung als normalerweise. Dies wird bedingt durch die hohe physische Aktivität des Körpers. Es besteht die Gefahr einer Unterversorgung.

Der Körper hat einen höheren Bedarf an den Vitaminen B, C und E und an Mineralien, vor allem an Magnesium und an Zink.

In der akuten Phase nach einem Schock benötigt der Hund verschiedene Nahrungsmittel in therapeutischen Dosen. Die Nachbehandlung eines Schockes kann fünf bis sechs Monate in Anspruch nehmen. In dieser Zeit bekommt der Hund eine Unterhaltungsdosis eines Baldrianpräparates. Weitere Informationen zu Anwendung und Dosierung erhalten Sie von Ihrem Tierarzt.

Hat sich der Hund nach zwei Wochen nicht beruhigt, wenden Sie sich bitte an einen Tierarzt, der Sie auch in der Verhaltenstherapie beraten kann.

Andernfalls setzen Sie die Behandlung mindestens einen Monat fort. Verlängern Sie diesen Zeitraum, wenn der Hund Symptome von Unruhe zeigt. Im Verlaufe einer Woche setzen Sie langsam das Baldrianpräparat ab. Danach wird auch die Zusatzdosis an Vitaminen und Mineralstoffen langsam reduziert. Aber Sie sollten die geringste Dosis noch bis zum fünften oder sechsten Monat weitergeben. In dieser Zeit benötigt der Hund auch ein Training.

Bewegung

Durch den Schock wurde unter anderem die Produktion von Stresshormonen erhöht. Das heißt, die Durchblutung der Muskulatur wurde verbessert, das Blut hat einen höheren Gehalt an Sauerstoff, Fett und Zucker. All dies geschieht, um den Körper zu kräftigen und ihn effektiv auf eine Flucht vorzubereiten.

Der Hund erlebt also eine Periode, in der er mehr Kraft als vorher hat. Um zu verhindern, dass eine sowohl physische als auch psychische Spannung entsteht, die den Schockeffekt verstärken könnte, benötigt der Hund Bewegung. Bedeutend mehr als normalerweise. Gehen Sie mit ihm so oft wie möglich spazieren. Dies ist ein wichtiger Bestandteil der Therapie.

Die Aktivierung

Nicht nur physische Bewegung ist wichtig, auch die geistige Aktivierung hat eine große therapeutische Bedeutung. Das Selbstvertrauen des Hundes wird gestärkt und gleichzeitig wird verhindert, dass er unter Überschussenergie leidet. Der Hund wird bei überraschenden Erlebnissen nicht überreagieren und dadurch den traumatischen Zustand verschlechtern. Außerdem wird durch die Aktivierung die Eigenkontrolle verstärkt. Es ist ein so wichtiges Gefühl zu wissen, dass man bei Schwierigkeiten selbst etwas dagegen unternehmen kann, im Gegensatz zur Ohnmacht und Hilflosigkeit. Es zeigt sich, dass Individuen mit guter Eigenkontrolle glücklicher und aktiver sind und auch eine bessere Immunabwehr besitzen.

Etikettendiagnosen

Als Hundehalter hört man sehr häufig viele, verschiedene Erklärungen über Problemverhalten beim Hund. Soll eine Verhaltensdiagnose erstellt werden, dann ist es wichtig, Begriffe zu verwenden, die in der Realität verankert sind und die eine Überprüfung der Diagnose zulassen. Außerdem sollte eine konstruktive Diagnose angestrebt werden, die eine Anregung für weitere Untersuchungen, Analysen und Training gibt.

Die Feststellung, dass es z. B. „erblich" ist, ist eine schlechte Form, sich einem Verhaltensproblem zu nähern. Handelt es sich um Verhaltensweisen, ist ein Beweis nahezu unmöglich und es gibt auch keine Möglichkeit der Überprüfung. Es fehlt auch jeder Hinweis, wie diesem Hund nun zu helfen ist. Im Prinzip wurde das Problem nur mit einem Namen versehen, beide, Hund und Besitzer, wurden als erledigt abgestempelt. Für diese beiden bedeutet dies, ein „hoffnungsloser Fall" zu sein. Akzeptieren Sie nie ein Etikett als Hilfe für Ihren Hund.

„Schlechte Veranlagung"
Einen Hund als „schlecht veranlagt" zu klassifizieren ist kein konstruktiver Weg bei der Problemlösung. Eine solche Diagnose endet im Allgemeinen mit der Tötung des Hundes. Ich selbst habe äußerst selten einen sogenannten „schlecht veranlagten" Hund erlebt. Ich verwende diesen Begriff daher nicht. Für eine gestörte Verhaltensweisen konnten immer andere Ursachen ermittelt wer-

den, es waren keine hoffnungslosen Fehler in der „Veranlagung".
Dies ist nur eine Etikettendiagnose.

„Mangelnde Führerschaft"

Das gleiche gilt bei der Diagnose „mangelnde Führerschaft". Viele
sind überzeugt, dass sie nur nicht streng genug zu ihrem Hund
sind, sie fassen ihn härter an, üben mehr Druck aus und der Hund
verbessert sein Auftreten ein bisschen, aber nur für eine kurze Zeit.
Der Hundebesitzer entwickelt Schuldgefühle, weil er glaubt, er sei
nur nicht in der Lage, einen Hund zu trainieren.

Es handelt sich auch hierbei teilweise um eine Etikettendiagnose, aber vor allem wird ein Gebiet idealisiert, mit dem sich
der Mensch schon immer bei der Erziehung von Kindern und
Tieren beschäftigt hat. Gibt es ein Problem oder fehlt es am Gehorsam – pack es an – und bestrafe es härter. Es geht um die Anwendung von Gewalt. Aber nachdem die Worte Gewalt und Strafe
verpönt sind, werden sie geschickt hinter anderen Ausdrücken
versteckt, wie „mangelnde Führerschaft, der Hund hat keinen Respekt. Sie müssen in Ihren Anforderungen härter werden. Haben
Sie keine Angst davor, ihn anzupacken."

Mangelnde Führerschaft war noch nie die Ursache für eine
problematische Verhaltensweise!

Kapitel 10:
Bevor Sie mit dem Training beginnen

Es ist wichtig, die Faktoren, die das Verhalten eines Hundes steuern, zu kennen, wenn mit einem Hund trainiert werden soll, vor allem dann, wenn es sich um ein problematisches Verhalten handelt. Vielleicht ist der Hund gestresst und gehorcht deshalb schlecht. Es reicht unter Umständen aus herauszufinden, wodurch er gestresst wird, seine Stresserlebnisse zu verringern, mit dem Ergebnis, dass er nun besser gehorcht.

Charakteristisch für im Grunde alle Problemfälle ist, dass mehrere Faktoren die Ursache für eine Verhaltensstörung sind. Es sind immer mehrere Ursachen dafür verantwortlich, dass ein Hund problematisch wird. Daher wird eine umfangreiche Analyse benötigt, die so viele Faktoren wie möglich berücksichtigt. Es kann z. B. folgende Kombination vorliegen: Muskelschmerzen, Überschussenergie durch zu lange Ruhephasen, starker männlicher Typ, schlechtes Training, zu viele Strafen und zu wenig Belohnung.

Bevor Sie am Symptom, dem eigentlichen Problem zu üben beginnen, müssen Sie alle denkbaren Ursachen analysieren und beseitigen. Meistens reicht es aus, die zugrunde liegenden Ursachen zu bearbeiten, um das Problem von selbst verschwinden zu lassen. Wir werden nun all diese wichtigen Hintergrundinformationen darstellen und an erster Stelle in dieser Liste stehen Sie als Hundebesitzer. Was wird häufig im Umgang mit dem Hund falsch gemacht? Die Liste könnte natürlich bedeutend länger sein, aber die wichtigsten Sachverhalte sind enthalten.

Weit verbreitete Fehler

Zu laute Stimmführung
Der Hund hört etwa fünfmal so gut wie wir. Doch scheint er leider an einer periodisch sich wiederholenden Taubheit zu leiden. Diese Taubheit betrifft besonders Worte wie „Nein!", „Komm!", „Lass

das liegen!" und Ähnliches. Das Gehör leidet an diesem Fehler jedoch offenbar nicht, wenn wir sagen: „Sollen wir einen Spaziergang machen?", „Möchtest du dein Futter?" etc. Dass ein Hund nicht hört, bedeutet also nicht, dass er nicht hören kann. Es gibt auch keinen Grund dafür, mit Rufen und Schreien zu beginnen. Stattdessen sollten Sie ihm freundlich „die Regeln vorlesen", wenn er nicht gehorchen möchte.

Zu hohe Anforderungen

Leider glauben viele Menschen, dass ein Hund alles versteht, was man zu ihm sagt. Ein Hund muss das Verstehen jedoch immer erst lernen. Man darf nie auf einen Hund wütend werden, weil dieser etwas zu langsam auffasst oder trotzig (was er nie ist), unterwürfig und ängstlich wirkt. Man sollte stattdessen geduldig weiterüben. Der Hund versteht den menschlichen Humor nicht. Es gibt Menschen, die ihre Hunde necken und irritieren. Sie amüsieren sich darüber sehr, die Hunde jedoch absolut nicht.

Festlegen der Grenzen

Viele Hundehalter unterdrücken ihre Hunde mit fortwährenden Verboten. Daraus entwickeln sich hilflose, passive und unglückliche Hunde und das ist nicht mit dem Begriff einer guten Hundehaltung vereinbar. Der Hund muss wissen, wo die Grenzen verlaufen, was erlaubt und was verboten ist. Bestimmte Dinge sind einfach verboten, auch wenn der Hund sie gerne durchführen würde, z. B. Leute anbellen, zu einem anderen Hund hinrennen oder andere Tiere zu jagen.

Hunde sind schlau. Wenn sie wollen, werden sie uns überlisten, obwohl wir versucht haben, Grenzen zu setzen. Wiederholt ein Hund eine Verhaltensweise, die aus unserer Sicht nicht erwünscht ist, z. B. zu Leuten oder Hunden hinrennen, dann müssen wir das mit ihm viele Male üben und zwar unter Einsatz von Figuranten, das sind Personen oder Hunde, die darauf vorbereitet worden sind, sich als „Sparring Partner" zur Verfügung zu stellen.

Unmögliche Anforderungen

Manchmal stellen wir an unsere Hunde unmögliche Anforderungen. Anforderungen, die einfach gegen seine Natur gehen. Setzen

wir diese Anforderungen dennoch mit Hilfe von Härte durch, kann der Hund in einen Konflikt geraten. Ein Beispiel hierfür ist die Anforderung, absolut still zu sein, wenn es an der Türe klingelt. Der Hund muss sein Rudel alarmieren können. Gerade dies war ja einer der Gründe, die unsere Vorfahren veranlassten, Hunde zu halten. Dies ist also eine der grundlegenden Verhaltensweisen des Hundes. Der Hund soll die Erlaubnis haben zu bellen, aber er soll aufhören oder sich dämpfen, wenn man dies verlangt. Aber vollständige Stummheit dürfen wir nicht von ihm fordern.

232

Liebe und Freude
sind die besten
Belohnungen!

Kein Respektieren der Unterwerfung

Leider findet man immer wieder Menschen, die glauben, dass ein Hund sich schämt, wenn er sich zusammenkrümmt, nachdem man ihn dabei ertappt hat, wie er etwas Verbotenes machte. Und sofort kommt diese Art des menschlichen Denkens zu dem Schluss, dass der Hund weiß „was er getan hat" und dass man ihn deshalb auch gut dafür bestrafen kann. Aber so ist es nicht. Niemand kann wissen, was sich im Kopf eines Hundes abspielt. Wir erfassen nur das äußere Verhalten und dieses zeigt uns, dass der

Hund Unterwerfung signalisiert. Und Unterwerfung muss immer respektiert werden. Ein Hund, der diese Körpersignale zeigt, darf nie bestraft werden.

Steigerung der Erregung des Hundes
Wenn wir uns wegen des Hundes aufregen, unterstützen wir ihn häufig dabei, sein unerwünschtes Verhalten fortzusetzen, z. B. wenn er an der Tür bellt oder wenn er einem fremden Hund begegnet. Wir beschimpfen den Hund, rucken an der Leine, schreien und schlagen ihn – all dies wirkt aufhetzend und verschlimmernd. Auch bei kämpfenden Hunden gilt genau das gleiche. Man darf absolut nie auf Hunde schlagen, die miteinander streiten. Sie werden dadurch nur stärker aufeinander gehetzt. Es ist nicht möglich, ein gestresstes Individuum durch noch mehr Stress zu beruhigen.

Schnelle Reaktionen sind erforderlich
Für Hunde sind wir eigentlich immer zu langsam. Dies gilt auch beim Loben.
Ein „Nein" muss in dem Moment kommen, in dem der Hund mit der unerlaubten Handlung beginnt. Kurze Zeit später kann nur erreicht werden, dass der Hund zufällig seine Handlung unterbricht.
Auch beim Loben gilt es schnell zu sein. Es muss kommen, sobald der Hund mit dem Gehorchen beginnt. Es kann nur heißen „Das ist gut", nie „Das war gut".

Die Sprache des Hundes
Allzu wenige Hundebesitzer können die Körpersignale ihrer Hunde „lesen". Der Hund benutzt diese aber gerade am häufigsten, um mit uns zu reden. Für den Hund ist es so, als würde er in einer fremden Welt wohnen, die er sich weder vorstellen noch verstehen kann. Alles was man ihm zu sagen versucht, kann er nicht hören und missversteht es auch vollkommen. Wir müssen also die Hundesprache lernen, wollen wir uns ihm gegenüber verständlich machen, nicht nur mit Hilfe von Büchern, sondern auch indem wir unsere und andere Hunde studieren. Wir sollten daran denken, dass Hunde unsere Körpersignale lesen, und wir sollten deshalb wissen, was wir mit unserem Körper ausdrücken. Es ist z. B.

nicht empfehlenswert, einen ängstlichen Hund anzulächeln und ihn anzustarren, er wird dadurch gegenüber Personen nur noch unsicherer.

Die Hundeleine

Der Hund ist ein freiheitsliebendes Tier. Die Leine ist eine unnatürliche Notwendigkeit. Wir sollten so oft wie möglich ohne Leine trainieren, damit der Hund so oft wie möglich frei laufen kann.

Ist eine Leine notwendig, sollte sie möglichst lang sein. Sie sollten es vermeiden, die ohnehin bereits eingeschränkte Freiheit des Hundes durch eine zu kurze Leine noch mehr als unbedingt notwendig einzuschränken.

Gemeinschaft und Gesellschaft

Der Hund ist ein Rudeltier und bedarf in hohem Maße der Gemeinschaft und der Gesellschaft. Sie sollten es verhindern, dass der Hund mit der Familie zu wenig zusammen ist, indem Sie ihn im Zwinger oder angekettet lassen. Dadurch handelt man gegen seine Natur. Das geht nur für kurze Zeit. Wenn die Zeiträume zu lange werden, kann dies dem Hund schaden. Das gleiche gilt, wenn der Hund alleine zu Hause bleiben soll. Vier bis sechs Stunden am Tag können die meisten erwachsenen Hunde noch ertragen, aber nicht sehr viel länger. Wenn sie zu viele Stunden einsam sind, leben sie ein unnatürliches Leben. Eine Tagespflege kann eine gute Lösung sein. Je nach dem kann man den Hund auch mit zur Arbeit nehmen.

Inkonsequenz

Es ist möglich, dass es vielleicht ein bisschen ermüdend wirkt, wenn ich immer wiederhole, dass man im Umgang mit dem Hund konsequent sein soll. Aber leider ist es notwendig. Das Erlaubte muss immer erlaubt sein, das Verbotene immer verboten. Nur dann kann der Hund wissen, nach was er sich zu richten hat.

Einfühlung

Wir sollten dann und wann versuchen, uns selbst in die Lage eines Hundes zu versetzen, für einen Augenblick Hund sein, und uns selbst mit den Augen eines Hundes sehen. Dadurch erwerben wir ein großes Verständnis dafür, was ein Hund tun würde – und was wir selbst tun.

Krankheiten

Wie bereits gesagt, ist es gar nicht so selten, dass das Verhaltensproblem eines Hundes das Resultat eines körperlichen Leidens, einer Krankheit oder einer anderen Schädigung ist. Es kann eine kleine Irritation sein oder das Gefühl eines Schmerzes, das sich jedoch nicht darin äußert, dass der Hund lahmt, fiept oder aussieht, als hätte er Schmerzen. Normalerweise lassen sich Hinweise auf Schmerzen nicht erkennen, vor allem nicht bei Hunden mit chronischen Schmerzzuständen. Sie spielen und sind „ganz normal", aber sie sind leichter erregbar und zeigen Imitationen in ihren Stimmungen

Bei der Ursachenanalyse eines großen oder kleinen Problems muss auch immer dieser Punkt bedacht werden. Gibt es den Verdacht auf Schmerzen, sollte nicht sofort der Tierarzt aufgesucht werden. Der Verdacht ist noch zu gering, als dass es möglich wäre, in der kurzen Zeit, die beim Tierarzt zur Untersuchung zur Verfügung steht, eine Diagnose zu erstellen. Halten Sie ihren Hund unter Aufsicht und notieren Sie alle kleinen und großen Unregelmäßigkeiten. Haben Sie einige Symptome erfasst, können Sie auch den Tierarzt aufsuchen. Kontrollieren Sie vor allem folgende Punkte:

Allgemeinzustand des Hundes
Kontrollieren Sie, ob ihr Hund genauso lebhaft und freundlich wie sonst ist, glänzt das Fell und sind die Mundschleimhäute rosa gefärbt?

Mund und Zähne
Ein Stück Holz kann sich im Gaumen oder zwischen zwei Zähnen verklemmt haben und stark irritieren. Auch Löcher im Zahn oder abgebrochene Zähne können Schmerzen verursachen.

Halsmandeln

Tonsillitis, das heißt Entzündung der Mandeln, kann zu einer Appetitverminderung führen, die auch von Tag zu Tag variieren kann.

Ohren

Kratzt sich der Hund an den Ohren, hält er den Kopf schief und hängt das eine Ohr tiefer als das andere, kann dies ein Symptom für eine Erkrankung des Ohres sein.

Pfoten

Der Hund trägt ja keine Schuhe und deshalb sind seine Pfoten verletzungs- und abnutzungsgefährdet. Glassplitter, Stacheldraht, Viehsalz, Öl und chemische Giftstoffe können die Pfoten schädigen. Die Krallen dürfen nicht zu lang sein, aber sie dürfen auch nicht so kurz geschnitten werden, dass sie zu bluten beginnen. Der Hund könnte Angst vor der Pfotenpflege bekommen, außerdem können Infektionen verursacht werden.

Harnwege

Blasenkatarrh und andere Harnwegsprobleme sind laut meiner Statistik weiter verbreitet, als allgemein angenommen wird. Besonders betroffen sind Welpen, die im Winter aufwachsen und viel in der Kälte sitzen. Anhand einer Urinprobe kann ein Tierarzt Erkrankungen der Harnwege feststellen.

Analdrüsen

Entzündete Analdrüsen, die sehr schmerzhaft sind, veranlassen den Hund „Schlitten zu fahren" und sich rund um den Schwanz zu lecken. Manchmal entsteht der Eindruck, als würde die gesamte hintere Partie des Hundes jucken. Nach einiger Zeit verfärbt sich das Fell rund um die Analöffnung herum rötlich. Normalerweise entleeren sich die Analdrüsen von selbst.

Bewegungsabläufe

Leider wird man gegenüber seinem eigenen Hund schnell und leicht betriebsblind. Aus der eigenen Sicht heraus ist das gezeigte Bewegungsmuster normal. Es fällt schwer, Bewegungsstörungen festzustellen. Aber nachdem Muskel- und Skelettprobleme häufig zu Verhaltensstörungen beitragen, ist es wichtig, die Bewegungen des Hundes zu untersuchen. Das beste ist, der Hund bewegt sich langsam und jede kleine Unstimmigkeit beim Schritt wird beobachtet.

Haut und Fell
Fehlernährung und Verdauungsstörungen sind verbreitete Ursachen für Juckreiz, Haarausfall und Ekzeme, die wiederum das Verhalten beeinflussen.

Stuhlgang
Täglich ist der Stuhlgang des Hundes zu kontrollieren. Der Stuhlgang sollte regelmäßig kommen und die richtige Konsistenz haben. Auch Darmparasiten können das Verhalten des Hundes beeinflussen. Nehmen Sie ggf. eine Kotprobe und lassen Sie diese auf Parasitenbefall untersuchen. Führen Sie bei Befall eine Wurmkur mit einem für die Art der Parasiten entsprechenden, wirksamen Präparat durch.

Bei älteren Rüden sollten Sie darauf achten, ob der Kot schmaler als normal ist und ob Schwierigkeiten beim Absetzen bestehen, dies könnte auf eine Entzündung der Prostata hinweisen. In einem solchen Fall sollte der Tierarzt aufgesucht werden.

Fütterung

Störungen im Magen- und Darmtrakt können ebenfalls Ursache von Problemen sein, die einem Trainingserfolg entgegenstehen. Falsch zusammengesetzte Kost kann Verdauungsstörungen, Hauterkrankungen (Ekzeme), allergische Reaktionen, Irritationen der Analdrüsen und eine Vielzahl weiterer Störungen hervorrufen.

Die Wichtigkeit einer korrekten Fütterung kann nicht oft genug betont werden. Leider sind jedoch falsch zusammengesetzte Rationen weit verbreitet. Bei den Futtermitteln wird dem Muskelfleisch eine viel zu große Bedeutung zugemessen. Unter natürlichen Bedingungen sind bei Wildhunden, ebenso wie bei anderen Raubtieren, zuerst die inneren Organe und der Magen- und Darminhalt der Beutetiere (halbverdaute, vegetarische Kost) besonders wichtig.

Der Zusammenhang zwischen der Fütterung und medizinischen Symptomen wurde über einen längeren Zeitraum von Ann-Marie Hammarlund untersucht. Bei einer überzeugenden Anzahl von Fällen gelang es ihr durch speziell angepasste Diäten, den Zustand von Hunden, die an den verschiedensten Krankheiten litten, zu verbessern. Vorher galten diese Krankheiten als schwer behandelbar. Die ebenfalls gezeigten Verhaltensstörungen verschwanden oder es wurde möglich, sie zu therapieren.

Es besteht nicht der geringste Zweifel daran, dass die Fütterung im medizinischen Bereich, bei Leistungsanforderungen und bei Problemen eine große Rolle spielt.

Bei einem Hund mit Verhaltensstörungen sollte man sich auch eine Übersicht über die Nahrungsbilanz machen.

Ist Ihr Hund gestresst?

Selbst wenn man mit seinem Hund keine besonderen Probleme hat, ist es trotzdem wichtig, Aktivitäten, die ihn stressen, zu vermeiden. Der Hund sollte mit etwas beschäftigt werden, was für ihn natürlich und artgerecht ist.

Den Stress kann man in zwei Gruppen aufteilen: Überstimulierung und Unterstimulierung. Beide Typen führen zum gleichen Resultat, nämlich zu übertriebenen Reaktionen, einem heftigen Temperament und zu einem Hund, der leicht blockiert wird und – natürlich – Verhaltensprobleme entwickelt.

Überstimulierung
Um herauszufinden, ob Ihr Hund überstimuliert ist, notieren Sie, wie oft er Jagdspiele spielt, d. h., wie oft rennt er hinter Stöcken oder Bällen her oder spielt mit anderen Hunden. Dazu zählen auch Kampfspiele, unabhängig davon, ob sie mit Menschen oder anderen Hunden durchgeführt werden.

Zeigt es sich, dass er im Grunde jeden Tag jagt und kämpft und Sie ein Problem mit diesem Hund haben, dann kann dies zuviel sein. Möglicherweise verträgt der Hund allerhöchstens jeden zweiten Tag diese Spielformen.

Unterstimulierung

Der Hund braucht Gesellschaft und Gemeinsamkeit. Ist Ihr Hund regelmäßig 7 bis 8 Stunden allein, dann besteht ein sehr großes Risiko, dass die Einsamkeit zu lange dauert und dadurch ein Problemverhalten verursacht wird. Suchen Sie eine Tagespflegestelle oder lösen Sie das Problem anders.

Ebenso besteht ein Bedürfnis nach Gemeinschaft. Er benötigt den Kontakt zu den Familienmitgliedern. Jeder Versuch, ihn auszusperren oder ihn zu isolieren, ist unnatürlich.

Der Hundezwinger oder die Laufleine sind Beispiele für Isolation, die den Hund davon abhält, mit der Familie zusammen zu sein. Kurzfristige Aufenthalte schaden nicht, aber mehrere Stunden in einer „Isolierungszelle" zu verbringen, sind falsch. Haben Sie solche Verhältnisse, dann sollten Sie eine Änderung versuchen.

Diese Forderung gilt auch im Haus. Der Hund sollte nicht in einen bestimmten Raum des Hauses verwiesen werden. Er muss dabei sein. Ist er aufdringlich und lästig, sollte er nicht angebunden oder eingesperrt werden. Dies nutzt überhaupt nichts. Nein, er sollte stattdessen richtig erzogen werden.

Der Hund ist ein aktives Tier. Aber er ist auch ein Rudeltier. Eines der ungeschriebenen Gesetze besagt, dass die Erwachsenen ihre Energie zusammen mit den anderen einsetzen. Die Verhaltenssynchronisation ist für das Rudel ein wichtiger Begriff. Dies bedeutet, dass alles gemeinsam durchgeführt wird. Gleichzeitig schlafen und gleichzeitig aktiv sein.

Dieses Phänomen führt dazu, dass unsere erwachsenen Hunde passiv bleiben und kaum etwas unternehmen, wenn wir nichts tun. Im Haus lernt der Hund bald, dass wir zwar herumlaufen, aber ohne dass dabei etwas Interessantes geschieht. Es kann vorkommen, dass sich ein erwachsener Hund nicht mehr als eine halbe Stunde im Haus bewegt. So verhält er sich auch im Garten. Ist er dort allein, ruht er meistens, egal wie groß das Grundstück ist. Er wartet auf seinen zweibeinigen Kameraden und darauf, dass dieser nun eine Aktivität initiiert

Probieren Sie einmal zusammenzurechnen. Wie lange geht Ihr Hund täglich spazieren? Wie lange bewegt er sich im Garten? Wie lange ist Ihr Hund im Haus aktiv? Addieren Sie diese Zeiten und führen Sie dies einige Tage durch. Ist Ihr Hund 20 Stunden oder länger am Tag in Ruhe, ist er unterstimuliert. Dann sollten Sie mit einem Aktivierungsprogramm beginnen, vor allem mit mentaler Aktivierung.

Stark ausgeprägte männliche Veranlagung
Wie bereits erwähnt, kann bei Rüden eine Überproduktion männlicher Geschlechtshormone vorkommen oder auch ein erhöhte Sensibilität ihnen gegenüber bestehen. Die Folge kann eine Verschlimmerung einer problematischen Verhaltensweise sein. Um festzustellen, ob ein Hund übermaskulin ist, gibt es verschiedene Verhaltensweisen, die ein Hinweis geben können. Der Appetit dieser Hunde ist meistens schlecht. Spaniels und Retrievers bilden hierbei meistens eine Ausnahme. Übertriebenes Interesse an Gerüchen sowie übertriebenes Interesse an Hündinnen sind weitere Indikatoren. Dies dann noch kombiniert mit einer Aggressivität gegenüber anderen Rüden, kann Anlass genug sein, vor Beginn eines Trainings erst einmal die Männlichkeit des Hundes zu beeinflussen (s. Seite 45).

Regelmäßigkeit und Routine

Der Hund ist ein Gewohnheitstier. Der unruhige oder ängstliche Hund ist ein Sklave seiner Gewohnheiten. Etwas Unvorhergesehenes, etwas Überraschendes, das von der täglichen Routine abweicht, erlebt der unharmonische Hund als eine Belastung. Er hat das Bedürfnis nach einer festen Routine, so wie die Passagiere in einem schlingernden Bus das Bedürfnis nach einer Stange haben, um sich festzuhalten. Versuchen Sie daher, feste Fütterungszeiten, Spaziergangszeiten, Ruhe- und Spielzeiten einzuhalten. Vermeiden Sie große Variationen. Diese routinemäßigen Abläufe beruhigen den Hund und machen ihn gegenüber dem Training empfänglicher.

Gehorsamstraining

Einer der Schlüssel, um ein gutes Trainingsresultat zu erzielen, liegt im Gehorsamstraining. Es beinhaltet sowohl die Aktivierung als auch die Zusammenarbeit. Hierdurch gewöhnt sich der Hund daran, dass Forderungen an ihn gestellt werden, und er lernt Lob und Anerkennung zu schätzen. Der Respekt und das Vertrauen werden ebenfalls gefördert. Er lernt auch, einer Form der Kommunikation zu gehorchen, die sein Leben bereichert. Auch ein ängstlicher Hund sollte im Gehorsam trainiert werden, dadurch wird er sicherer.

Mit einigen einfachen, eingeübten Gehorsamsübungen kann man die Aufmerksamkeit des Hundes von dem ablenken, was ihn erschreckt. Problemhunde ertragen es schlecht, im Training unter Druck gesetzt zu werden. Es ist deshalb sehr wichtig, dass man ruhig und methodisch arbeitet mit viel Belohnung und ohne Strafe. Hat man keine Erfahrungen, sollte man an Trainingskursen teilnehmen, die z. B. bei entsprechenden Vereinen in den meisten Städten abgehalten werden. Versuchen Sie in eine Gruppe zu kommen, die nicht zu viele Teilnehmer hat und deren Unterweisungen nicht aus langen Trainingspassagen bestehen.

Medizinische Behandlung

Wenn man glaubt, dass eine medizinische Behandlung bei der Arbeit mit dem Hund hilft, sollte man bei seinem Tierarzt um Rat fragen. Medikamente sind vielleicht dann hilfreich, wenn der Hund erst ein therapierbares Niveau erreichen muss. Man darf jedoch nicht erwarten, eine Pille zu finden, mit der alle Probleme des Hundes gelöst werden können. Einige Medikamente können zu Beginn einer Behandlungsperiode eingesetzt werden, um das Training zu unterstützen.

Medikamente mit beruhigender Wirkung
Es gibt eine große Vielfalt nervenberuhigender Präparate, die auf unterschiedliche Art wirken. Man sucht nach einem Mittel, durch das starke Gefühlserlebnisse, z. B. Angst, gedämpft werden kön-

nen, ohne dass der Hund dadurch einschläft oder es ihm davon schlecht wird.

Es ist leider schwierig, ein nervenberuhigendes Mittel zu finden, das einen positiven Effekt bei nervösen Hunden hat. Einige dieser nervenberuhigenden Mittel haben einen „Bumerangeffekt", d. h., der Hund benimmt sich merkwürdig, er wendet sich ab oder wird noch stärker gestresst. Aber es gibt auch einige Medikamente, die an Hunden erprobt worden sind und die eine gute und beabsichtigte Wirkung haben.

Die ungefährlichen Baldrianpräparate sollten bevorzugt werden. Sie sind rezeptfrei. Aber verwenden Sie diese Mittel nur, wenn der Hund ängstlich ist. Werden einem aggressiven oder überaktiven Hund beruhigende Mittel verabreicht, verschlimmert sich der Zustand.

Hormonpräparate

Das männliche Geschlechtshormon, das Testosteron, hat eine aggressionsfördernde Wirkung auf das Individuum. Dieses Hormon wird vom weibliche Geschlechtshormon neutralisiert und in Schach gehalten. Aber wenn die Produktion des männlichen Geschlechtshormons zu groß oder die Sensibilität ihnen gegenüber zu stark ist, kann das weibliche Hormon diese Balance nicht halten. Der Hund hat einen stärkeren Geschlechtstrieb und neigt zu einem aggressiveren Verhalten.

Die Überproduktion männlicher Geschlechtshormone kann zu bestimmten Ursachen von Problemverhalten beitragen, vor allem dann, wenn es sich um Aggressivität gegenüber anderen Hunden handelt. In diesen Fällen kann man dem Rüden weibliche Geschlechtshormone verabreichen und dadurch die Auswirkungen des männlichen Hormons regulieren. Knoblauch enthält z. B. Östrogen, warum sollte man nicht zuerst einmal eine einfache Lösung ausprobieren? Die Berichte einiger Hundebesitzer zeigen, dass es wirkt.

Sollte Knoblauch nicht helfen, sollte der Tierarzt aufgesucht werden, um dann zuerst ein weiteres einfaches Mittel einzusetzen, nämlich P-Pillen (enthalten Progesteron). Beginnen Sie dieses Mittel zuerst in Tablettenform zu verabreichen, damit Sie es sofort absetzen können, wenn der Hund negativ darauf reagiert. Wirkt es, kann der Tierarzt auch eine Langzeitform injizieren. Lassen Sie sich von ihrem Tierarzt beraten.

Diese Medikamente sind keine Wundermittel. Mit Medikamenten ist es vielleicht möglich, die Voraussetzungen für ein Training zu verändern, indem eine der Grundursachen für das Problemverhalten beeinflusst wird. Ich rate davon ab, Rüden zu kastrieren, um ihre Übermaskulinität zu dämpfen. Es müssen z. B. moralische und ethische Gründe vorliegen, um zu diesem absolut letzten Ausweg zu greifen, wenn nichts hilft, der Hund selbst unter seiner Übersexualität leidet und dass seine problematischen Verhaltensweisen das Zusammenleben mit ihm unmöglich machen.

Die Anwendung von Schilddrüsenhormonpräparaten sollte nur nach Rücksprache mit dem Tierarzt und nach einer Blutanalyse erfolgen. Lassen Sie sich vom Tierarzt beraten!

Der Figurant

In vielen Trainingssituationen benötigt man die Hilfe von Personen, die als Trainingsobjekte dienen. Besonders dann, wenn man mit einem aggressiven oder ängstlichen Hund arbeitet. Der Figurant muss mit größter Sorgfalt ausgesucht und gut instruiert werden. Er sollte folgende Anforderungen erfüllen:

1. Er sollte ohne Angst und ruhig sein.
2. Er sollte sich passiv verhalten. Er ist ein Trainingsobjekt und sollte sich danach richten, was der Hundetrainer sagt. Er sollte also nicht selbst auf den Hund einwirken, sondern allerhöchstens ruhig mit ihm reden.
3. Er darf dem Hund nicht in die Augen sehen, direkt auf ihn zugehen oder versuchen, ihn zu klopfen.
4. Er sollte auf unterschiedliche Art auftreten können und in der Lage sein, Nuancen im Verhalten des Hundes festzustellen und sich danach zu richten.

Wenn der Figurant ein Übungsobjekt für einen ängstlichen Hund ist, muss die Person im höchstmöglichen Grade dem Hund helfen, über seine Angst hinwegzukommen. Sich in die Hocke setzen, das

Gesicht abwenden, einen Leckerbissen zum Hunde hinstrecken kann die Sache fördern. Auf diese Art wirkt man kleiner und das Gesicht mit all den erschreckenden Signalen ist versteckt. Der Figurant darf den Hund noch nicht streicheln. Das geschieht erst später. Der Hund soll sich an den Geruch gewöhnen und feststellen, dass der Fremde sich nicht aufdrängt. Den Rücken ganz dem Hund zuzuwenden kann auch empfohlen werden, ein ängstlicher Hund traut sich von hinten manchmal näher an eine Person heran und ein aggressiver Hund wird eine still stehende Person von hinten selten angreifen.

Das Selbstvertrauen

Besonders bei einem ängstlichen Hund ist das Selbstvertrauen so gering, dass es schwierig sein kann, mit ihm zu trainieren. Man muss versuchen, das Selbstvertrauen zu stärken und ihm seine Überlegenheit in verschiedenen Situationen zeigen. Er soll – in vernünftigen Grenzen – ein Gefühl dafür bekommen, dass sein Aktivitäten zu einer Belohnung führen können und dass er sehr tüchtig ist. Selbstsicherheit entwickelt sich besonders beim Spiel. Lassen Sie ihn beim Tauziehen gewinnen und unterstützen Sie ihn in allen Situationen. Das Spiel mit anderen (freundlichen) Hunden wirkt aufbauend und sollte so oft als möglich benützt werden, ohne die Hunde zu stressen.

Es hat sich gezeigt, dass sich mentale Aktivierung sehr positiv auf das Selbstvertrauen des Hundes auswirkt, ebenso wie Agility, einem Sport, bei dem der Hund eine Hindernisbahn bewältigt.

Freundlichkeit, Regelmäßigkeit, Routine und Konsequenz sind sehr wichtige Faktoren. Strafen und Zurechtweisungen sollten auf ein Minimum reduziert werden. Der Hund sollte nicht durch ständiges Nörgeln „abgenutzt" werden. Bestimmte Futter- und Ruhezeiten sind wichtig. Überhaupt sollte der Hund möglichst oft voraussagen können, was wann geschieht.

Wie bereits erwähnt, entwickelt sich Aggressivität meistens aus der Angst im Welpenalter. Ein ängstlicher Hund, der Selbstvertrauen entwickeln konnte, wird in der Regel aggressiv. Deshalb sollte das Selbstvertrauen nicht in einem zu frühen Stadium des Trainings aufgebaut werden, wenn die Angst vor Menschen oder Tieren abgebaut werden soll.

Die Führerschaft

Der Begriff Führerschaft ist inzwischen im Grunde unbrauchbar, weil er so oft mit der unterschiedlichsten Bedeutung angewandt wird. Einmal in der Bedeutung einer aggressiven Erziehung des Hundes, ein anderes Mal bedeutet es eine Erziehung, die sich mehr am Verhalten der Elterntiere orientiert. Ich würde es gerne ganz vermeiden, einen derart abgenutzten Begriff zu verwenden, aber die Alternativen sind auch nicht besser. Darum möcht ich zuerst erklären und definieren, was ich unter Führerschaft verstehe und wie ich sie anwende.

Ich verstehe unter dem Begriff Führerschaft eine nicht autoritäre Autorität. Ich sehe dabei den Führer als ein freundliches und angenehmes Individuum, das viele Initiativen einleitet – ohne die Initiativen anderer zu unterdrücken. Einer, zu dem andere aufschauen, wie zu einer Vater-Mutter-Figur, ruhig, sicher, beschützend und freundlich. Auf Seite habe ich die natürlichen Führer, d. h. die Eltern beschrieben. Wir sollten ihnen nacheifern.

In unseren komplizierten Verhältnissen können wir leider nicht immer unsere Hunde natürlich erziehen. Unsere Welt ist voller anderer Menschen, andere Hunde, Verkehr, Wild, Haustiere und vielem, was auch berücksichtigt werden muss. Wir müssen an unsere zivilisierten Hunde wesentlich höhere Anforderungen stellen im Vergleich zu einem Wildhund.

Unsere Hunde müssen Personen in allen Größen und Erscheinungsformen respektieren. Sie dürfen nicht mit anderen Hunden kämpfen oder sich mit ihnen paaren. Im Verkehr sollten sie sich einwandfrei verhalten, auch wenn auf der anderen Gehwegseite eine starke Verlockung ist. Und sie sollen gegen ihre eigene Natur handeln, sie dürfen kein Wild jagen, sollen viele Stunden alleine sein, ohne unruhig zu werden und dürfen ihr Futter nicht bewachen.

All dies stellt enorme Anforderungen an uns als Hundehalter. Wir müssen in so vielen Punkten gegen die Natur unserer Hunde

Der Hund sollte zu seinem Führer aufschauen und ihm vertrauen, dann wird er auch Freude an der Zusammenarbeit haben.

vorgehen. Wir dürfen nicht glauben, dass der Hund all diese Anforderungen erfüllen wird, wenn wir nur unsere Stimme einsetzen, Härte zeigen und streng sind. Wir müssen mit unseren Hunden in positiver Form üben, dass sie verstehen lernen, was wir wollen und dass sie ein Verbot akzeptieren lernen.

Wenn wir schreien und schimpfen, sieht der Hund in uns eine aggressive Persönlichkeit und dies ist nicht mit einer Eltern- oder Führerrolle vereinbar. Der Hund wird unsicher und nervös, dadurch wird ein Problem eher verschlimmert als verbessert.

Ein Führer ist angenehm, freundlich und konsequent. Er initiiert viele Aktivitäten und angenehme Ereignisse. Man kann sich an ihn anschmiegen, er streichelt und spricht freundlich, er zeigt und weist den Weg.

Beim Problemtraining gilt es, seine Führerschaft kritisch zu hinterfragen. Ist man sicher und freundlich oder fordernd und strafend? Was überwiegt: Forderungen, Korrekturen und Strafen oder Aufmunterung und Belohnung? Liegt die Betonung auf dem erstgenannten, dann sollten Sie ihre Einstellung ändern, und versuchen, ein sicherer, ruhiger Führer zu werden. Aber ist man das schon und der Hund horcht und gehorcht nicht, dann können einige einfache Führerschaftsübungen durchgeführt werden.

Warum sollen Führerschaftsübungen durchgeführt werden?

Wir müssen ab und zu mit unseren Hunden ein bisschen arbeiten, um den Kontakt zu ihnen zu verbessern, mit dem Ziel, dass sie auf uns hören. Nach meiner Meinung finden sich Hunde gut damit ab, wenn vernünftige und klare Anforderungen an sie gestellt werden. Damit meine ich jedoch nicht ausgesprochen harte und hohe Anforderungen, die autoritär durchgesetzt werden. Ich meine damit ein glückliches und positives Zusammensein, das Aufmunterungen, Anforderungen und Verbote beinhaltet.

Dies führt dazu, dass der Hund besser auf uns horcht und Herrchen und Frauchen besser respektiert. Wir bekommen ein besseres Führerimage und werden in unserer Führerrolle deutlicher.

Die Aufgaben des Menschen

In unserer Welt gibt es viele Situationen, in denen wir, und nicht unsere Hunde, entscheiden müssen, was zu tun ist. Der Hund würde in diesen Situationen in einer ganz bestimmten, vorprogrammierten Weise reagieren, z. B. es springt in seiner Nähe gerade ein Beutetier hoch. Es spielt überhaupt keine Rolle, ob dies nun ein richtiges Tier oder ein Jogger ist, die ererbten Anlagen veranlassen den Hund, die Jagd sofort aufzunehmen. Unsere Regeln des Zusammenlebens besagen jedoch, dass nur gejagt werden darf, wenn es erlaubt ist, und dass Jogger absolut nie gejagt werden dürfen.

In solchen Situationen müssen wir unseren Willen durchsetzen können. Sonst sind wir gezwungen, andere Maßnahmen zu ergreifen, z. B. den Hund ständig an der Leine zu halten – sicherlich keine besonders verlockende Alternative.

Der gleiche Sachverhalt gilt bei vielen sozialen Situationen, beispielsweise Begegnungen mit Personen und Hunden. Wir müssen entscheiden, ob eine Begrüßung möglich ist oder nicht. Der Hund darf dies nicht selbst entscheiden.

Darum müssen wir in Situationen, die eine Wahlmöglichkeit zulassen und Entscheidungen der o. g. Art erfordern, üben. Der Hund muss wissen, dass wir die Entscheidungen treffen. Ob das nun Führerschaft oder Respekt oder Bestimmung genannt wird, ist nur von geringer Bedeutung. Ich habe das Wort Führerschaft gewählt, um die entscheidende Rolle, die wir haben müssen und unsere Elternrolle, d. h. freundliche, sichere Persönlichkeiten, die Unterstützung und Liebe geben, darzustellen.

Wenn der Hund nicht darauf hört?
Manchmal scheint es so, als würden die Hunde an einer selektiven Taubheit leiden, das heißt, sie hören nur das, was sie hören wollen. Hierfür gibt es eine besondere Erklärung. Einige Dinge wie „Nein!", „Lass das sein!" oder „Hier!" hört der Hund ganz einfach nicht. Gleichzeitig verfügt der Hund aber über ein außergewöhnlich gutes Gehör, wenn sich die Kühlschranktür öffnet, Leckerbissen in der Tüte rascheln oder auch bei Worten wie „Sollen wir einen Spaziergang machen?" oder „Du bekommst dein Futter!".

Dies ist unsere Schuld. Wir sind es, die dem Hund beigebracht haben, nur auf bestimmte, angenehme Dinge zu hören. Der größte Schurke in diesem Drama ist die Hundeleine. Wir „sprechen" häufig mit unseren Hunden, indem wir mit der Hundeleine hantieren.

Dieses Phänomen bewirkt, dass der Hund die Information zuerst von ihr erhält und dass in vielen Situationen nicht zuerst das Wort den Hund erreicht. Nein, es ist dieses quälende Gefühl am Hals, wenn wir an der Leine zerren. Der Hund steht vielleicht am Fuß eines Baumes und schnuppert an einem interessanten Duft. Wir sind ungeduldig und zerren an der Leine, um den Hund von der Stelle wegzuziehen. Erst dann kommt der Befehl: „Komm mit!"

Wir könnten genauso gut unseren Mund halten. Die erste Information, die der Hund erhielt, war der Ruck am Halsband. Die nachkommenden Worte bedeuten nichts. Wir haben unserem Hund beigebracht, nicht darauf zu hören. Außerdem ist der Ruck an der Leine ein stärkerer Reiz, den der Hund nicht übergehen kann. Die Stimme ist nur ein ganz schwacher Reiz, der einfach zu übergehen ist.

Eine „Führerschaftsaufgabe" wäre z. B., dass wir beim Training mit dem Hund keine Leine verwenden, sondern ihm beibringen, auf unsere Stimme zu hören. Wir sollten an unseren Hund die klare Anforderung stellen, dass er dem zu gehorchen hat, was wir sagen, auch wenn es eine Aufforderung ist. „Nein!" bedeutet „Nein!" und „Komm!" bedeutet „Komm!" – in allen Situationen.

Die freundliche Führerschaft

Die einzige Art, die Führerschaft zu trainieren, ist gleichzeitig auch die natürlichste. Wir nutzen zwei Dinge aus, gegen die der Hund sehr empfindlich ist, nämlich den Griff in die Haut des Halses und den nahen Kontakt, dem gegenüber der Hund sehr empfindlich ist. Meistens beißen auch Hunde in diese Stelle des Halses und sie reagieren auf Nähe empfindlich.

Knien Sie sich vor den Hund. Nehmen Sie das Halsfell auf jeder Seite des Halses. Ziehen Sie den Hund zu sich, Nase an Nase. Star-

Ein gegen den Hund
gerichteter Wasserstrahl
hat eine sofortige,
hemmende Wirkung,
ohne dass der Hund
erschrickt.

ren Sie ihm freundlich in die Augen und sprechen sie. Nicht wütend oder aufgeregt, sondern ruhig und gefasst. Stellen Sie sich
vor, der Hund hat etwas getan, was er nicht tun sollte. Sie haben
„Nein!" gesagt, aber durch seine plötzliche Taubheit war es ihm
leider unmöglich, ihren Befehl zu verstehen. Nehmen Sie Ihren
Hund an der Halsseite, Nase gegen Nase gerichtet und beginnen
Sie damit, ihm „die Regeln vorzulesen". § 1 „Mein lieber Freund.
Was ist denn das?", § 2 „Hast du irgendwelche Probleme mit dem
Gehör, Kamerad?" usw. Je ungehorsamer der Hund war, desto
mehr Paragraphen. Je länger Sie den Hund zur Nähe zwingen,
desto stärker wirkt es auf den Hund.

Ein Problem kann auftreten, wenn der Hund den Augenkontakt
als so unangenehm empfindet, dass er woanders hinschaut, ja,
dass er sogar die Augen schließt. Hier muss man sich bemühen,
wirklich in Augenkontakt mit dem Hund zu kommen, weil dies
das effektivste Detail beim „Regelnlesen" ist.

Der verbotene Leckerbissen
„Nein" ist ein Wort, dessen Bedeutung erlernt werden muss. Kein
Hund weiß von selbst, was damit gemeint ist, aber vielleicht lernt
er es bald, weil Herrchen oder Frauchen wütend sind, wenn sie es
aussprechen. Er verknüpft nach einigen Wiederholungen das
Wort „Nein" mit dem ärgerlichen Auftreten. Aber diese Art des
Lernens ist nicht gut. Erstens wird er nie richtig die Bedeutung
des Wortes erlernen. Zum zweiten wird der Hund durch das

Schimpfen blockiert und damit unempfänglich für weitere Informationen. Drittens wollen wir mit unseren Hunden so nicht umgehen, wir wollen zu ihnen kein Verhältnis haben, das aus lauten Verboten besteht. Ein freundliches und bestimmtes „Nein" sollte ausreichen, damit der Hund etwas unterlässt.

Darum muss der Hund dies in Ruhe erlernen, in einer Situation, in der er aufnahmebereit ist und die wir kontrollieren können, in der wir die ganze Zeit über wissen, was geschehen wird und wie wir eingreifen können. Wir zeigen dem Hund damit, dass wir ein freundlicher und kein aggressiver Führer sind.

Stellen Sie einen Teller oder etwas Ähnliches auf den Boden und legen Sie darauf einige verlockende Leckerbissen. An der Leine wird der Hund nun zu dieser Stelle geführt. Streckt sich der Hund, um die Leckerbissen zu fressen, sagen Sie mit ruhiger Stimme „Nein". Hört er nicht, sind sie sofort bei ihm und lesen ihm die Regeln vor. Bei dieser Übung darf auf gar keinen Fall die Leine zum Einsatz kommen, nur die Stimme und die Hände. Es geht darum, sehr schnell zu sein. Nach einigen Wiederholungen versteht der Hund, dass das freundliche „Nein" eigentlich etwas ist, mit dessen Hilfe Sie ihn zurückhalten. Nun können Sie mit ihm am Teller vorbeigehen und ihn nur noch loben.

Höhere Anforderungen

Bei einigen Hunden hilft das „Verlesen der Regeln" nicht. Dann muss man „die Schraube etwas anziehen". Eine Wasserpistole oder eine Blumenspritze können Wunder bewirken. Die allermeisten Hunde hassen es, einen Wasserstrahl auf die Schnauze zu bekommen. Zuerst muss der Hund den Respekt vor dem Wasserstrahl erlernen. Legen Sie einen Hundekeks auf den Boden und gehen Sie mit dem Hund an der Leine zu dieser Stelle. Die gefüllte Wasserpistole ist bereit. Wenn der Hund Anstalten macht, den Keks aufzunehmen, sagen Sie „Nein!". Hilft es nicht, so sagen Sie nochmals „Nein!" und spritzen gleichzeitig dem Hund auf die Nase. Um das Erlebnis zu verstärken, kann man den Hund unmittelbar danach trösten. Es wird ihm selbst nur noch übler. Das war ja nun wirklich ekelhaft!

Mit Wasser zu spritzen ist ja ganz harmlos. Der Hund bekommt davor keine Angst. Deshalb ist es eine gute Methode, um zu unterstreichen, dass man eine Reaktion auf seine Worte erwartet. Wenn der Hund dieses erste Erlebnis hatte, kann die Wasserpistole zusammen mit „Nein!" in vielen Situationen angewendet werden. Greift der Hund Menschen oder andere Tiere an, kann diese Handlung mit der Wasserpistole wirksam unterbrochen werden. Ein kleiner Trost danach verstärkt die Wirkung. Ist ihr Hund sehr sensibel, kann ein Wasserstrahl auch schaden. Sie sollten ihm dann besser „die Regeln vorlesen".

Wenn nichts hilft

Wenn keine andere Methode hilft, kann als letzter Ausweg die Wurfkette angewendet werden. Das Wort klingt ein bisschen grausam, aber richtig durchgeführt, ist es eine ganz weiche, aber raffinierte Art, einen Hund zu beeinflussen. Unter keinen Umständen darf man sie bei Welpen und sensiblen Hunden anwenden! Die Methode ist für viele Situationen geeignet, und sie ist nicht auf Schmerz aufgebaut. Sie ist besonders effektiv bei stark aufgeregten und blockierten Hunden.

Die Kette sollte aus Messing oder einem ähnlichen Material sein, das außergewöhnlich klingt. Der Klang der Kette ist sehr wichtig. Gut geeignet sind Ketten von der Art, mit denen man Kronleuchter aufhängt. Das Gewicht und die Länge der Kette ist von der Empfindlichkeit des Hundes abhängig. Man sollte nicht den Schlüsselbund oder das Kettenhalsband des Hundes verwenden! Der Hund soll nämlich lernen, auf den Laut der Kette zu reagieren. Verwendet man den eigenen Schlüsselbund, reagiert der Hund jedes Mal, wenn man Türen aufschließt. Dies gilt ebenfalls für das Halsband.

Das Training beginnt an der Leine

Man übt dem Hund den Respekt vor der Kette beim Herbeirufen ein. Es muss nämlich ein Wort verwendet werden, mit dem der

Hund bereits vertraut ist. Gleichzeitig bekommt man einen Hund, der auf das Herrufen besonders gut horcht.

Man hat den Hund an der Leine und lässt ihn frei laufen, bis sich sein Interesse auf etwas anderes als den Besitzer richtet. Aus der Hand heraus wirft man die Kette leicht auf das Hinterteil des Hundes. Der Hund darf nicht sehen, woher die Kette kommt, jedenfalls nicht während der Einübung, denn in diesem Falle würde er vor demjenigen, der wirft, Angst bekommen. Er reagiert dann auf die Bewegung, die dieser ausführt. Man muss also warten, bis sich die Gelegenheit bietet. Sobald die Kette die Hand verlassen hat, sagt man mit freundlicher Stimme: „Komm!" oder etwas Ähnliches.

Sofort springt man einige Schritte zurück und setzt sich einladend in die Hocke. Es soll aussehen, wie ein überraschendes Herrufen. Das Erlebnis des Hundes wird noch verstärkt, wenn er getröstet wird. Manchmal braucht es einen leichten Ruck (kein Ziehen) an der Leine, um sicher zu stellen, dass der Hund wirklich kommt. Das Ergebnis eines jeden Treffers mit der Kette soll immer sein, dass der Hund kommt.

Es ist normal, wenn der Hund die ersten 4- bis 5-mal nicht nennenswert reagiert. Ist es ein sehr harter und unempfindlicher Hund, kann auf den Schwanz gezielt werden, ein Treffer an dieser Stelle kann auch ihn beeindrucken. Und er wird auch sofort mit einer gefühlvollen Stimme getröstet. Jedes Mal wird die Kette unangenehmer. Zuletzt reicht es aus, wenn man mit der Kette in der Hand rasselt. Wenn der Hund Angst zeigt oder zu kriechen beginnt, ist das Training einzustellen!

Der Sinn der Kette liegt also nicht darin, Schmerzen zu verursachen, sondern sie soll nur unangenehm für ihn sein. Es ist von größter Wichtigkeit, dass außer in der Lernsituation nie mit der Kette gerasselt wird. Wird die Kette z. B. nach einem Wurf wieder aufgehoben, dann darf das nicht hörbar sein. Nehmen Sie sie ganz vorsichtig auf.

Nach einigen Wiederholungen der Wurfprozedur, die mit einem gelungenen Ergebnis abgeschlossen werden konnte, kann man versuchen, die Leine schleppen zu lassen. Dem Hund wird nun erlaubt, aus einem größeren Abstand (zwei bis drei Meter) herzukommen. Die Kette wird höchstens noch einige Male beim

Das Training beginnt an der Leine.

Rufen geworfen. Das Lob setzt ein, sobald sich der Hund abwendet, und hält an, bis er da ist. Zeigt er Unterlegenheit, lobt man stärker und bewegt sich rückwärts, damit der Hund genug Raum bekommt, um uns nachzulaufen. Zwischendurch unterbrechen Sie das Training mit kleinen Spielen.

Reagiert der Hund nun jedes Mal auf „Hier" richtig, dann kommt der Tag, an dem er ohne Leine laufen darf und die Prozedur wird wiederholt. Reagiert er inzwischen auf das Geräusch der Kette, wird das Werfen eingestellt. Man kann nun das Geräusch der Kette ausnutzen.

Das beste Geräusch entsteht, wenn die Kette 10 bis 20 cm in die Luft geworfen wird. Einmal ist ausreichend. Man sollte nicht wie ein Gespenst mit der Kette rasseln. Es soll wie ein Wurf klingen, der gleiche Laut, der beim ersten weichen Wurf auf das Hinterteil entstand.

Bemerkt man später, dass der Hund auf die Kette nicht mehr reagiert, wiederholt man das Wurftraining. Im Allgemeinen ist ein Wurf ausreichend. Beachten Sie bitte, dass nicht immer getroffen werden muss, oft reicht es aus, wenn es zwischen den Pfoten rasselt.

Der Hund hat nun gelernt, dass das Geräusch der Kette unangenehm ist. Dieses Geräusch kann nun in Problemsituationen angewandt werden. Es dient als „Wortverstärker". Sagt man „Nein" und rasselt gleichzeitig, dann wird dieses Wort stärker, vielleicht so stark, dass ein blockierter Hund von einem Angriff abgehalten werden kann.

Im Allgemeinen ist ein Hund, der in einem Garten oder einer Wohnung eine Person angreift, sehr erregt. Ein Rasseln mit der Kette oder ein Wurf auf das Hinterteil ist dann einfach effektiver. Es gibt viele Situationen, in denen diese Form des Trainings angewandt werden kann, aber denken Sie daran, das ist nur ein Symptomtraining! Die Ursachen müssen analysiert werden, bevor etwas gegen das Symptom unternommen wird. Dies ist auch eine Methode, die nur bei robusteren Hunden angewandt werden sollte.

Die wichtigsten Punkte:

1. Verwenden Sie eine spezielle Kette.
2. Am Anfang darf der Hund nicht wissen, woher die Kette kommt.
3. Beginnen Sie sofort zu loben, sobald der Hund zu erkennen gibt, dass er kommen will.
4. Rasseln Sie nie mit der Kette, außer in der Lernsituation.
5. Trainieren Sie nie zu viel auf einmal.
6. Seien Sie vorsichtig – dies ist eine sehr effektive Arbeitsmethode.
7. Wenn Sie Zweifel haben, wenden Sie sich an eine erfahrene Person, die Ihnen den Einsatz demonstrieren kann.
8. Wenn Ihr Hund ängstlich oder untertänig wird, wechseln Sie die Methode.
9. Trainieren Sie an der Leine, bis der Hund deutliche Reaktionen zeigt.
10. Wenn Sie nun versuchen wollen, mit dieser Methode zu arbeiten – dann lesen Sie bitte diese Instruktionen nochmals.

Kapitel 11:
Das Training

Nach all diesen Vorbereitungen sind wir nun bereit, mit dem Training zu beginnen. Vorab möchte ich aber gleich betonen, dass es wichtig ist, individuell zu trainieren. Befolgen Sie nicht alle Ratschläge buchstäblich und sklavisch – passen Sie diese ihrem eigenen Hund an! Man muss ein Gefühl dafür haben, was sich am besten eignet. Folgen Sie Ihrem eigenen Gefühl. Trainieren Sie nicht mit dem Buch in der Hand. Lesen, kritisch überdenken, verstehen, vorbereiten – und dann beginnen!

Die folgenden Trainingsratschläge behandeln meistens das Symptom, das Problemverhalten. Man darf nie vergessen, dass zuerst und vor allem die zugrunde liegenden Ursachen zu analysieren und zu bearbeiten sind.

Die Angst

Angst ist kein Zeichen für „schlechte Mentalität" oder Ähnlichem. Der Hund wurde erschreckt und soll nun lernen, sicher zu werden. Trainieren Sie vorsichtig! Es hilft nichts, wenn Sie den Hund zwingen, etwas, vor dem er Angst hat, erneut zu erleben. Die Angst muss abtrainiert werden!

Es ist auch zu unterscheiden, ob der ängstliche Hund vor beinahe allem Angst hat oder nur vor bestimmten Situationen.

Angst als Allgemeinzustand

Einige Hunde haben vor allem Angst. Sie sind voller Angst und es scheint, als würden sie immer und überall etwas Gefährliches erwarten. Angst ist häufig nicht mit einem bestimmten Gegenstand oder Vorgang verknüpft, obwohl gewisse Situationen mehr Angst auslösen können als andere, während ein Schrecken immer

Ein ängstlicher Hund übertreibt häufig die Verteidigung seines Reviers. Dadurch kann es sein, dass er sehr selbstsicher wirkt. Aber behandelt man ihn entsprechend dieser Annahme, kann er ein Risiko für den Menschen sein, der ihn nichtsahnend begrüßen möchte.

mit einem bestimmten Ereignis oder Vorgang verknüpft ist, z. B. Erschrecken vor einem Schuss.

Beachten Sie, dass ein Hund auch aufgrund anderer Ursachen Angst entwickeln kann. Nicht immer hat er nur vor dem erschreckenden Erlebnis Angst. Auf S. 111 wurde beschrieben, wie Klein Albert vor Mäusen Angst bekam. Auf die gleiche Art kann auch ein Hund lernen, Angst zu haben. Auf S. 101 wurde die Verhaltensansteckung beschrieben. Zeigt in der Nähe des Hundes jemand Angst, kann auch der Hund davon beeinflusst werden. Sensible Welpen sollten nicht den drohenden Körpersignalen von Menschen ausgesetzt werden, s. S. 211, auch Schmerzzustände können einen Hund ängstigen, s. S. 173 ff., sowie hormonelle Fehlsteuerungen, s. S. 187 ff.

Ein ängstlicher Hund wirkt häufig rastlos, was nicht mit Eifer zu verwechseln ist. Ein rastloser Hund hat es schwer, sich ruhig zu verhalten, er irrt umher, kläfft und fiept ohne hinreichenden Grund. Im Gegensatz zum eifrigen Hund, der das gleich Verhalten zeigen kann, aber immer nur dann, wenn er einen Anlass hierfür hat. Vielleicht muss er mal raus und es geht ihm nicht schnell genug.

Der ängstliche Hund hat auch eine gesteigerte Empfindsamkeit, die von der Anspannung im Körper herrührt. Physiologisch ist er in erhöhter Alarmbereitschaft, d. h., sein Körper ist auf Flucht und Verteidigung eingestellt. Die Muskeln und Nerven sind angespannt und die inneren Organe können nicht richtig funktionieren. Später zeigen sich Schwierigkeiten mit der Stubenreinheit und der Verdauung. Aufgrund dieses Stresses werden die Reaktionen auf Ereignisse heftiger, der Körper ist ja vorbereitet. Das bedeutet, der Hund reagiert auch auf kleine Reize, auf Kleinigkeiten. Man tritt auf einen Gegenstand am Boden und der Hund schreckt hoch.

Die Angst verursacht auch, dass der Hund stereotype, angstableitende Reaktionen zeigt. Der Hund wird dazu getrieben, Handlungen auszuführen, welche die Angst vermindern können. Es ist gleichgültig, welche Handlung dies ist, nur Linderung muss sie geben. Der Hund hat vielleicht die Erfahrung gemacht, dass totale Unterwerfung und blinder Gehorsam die Angst vermindern. Er braucht daher nicht notwendigerweise einer gewaltsamen oder harten Behandlung ausgesetzt zu sein, um eingeschüchtert zu werden.

Wenn man einen solchen Hund ausbildet, dann ist er so fügsam und untertänig, dass es schwer ist, ihm etwas beizubringen. Wenn er sitzen soll, legt er sich nieder, soll er abliegen, sieht es so aus, als würde man ihn totschlagen. Er hat es schwer beim Verstehen und Erfassen der Anforderungen, die man an ihn stellt, weil die Reaktion, die er anwendet (Unterwerfung, um die Angst zu dämpfen) das Lernen blockiert. Man muss hier all seine Geduld mobilisieren. Man darf nie Zwang anwenden oder den Hund für seine Reaktion bestrafen – das würde nur seine Angst steigern, was wiederum dazu führte, dass der Hund zu weiteren, angstlindernden Reaktionen greifen würde. Eine harte Hand, die z. B. den

Hund zwingt, sich zu setzen, steigert die Angst und führt dazu, dass der Hund sich auf den Boden presst. Hier kann der Hund nur mit einem Leckerbissen aus seiner totalen Unterwerfung herausgelockt werden.

Ein Hund, der sich weigert, abgelegt zu werden, sondern stattdessen hinter seinem Besitzer herkriecht, ist oft ein ängstlicher Hund. Er ist nicht sicher, wenn er nicht die ganze Zeit bei seinem Besitzer sein kann, um ihn zu „besänftigen". In einem solchen Fall hilft es nicht, den Hund noch härter abzulegen, für ihn ist es angstableitend, wieder zu seinem Besitzer zu kommen. Richtig ist, den Hund ruhig abzulegen und ihn mild zu loben, wenn er liegt.

Ein Individuum, das sich in diesem beschriebenen Zustand befindet, hat auch eine deutlich erkennbare Erwartungshaltung. Es wird erwartet, dass etwas Unangenehmes geschieht und dass überall nur Gefahren lauern. Geht man um 12 Uhr nachts über den Friedhof, ist man ängstlich und erwartet, dass etwas Unangenehmes geschieht: ein plötzlicher Laut... ein Gespenst. Hört man dann ein sanftes Rascheln und nimmt schemenhaft etwas wahr, kann es natürlich nur ein Gespenst gewesen sein, da ist man ganz sicher.

Die Erwartungen blockieren die Sinne, so dass man genau das sieht und hört, was man erwartet. Man sieht ein Gespenst – dass es vielleicht nur ein Hase war, möchte man nicht glauben. Ein Flugzeug wird zur fliegenden Untertasse, wenn man erwartet, dass die Erde von Invasoren bedroht ist. Ein ängstlicher Hund hat sich darauf eingestellt, dass etwas Unangenehmes passieren wird. Er ist ein Pessimist. Ein zufälliger Passant kann daher in seinen Augen ziemlich gefährlich werden, wenn er nur die Zeit bekommt, seine negativen Erwartungen zu laden.

1. Der ängstliche Hund

Hiermit ist ein Hund gemeint, der oben beschrieben worden ist. Er reagiert sowohl auf Gegenstände wie auch auf Tiere und Menschen mit großer Angst.

Allgemeine Ursachen

Ein früh erlebter Schock kann dafür verantwortlich sein, dass ein Hund noch lange, auch als erwachsener Hund, ängstlich reagiert. Aber, wie bereits erwähnt, können auch eine Vielzahl anderer Faktoren zur Ursache beitragen. All diese Faktoren müssen untersucht werden. Es reicht nicht, nur am Symptom zu trainieren. Besondere Beachtung sollten Schmerzphänomene und hormonelle Phänomene finden.

Das Training

Konnten mit großer Wahrscheinlichkeit Schmerzen und hormonelle Fehlsteuerungen als Ursachen ausgeschlossen werden, dann beginnen Sie mit einer Behandlung nach dem Schock, siehe S. 226. Vermeiden Sie zuerst einmal alle angsterregenden Vorgänge.

Sicherlich, der Hund hat „vor allem" Angst, aber es wird eine Aufstellung benötigt, vor was er denn nun eigentlich Angst hat. Häufig zeigt es sich, dass es sich hier doch nur um eine begrenzte Zahl von Ereignissen handelt. Dann beginnen Sie, ihn an die Dinge zu gewöhnen, die ihm noch am wenigsten unangenehm sind. Zwingen Sie ihn nie, aber versuchen Sie, jeden Tag ein bisschen mit ihm zu üben. Überwindet der Hund in dieser Situation seine Angst, dann beginnen Sie mit der Situation in der er ängstlicher reagierte usw.

Das Training dauert solange, wie Sie noch Punkte auf Ihrer Liste finden. Aber einige Hinweise zu anderen Angstphänomenen folgen noch.

2. Die Angst vor Menschen

Es geht hier um die Angst, die keine Tendenz zu aggressivem Verhalten aufweist. Diese Hunde werden beim Anblick eines fremden Menschen ängstlich und versuchen auszuweichen oder verstecken sich, wenn man sie begrüßen möchte.

Allgemeine Ursachen

Gewöhnlich ist ein früh erlebter Schock oder Schrecken dafür verantwortlich. Noch verbreiteter ist, dass menschenscheue Hunde nicht unbedingt Angst haben. Das ganze Verhalten entsteht nur aus einer Fehlinterpretation der menschlichen Körpersprache. Der Hund ist signalempfindlich – nicht ängstlich. Er reagiert auf die vom Menschen eingesetzten Drohsignale wie Anstarren, gerade auf einen Zugehen, Herabbeugen und Entblößen der Zähne.

Das Training
Das Prinzip ist, dass der Hund lernen soll, Vertrauen zu Fremden zu bekommen. Man setzt Figuranten ein (s. S. 244) und kalkuliert damit, dass, wenn der Hund erst einmal zu einigen Menschen Vertrauen gefasst hat, er dieses verallgemeinert und immer mehr Fremde akzeptiert.

Man lernt dem Hund das Wort „Gruß!", indem man es jedes Mal wiederholt, wenn der Hund zu dem Figuranten ohne nennenswerte Angst geht. Der Hund lernt dabei, dass die Aufforderung „Gruß!" bedeutet „netter Mann mit Hundekeks".

Das Training beginnt an der Leine. Der Hund sollte nicht frei sein, damit man ihn Schritt für Schritt steuern kann.

Am Anfang präsentiert man dem Hund die Person, vor der er am wenigsten erschrickt. Hat der Hund am meisten Angst vor erwachsenen Männern im „Blaumann", soll man diesen als Letzten einsetzen und stattdessen mit ruhigen Kindern beginnen und umgekehrt.

Beginnen Sie damit, das Kapitel „Bevor Sie mit dem Training beginnen" zu wiederholen, vor allem die Kapitel über Schmerz, Stress, Regelmäßigkeit und Routine sowie Gehorsamkeitstraining.

Ist die Angst sehr groß, kann man mit dem Tierarzt sprechen, damit er ein beruhigendes Mittel verabreicht. In schweren Fällen kann der erste Figurant eine Person sein, die der Hund bereits kennt und akzeptiert. Trotzdem soll sich diese Person wie ein fremder Figurant verhalten, d. h. sich hinhocken und das Gesicht abwenden. Den Hund loben und das Wort „Gruß!" jedes Mal wiederholen, wenn der Hund positives Interesse gegenüber dem Figuranten zeigt und den dargebotenen Keks nimmt.

Dieses „Begrüßungstraining" verläuft in fünf Stufen. Am Anfang macht man es dem Hund leicht. Der Figurant setzt sich nieder, wendet sich ab und zeigt gegenüber dem Hund scheinbar kein Interesse. Ein Leckerbissen hat er in der Hand. Später verhält sich

Scheinbar menschenscheue Hunde sind oft in Wirklichkeit nicht ängstlich oder scheu. Ihre Zurückhaltung entsteht durch Kommunikationsfehler. Sie fühlen sich durch die menschliche Körpersprache bedroht.

der Figurant natürlicher und damit aus der Sicht des Hundes bedrohlicher. Jedes Mal wird der Hund mit einem „Gruß!" aufgefordert. Die fünf Stufen sind im Folgenden dargestellt.

Man soll den Hund viel mit der Stimme loben, ihn aber nicht streicheln (klopfen). Der Hund ist vielleicht so angespannt, dass er das „Gestreicheltwerden" als etwas Negatives auffasst. Üben Sie ein- oder mehrmals mit diesem Figuranten, bis der Hund zeigt, dass er ihn akzeptiert. Nach und nach werden immer mehr Figuranten eingesetzt.

Ist der Hund sehr ängstlich gegenüber einer Person, die ihn begrüßen möchte, dann ist es das beste, wenn das erste Treffen außerhalb des Heims des Hundes stattfindet. Nehmen Sie den Hund an der Leine mit hinaus. Der Figurant soll ohne Begrü-

263

ßungszeremonie ruhig vor Ihnen und ihrem Hund hergehen und sich dann hinhocken. Der Hund soll dadurch die Möglichkeit bekommen, den Figuranten von hinten zu beschnüffeln. Er bleibt an der Leine. Unterhalten Sie sich in ruhigem Tonfall mit dem Figuranten, der jede größere Gestik vermeiden sollte.

Zurückhaltende, reservierte Hunde
Ist der Hund eher zurückhaltend und sensibel als ängstlich, dann ist ein Training mit mehreren Figuranten auf einmal möglich. Zum Beispiel stellen sich zehn informierte Personen in einem großen Kreis auf, man geht nun zusammen mit dem Hund zu diesen Personen. In der ersten Runde hocken alle abgewendet vom Hund, in der nächsten Runde wenden sich alle dem Hund zu. Alle fünf Stufen des bereits beschriebenen Begrüßungstrainings werden durchgeführt.

Nie Zwang ausüben
Wenn sich der Hund aus eigener Initiative nähert und am Figuranten schnüffelt, soll man ihn aufmuntern und loben. Versucht der Hund, Abstand zu halten, kann seine Aufmerksamkeit durch entspannende Aktivierungsübungen abgelenkt werden, damit er seine Angst vergisst. Nach dieser Unterbrechung beginnt man wieder mit dem Begrüßungstraining. Die Übungen werden mehrmals wiederholt. Der Hund darf nie gezwungen werden, das erhöht nur seine Angst! Er soll freiwillig und mit durchhängender Leine gehen. Loben Sie bei jedem Schritt nach vorne und schweigen Sie, wenn der Hund vom Figuranten weggeht.

Die Übungszeiten sind mit den Figuranten abzusprechen, damit man darauf vorbereitet ist und die Situation kontrolliert werden kann.

Sobald der Hund einen Figuranten akzeptiert, geht man zum nächsten über. Es sollte nun etwas weniger lange gehen, bis er ihn akzeptiert. Nachdem der Hund selbstsicherer wirkt, kann der Figurant sein Verhalten auf verschiedene Arten variieren.

Der Türkomplex
Beachten Sie den Türkomplex! Der Hund hat gelernt, am stärksten an der Tür zu reagieren, also an der Stelle, an der jemand herein-

kommt. Befindet sich die Person bereits im Zimmer, ist die Reaktion häufig abgeschwächt. Nach einiger Zeit, in der das Vertrauen des Hundes gegenüber Fremden trainiert wurde, sollte man das Selbstvertrauen des Hundes trainieren (s. S. 245. Dieses zu früh zu trainieren, kann dazu führen, dass die Angst in Aggression übergeht!

Wird der Hund während des Trainings ängstlich, sollte man darauf achten, den Hund nicht zu trösten, zu bedauern, zu drücken – dies erhöht das Gefühl der Angst.

Gibt es im Training keinen Fortschritt, muss man versuchen zu analysieren, wo der Fehler liegt. Sind doch Schmerzen vorhanden, die übersehen worden sind? Wechseln Sie die Methode und variieren Sie die Situationen. Sind nun Fortschritte erkennbar, machen Sie nun so weiter und erhöhen schrittweise die Anforderungen. Trainieren Sie nach und nach auch mit „normalen" Menschen, aber erklären sie Ihnen, was sie noch vermeiden sollen, z. B. Augenkontakt. Trainieren Sie viel und häufig.

3. Angst gegenüber fremden Hunden

Der Hund zeigt Unterwürfigkeit oder große Furcht, bisweilen kombiniert mit panikartiger Flucht, wenn er einen fremden Hund trifft.

Allgemeine Ursachen
Die verbreitetste Ursache ist ein Schockerlebnis im frühen Alter. Es können jedoch auch Schmerzen von Gelenken und Muskeln dafür verantwortlich sein. Durch das Spiel mit anderen Hunden treten dann Schmerzzustände auf.

Das Training
Das Prinzip des Symptomtrainings besteht darin, dem Hund beizubringen, andere Hunde wieder zu mögen. Man arbeitet mit „Figurantenhunden", und wie beim Training gegen die Angst vor Menschen rechnet man damit, dass, wenn er einige genügend gut kennen gelernt hat, er dieses verallgemeinert und mehr und mehr andere Hunde akzeptiert. Jeder fremde Hund muss dem

Eine uninteressierte Person, die dem Hund nur signalisiert: „Hier ist für dich etwas Feines", weckt die Neugierde des Hundes, ohne ihn zu erschrecken, z. B. beim Begrüßungstraining.

ängstlichen Hund so oft begegnen, bis die Angst durch Freude und Spiel ersetzt wird, wenn sie sich treffen.

Man beginnt mit der Präsentation eines freundlichen, netten, ruhigen Hundes, der den ängstlichen Hund in Frieden lässt. Stufenweise geht man zu lebhafteren Hunden über. Wird der Hund erschreckt, besteht die Gefahr, dass er wie blind davonrast und dadurch verunglückt. Es ist daher von großer Bedeutung, dass er lernt, bei uns Schutz zu suchen. Fühlt er sich dann bedroht, weiß er, wo er Schutz finden kann. Jedes Mal, wenn er zu Ihnen läuft, sollte der andere Hund von seinem Besitzer zurückgerufen werden. Sollte ein fremder Hund kommen, sollten Sie ihn verscheuchen, aber selbstverständlich, ohne ihn zu erschrecken.

Am Anfang sollte der Hund nicht frei laufen, auch der andere Hund sollte an der Leine sein. Man muss jeden Schritt steuern können. Erst wenn ihr Hund den anderen akzeptiert, können sie miteinander frei laufen.

Lesen Sie noch einmal das Kapitel „Bevor Sie mit dem Training beginnen", unter besonderer Beachtung der Abschnitte Schmerzen, Stress, Hormonelle Fehler, Regelmäßigkeit und Routine. Ist der Hund sehr ängstlich, kann auch der Einsatz eines Beruhigungsmittels versucht werden.

Beginnen Sie mit einem angeleinten, freundlichen und ruhigem Hund, der sich vielleicht überhaupt nicht um den anderen Hund kümmert. Loben Sie jeden Versuch, auf den anderen Hund oder seinen Besitzer zuzugehen. Unternehmen Sie lange Spaziergänge miteinander. Die Hunde sollen hierbei nebeneinander herlaufen, aber der Abstand zwischen ihnen sollte so groß sein, dass ihr Hund keine Angst zeigt. Legen Sie kurze Pausen ein, in denen Sie vorsichtig versuchen, den Abstand zum anderen Hund zu verringern. **Der Hund darf unter keinen Umständen gezwungen werden!** Dies verstärkt die Angst. Früher oder später wird er sich entspannen und vielleicht vorsichtig beginnen, mit dem anderen zu spielen.

„Figurantenhunde"
Sobald der Hund den ersten „Figurantenhund" akzeptiert, setzt man einen neuen ein. Dieser soll ebenfalls noch ein freundlicher, phlegmatischer Typ sein. Sobald er sich an diesen gewöhnt hat, kommt ein weiterer Hund ins Spiel. Wird Ihr Hund mit einem fremden Hund konfrontiert, der ihn erschreckt und bedroht, dann sollten Sie mit Bestimmtheit auftreten und den anderen Hund verjagen. Man muss den eigenen Hund verteidigen, um ihm zu zeigen, dass er bei Ihnen Schutz finden kann. Wenn man den anderen Hund nicht verjagen kann, soll man den eigenen Hund hochnehmen – wenn er nicht zu groß dafür ist. Der Hund wird sich sicherer fühlen, wenn man verhindert, dass er wiederum erschreckt wird. Ein Nachteil ist, dass sich einige Hunde festgehalten fühlen und dadurch die Angst verstärkt wird.

Seien Sie darauf vorbereitet, dass Ihr Hund allzu selbstsicher wird, wenn er ihre Unterstützung fühlt, er kann dann auch Aggressivität zeigen. Man soll jedoch ein Zufluchtsort sein – nicht eine Ausgangsbasis dafür, andere Hunde anzufallen.

Erst nach einem relativ umfangreichen Training mit freundlichen Hunden kann man beginnen, das Selbstvertrauen des Hundes zu trainieren. Wenn man dies vorzeitig tut, kann sich aus der Angst Aggressivität entwickeln.

4. Angst vor Gegenständen

Der Hund hat vor bestimmten Gegenständen Angst. Gegenstände, die aus der Sicht des Hundes gefährlich sind, z. B. Staubsauger oder etwas, was merkwürdig wirkt. Ein Hund kann von einer Plastiktüte oder von einem merkwürdigen Stein vollkommen fixiert sein, ohne dass er es wagt, sich diesem Ding zu nähern.

Allgemeine Ursachen
Häufig wurde der Hund von einem Gegenstand erschreckt und hat nun Angst davor. Tritt eine unbestimmte Angst vor merkwürdigen Gegenständen auf, kann die Ursache hierfür ein Schock im Welpenalter sein. Sehfehler oder Schmerzphänomene, z. B. Kopfweh, können ebenfalls eine Ursache sein.

Das Training
Jedes Mal, wenn der Hund Interesse an dem Schrecklichen zeigt, wird er mit einem Keks und viel Lob belohnt. Versuchen Sie, das Selbstvertrauen des Hundes durch Spiel zu stärken, indem Sie ihm erlauben zu gewinnen. Es ist wichtig, die Stressfaktoren zu kontrollieren. Beginnen Sie damit, das Kapitel „Bevor Sie mit dem Training beginnen" zu lesen, unter besonderer Beachtung der Abschnitte Schmerzen, Regelmäßigkeit, Routine und Stress.
Legen Sie den Gegenstand aus, vor dem der Hund Angst hat. Sobald er auf den Gegenstand schaut, loben Sie ihn und ermuntern ihn hinzugehen. Als Nächstes sollte man den Hund ermuntern, zu dem Gegenstand hinzugehen. Versuchen Sie alles, damit der Hund seinen Schrecken überwindet. Spielen Sie in der Nähe des Gegenstandes, z. B. des Staubsaugers.
Suchen Sie bei Gelegenheit einen Tierarzt auf, damit die Augen untersucht werden, wenn der Hund vor vielen und verschiedenartigen Dingen Angst hat. Beachten Sie, dass die geringste Form von Zwang die Angst verstärkt. Sie sollten den Hund nicht festhalten und ihn zwingen, an dem Gegenstand zu schnuppern. Man darf den Hund auch nicht trösten, dies verstärkt die Angst. Aktivieren Sie Ihren Hund so viel wie möglich, dies baut Überschussenergie ab und gibt Selbstvertrauen.

5. Der Hund ist schussscheu, hat Angst vor Gewitter und Feuerwerk

Die Angst kann von leichter Unruhe bis zur Panik reichen, jedes Mal wenn der Hund einen Schuss, ein Gewitter oder ein Feuerwerk hört.

Allgemeine Ursachen
Sehr häufig ist die Ursache für diese Angst ein Schock- oder Schreckerlebnis. Das Verhalten des Besitzers ist von großer Bedeutung. Zu beachten sind auch hormonelle Fehlsteuerungen und Schmerzen.

Das Training
Durch das Training soll das Selbstvertrauen des Hundes gestärkt werden und er soll an das erschreckende Geräusch gewöhnt werden. Überlegen Sie sich, welche Fehler Sie evtl. selbst begehen, die die Angst des Hundes verschlimmern wie z. B. Trösten.

Das Prinzip des Trainings mit dem Laut dabei ist, dass man zuerst mit einem schwachen Geräusch beginnt und dieses dann stufenweise verstärkt, so dass Ruhe und Entspannung mit der Angstreaktion konkurrieren (s. S. 213). Diese Art des Trainings erfordert viel Geduld – man kann das Training nicht beschleunigen. Aber obwohl es seine Zeit dauert, erreicht man normalerweise befriedigende Ergebnisse.

Beginnen Sie damit, das Kapitel „Bevor Sie mit dem Training beginnen" zu lesen, unter besonderer Beachtung der Abschnitte Stress, Schmerzen, Hormonelle Störungen, Regelmäßigkeit und Routine.

Ist die Angst sehr groß, kann eine Behandlung wie nach einem Schock empfohlen werden, s. S. 226.

Trainieren Sie das Selbstvertrauen vor allem mit mentaler Aktivierung. Es sollte vermieden werden, den Hund außerhalb des Übungszeitraumes mit dem erschreckenden Geräusch zu konfrontieren.

Gehen Sie auf einen ruhigen, abgeschirmten Platz, der für den Hund lustbetont ist. In der einführenden Phase spielen sie hier intensiv mit ihm.

Der Hund sollte sich bereits gerne auf diesem Platz aufhalten, um dann beim ersten Schuss mit einem intensiven Spiel beschäftigt zu sein. Dieser erste Schuss sollte von einem Helfer aus einer so großen Entfernung abgefeuert werde, dass er gerade noch zu hören ist. Die Pistole kann auch in ein Handtuch eingewickelt werden, um den Knall zu dämpfen. Das Wichtigste ist, dass der Hund vor dem Knall keine Angst bekommt.

Trainieren Sie täglich in kurzen Perioden und mit langen Pausen zwischen den Schüssen. Jeden Tag sollten die Schüsse näher kommen, aber nie so nahe, dass der Hund wieder davor erschrickt. Er soll den Schuss hören, aber von seinem Spiel so fasziniert sein, dass er sich nicht darum kümmert.

In jeder neuen Trainingsstunde geht man mit dem Training eine Stufe zurück auf ein Niveau, mit dem der Hund bereits gut zurechtgekommen ist. Konnte z. B. bei der letzten Übung ein Schuss aus zehn Meter Entfernung abgegeben werden, vergrößert man nun den Abstand wieder auf 50 m, um sich dann auf sieben oder acht Meter heranzuarbeiten.

Wenn man die Pistole aus einigen Metern Abstand abfeuern kann, ohne dass der Hund reagiert, kann man zu einer lauteren Schusswaffe übergehen. Der Spielzeughandel bietet eine vielfältige Auswahl. Man sollte wieder mit einigem Abstand beginnen, der Hund muss sich ja nun an einen neuen Schusslaut gewöhnen.

Wenn der Hund auf dem Übungsplatz schussfest ist, wechselt man den Platz und wiederholt die Prozedur. Der Hund ist nicht kuriert, bevor er nicht in jeder Umgebung schussfest ist. Aber es ist nicht so mühsam, wie es klingt. Auf jedem neuen Übungsplatz geht es schneller. Es ist das erste Training, das sehr hohe Anforderungen an Zeit, Arbeit und Engagement stellt. Beachten Sie auch Windrichtung und Temperatur (bei kaltem Wetter schallt der Schuss weiter), sie können dazu führen, dass sich die Stärke des Schusses verändert.

Wird der Hund während des Trainings ängstlich, darf man ihn nicht trösten, bedauern oder drücken, dies verstärkt nur das Angstgefühl. Stattdessen versuchen Sie lieber, seine Aufmerksamkeit auf etwas Anderes zu lenken. Ein „Schau, da kommt Frauchen!" kann genügen, um die Angst des Hundes zu unterbrechen.

Das Training beginnt von vorne, aber die Fortschritte werden nun schneller eintreten.

Eine Alternative
Während der gerade beschriebenen Prozedur, nähert sich der Schuss dem Hund immer mehr. Dies hat den Vorteil, dass man das Reviergefühl des Hundes gegenüber dem Platz ausnutzt. Aber man kann auch den Hund näher und näher an den Schuss heranführen. Wenn in der Nähe eine Schießbahn ist, kann man sich dieser mit dem Hund schrittweise nähern. Man beginnt an einem Punkt, an dem der Hund keine Reaktion auf den Schuss zeigt und nähert sich schrittweise der Schießbahn, während der Hund mit Spielen beschäftigt ist. Beachten Sie bitte, dass dieses Training nicht forciert werden kann. Es **muss** lange dauern, sonst ist das Ergebnis nicht von Dauer!

Gewitter und Feuerwerk
Weil man diese Geräusche schwerlich in passenden, abgestimmten Dosierungen bestellen kann, sind die Möglichkeiten des Trainings begrenzt. Eine gute Alternative ist das Abspielen eines Tonbandes mit diesen Geräuschen. Mit einer guten Ausrüstung kann dieses Band selbst hergestellt werden, es kann jedoch auch gekauft werden.

Im Allgemeinen wird man von diesem Lärm überrascht, und man muss sich darauf konzentrieren, die Effekte zu lindern. Ist bekannt, dass ein Gewitter aufzieht oder dass es Knallen wird, dann geben Sie ihrem Hund ein Beruhigungsmittel, ruhig auch bereits einige Stunden vorher. Wird er von dem Geräusch überrascht, können Sie eine Akutschockbehandlung durchführen, s. S. 226.

Versuchen Sie, ihren Hund durch Spiel o. Ä. abzulenken. Denken Sie daran, dass Trösten und Festhalten die Angst verschlimmert.

6. Angst vor dem Straßenverkehr

Der Hund will nicht an verkehrsreiche Orte gehen, er hat Angst vor Autos usw.

Allgemeine Ursachen
Im Allgemeinen liegt ein Schock- oder Schreckerlebnis hinter dieser Angst. Ein anderer, weit verbreiteter Grund ist ein mangelndes Milieutraining. Als Welpe konnte sich der Hund nicht ausreichend an Straßenverkehr gewöhnen.

Das Training
Durch das Training wird beabsichtigt, das Selbstvertrauen des Hundes zu stärken und den Hund an die Geräusche, Gerüche und Wahrnehmungen zu gewöhnen. Durchdenken Sie dabei, welche Fehler Sie selbst machen, z. B. ihn trösten.

Das Prinzip des Trainings ist das gleiche wie bei der Schussscheue, d. h., man lässt den Hund schrittweise immer mehr Straßenverkehr erleben. Wohnt man an einem sehr verkehrsreichen Ort, kann das schrittweise und systematische Arbeiten schwer sein, weil der Hund jeden Tag erneut erschrickt. Wenn ein gründliches Training nicht zum Erfolg führt, sollte man überlegen, ob man mit dem Hund nicht an einen ruhigeren Ort umzieht. Beginnen Sie damit, das Kapitel „Bevor Sie mit dem Training beginnen" zu lesen, unter besonderer Beachtung der Abschnitte „Weit verbreitete Fehler", Schmerzen, Stress, Aktivierung, Regelmäßigkeit und Routine.

Wenn der Hund sehr ängstlich ist, kann man am Anfang ein beruhigendes Mittel geben. Sprechen Sie mit dem Tierarzt darüber. Trainieren Sie das Selbstvertrauen und aktivieren Sie den Hund so oft wie möglich. Vermeiden Sie es, den Hund mit Gegenständen zu konfrontieren, die dieser als unangenehm empfindet.

Gehen Sie jeden Tag mit dem Hund am gleichen Ort spazieren. Der Sinn ist, dass der Hund seine „eigene Welt" aufbauen soll, in der er sich ein bisschen sicher fühlen kann. Es ist nur gut, wenn er ein Reviergefühl entwickelt – das gibt Selbstsicherheit. Man sollte den Hund schrittweise mit immer mehr Verkehr konfrontieren, während man mit dem Hund spielt und ihn ablenkt. Beginnen

Sie an einer ruhigen Stelle, an der der Hund frei laufen kann und spielen Sie mit ihm. Erhöhen Sie langsam das Verkehrsaufkommen, indem Sie den Zeitpunkt des Trainings ändern. Trainieren sie anfangs am besten zu einem Zeitpunkt, wenn der Verkehr ruhiger ist. Und wenn der Hund an diesem Platz sich sicher fühlt, kann später mehr Verkehr auftreten. Wird der Hund während des Trainings ängstlich, darf man ihn nicht trösten, bedauern oder drücken. Das erhöht sein Angstgefühl. Sehen Sie auch im Abschnitt „Schussscheu, Angst vor Gewittern und Feuerwerk" auf Seite 269 nach.

Aggressivität

Hunde sind aggressionsgehemmte Tiere. Werden sie wütend, gibt es hierfür einen angemessenen Grund. Es liegt nicht in ihrer Art, andere der gleichen Gattung physisch zu verletzen. Dies gilt sowohl für andere Hunde, wie auch für Menschen, da die Hunde auf beide geprägt worden sind. Hier sehen wir große Ähnlichkeiten mit den Wölfen. Sie vermeiden es solange wie möglich, Energie durch aggressive Auseinandersetzungen innerhalb des Rudels zu vergeuden. Kämpfe, manchmal mit tödlichem Ausgang, kommen jedoch vor, wenn sich fremde Tiere begegnen.

Bei der Neigung, aggressiv zu reagieren, gibt es deutliche Unterschiede zwischen den Rassen. Viele unserer Gebrauchshunderassen haben eine niedere Aggressionsschwelle. Viele der Gesellschaftshunderassen, mit Ausnahme vieler Terrierrassen, sind ausgesprochen aggressionsgehemmt. Wir sehen auch deutliche Unterschiede zwischen den Geschlechtern, Rüden sind aggressiver, Hündinnen bedeutend schüchterner.

Ursachen

Wird ein Hund aggressiv, gibt es immer gewichtige Gründe dafür. Unbedeutende Gründe reichen als Erklärung nicht aus, Vorkommen können Schock, Attacken von anderen Hunden, meist von hinten und ohne Provokation durchgeführt, Misshandlung und Ähnliches. Finden sich keine dieser Erklärungen, sind meist Schmerzen dafür verantwortlich.

Statistisch gesehen sind üblicherweise Schmerzen die Hauptursache für aggressives Verhalten beim Hund. Es ist eine lohnende Arbeitshypothese, Schmerzen als Hauptursache anzusehen. Bevor irgendeine andere Erklärung gesucht wird, sollte diese Hypothese erst vollständig ausgeräumt sein.

Die Erklärung „Mängel in der Führerschaft" hat bei Aggressionsproblemen im Allgemeinen keine Bedeutung. Sie baut darauf, dass der Hund stets einen „höheren Status" auf einer Art Karriereleiter innerhalb des Rudels anstrebt. Diese Theorie ist heutzutage durch die Ethologie widerlegt worden. Außerdem führt eine solche Diagnose automatisch zur Strafe und harten Maßnahmen in der Therapie. Aggressivität entsteht und wird durch ganz andere Mechanismen als Rangverhältnisse beibehalten.

7. Aggressivität gegenüber Familienmitgliedern

Der Hund knurrt, schnappt oder beißt aus verschiedenen Gründen nach den Familienmitgliedern. Dies geschieht im Allgemeinen nicht, weil ihm z. B. etwas weggenommen werden soll, er gekämmt werden soll, er hochgenommen wird oder er bestraft werden soll oder sonst etwas gegen seinen Willen unternommen wird.

Es kann vorkommen, dass er ganz unmotiviert zu knurren beginnt, während er gestreichelt wird. Gegenüber Fremden ist er oft freundlich.

Allgemeine Ursachen

Mit allergrößter Wahrscheinlichkeit ist diese Form der Aggressivität ein schmerzbedingtes Problem. Folgende Punkte erhöhen die Wahrscheinlichkeit, dass Schmerzen die Ursache sind: *Der Anfangszeitpunkt,* d. h. der Hund wurde erst als erwachsener aggressiv. *Plötzlicher Beginn,* d. h., der vorher freundliche Hund veränderte sich sozusagen über Nacht. *Bessere und schlechtere Tage,* d. h., es sind periodische Veränderungen erkennbar – oft Hinweis auf

Schmerzen im Bewegungsapparat. *Unprovozierte Aggression,* d. h., der Hund wird ohne Provokation wütend.

Eine andere, weit verbreitete Ursache ist, dass ein Welpe oft gestört wird, z. B. wenn er schlafen möchte oder wenn er frisst. Eventuell können auch Kampfspiele Aggressivität fördern.

Ein übermaskuliner Rüde kann eine niedere Aggressionsschwelle haben und leicht gereizt reagieren. Gleiches gilt für die Hündin mit „eingebildeten Welpen", die sie gegen die Familienmitglieder verteidigt.

Erbliche Veranlagung zu Aggression kann eventuell vorkommen, aber sie ist nur dann zu erkennen, wenn sie bei mehreren Wurfgeschwistern ebenfalls auftritt. Es handelt sich hier nicht um eine konstruktive Verhaltensdiagnose, sonder eher um ein Etikett. Es ist davon abzuraten, diesen Begriff leichtsinnig zu verwenden.

Das Problem kann auch durch einen Konflikt zwischen Hund und Hundebesitzer verursacht sein. Ständige Reibereien, inkonsequente Erziehung, Strafen zur richtigen und zur falschen Zeit, dies alles kann einen Hund dazu bringen, gegenüber Familienmitgliedern aggressiv zu reagieren.

Schließlich kann die Ursache auch in einer direkten Provokation und in einer Fehlbehandlung durch den Hundebesitzer liegen. Vielleicht wurde er beim Fressen oder Schlafen gestört. Es ist ganz normal, dass der Hund in diesen Situationen, auch gegenüber Älteren, durch Knurren seine Missbilligung zum Ausdruck bringt! Leider interpretieren wir dieses Verhalten falsch und glauben, es handle sich hier um Aggression. Die Bestrafung dieses Verhaltens schafft ein grundlegendes Misstrauen des Hundes gegenüber seiner Familie. Die Aggression des Hundes wurde selbst verursacht.

Das Training

Beginnen Sie damit, den Abschnitt „Weshalb wird ein Hund zum Problemhund" auf Seite 172 ff. und „Bevor Sie mit dem Training beginnen" auf Seite 230 ff. zu lesen, unter besonderer Berücksichtigung von Schmerzen und Stress.

Sieht es so aus, als hätte der Hund einen starken Geschlechtstrieb und vermuten Sie einen Zusammenhang zwischen der Aggressivität und dem Geschlechtstrieb, kann ein Hormonpräparat eingesetzt werden, s. S. 243. Lassen Sie sich vom Tierarzt beraten.

Beachten Sie, dass die Wahrscheinlichkeit von Schmerzzuständen sehr groß ist. Beobachten Sie kontinuierlich und suchen Sie intensiv nach Anzeichen von Schmerzen und Verletzungen. Suchen Sie jemanden auf, der sich in der Schmerzanalyse auskennt. Gehen Sie nicht zu einem Tierarzt, bevor Sie nicht einige deutlichen Symptome erkannt haben. Der Tierarzt hat im Allgemeinen nicht die Zeit zur Verfügung, die für diese Detektivarbeit notwendig ist. Ich will damit nicht vom Tierarztbesuch abraten, aber machen Sie zuerst so viel wie möglich selbst, damit der Tierarzt nicht mit diffusen Vermutungen belastet wird.

Gleichzeitig sollte mit dem Hund geübt werden, den Familienmitgliedern wieder zu vertrauen. Trainieren Sie mit ihm täglich in kurzen Phasen den Gehorsam. Seien Sie dabei vorsichtig, damit der Hund nicht provoziert wird. Denken Sie daran, dass zuerst das Vertrauen zwischen Ihnen und Ihrem Hund wieder verbessert werden soll, daher sollten die Übungen spielerisch und aufmunternd durchgeführt werden. Im gleichen Sinne trainieren Sie die Aktivierung.

Beginnen Sie auch mit vertrauensfördernden Übungen. Gewöhnen Sie den Hund daran, in einer Form behandelt zu werden, die er früher ablehnte. Ließ er sich z. B. nicht bürsten, beginnt man, genau dies täglich zu üben. Man geht dabei so vorsichtig vor, dass der Hund sich nicht provoziert fühlt. Man kann z. B. die Bürste umdrehen, so dass sich der Hund nun gestreichelt fühlt. Ziel ist es, dass der Hund damit vertraut wird, berührt und behandelt zu werden. Die ganze Prozedur dauert am Anfang höchstens einige Sekunden, später verlängert man den Zeitraum. Sprechen Sie während dieser Zeit ruhig mit dem Hund und geben Sie ihm einen Leckerbissen, um das Lustgefühl zu verstärken.

Konnten Sie keine Ursachen für das Verhalten wie z. B. Schmerzen finden, können Sie nach einiger Zeit des Gehorsamstrainings und der vertrauensfördernden Übungen mit dem „Nein"-Training beginnen: entweder mit dem Wasserstrahl oder, wenn der Hund weniger empfindlich ist, mit der Wurfkette. Ziel dieser Übung ist es, den Respekt zu stärken und damit die Neigung zur Aggression zu dämpfen.

Wenn der Hund die Bedeutung von „Nein!" gelernt hat, können Sie beginnen, die Anforderungen an seinen Gehorsam zu erhöhen. Aber immer nur unter der Voraussetzung, dass keine andere Ursache herausgefunden werden konnte. Werden Sie anspruchsvoller, aber ohne eine negative Dressur durchzuführen.
Parallel dazu sollten Sie auch die Anforderungen an die Umgänglichkeit des Hundes erhöhen. Bürsten Sie ihn mit der richtigen
Seite der Bürste und bürsten Sie auch empfindliche Stellen wie
die Pfoten und den Schwanz, aber Provokationen sollten sie immer vermeiden. Vermeiden Sie überhaupt alles, was Aggressionen
herrufen kann, z. B. das Wegnehmen eines Knochens.

Zeigt der Hund die Zähne oder knurrt er, darf man ihn nicht
bestrafen. Der Hund ist unsicher und ängstlich. Stattdessen sollte
man ihn trösten und freundlich mit ihm sprechen. Ein kleiner
Trick kann dabei sein, auf dem Boden zu kratzen und mit auffordernder Stimme zu sagen: „Ja, aber was ist denn das? Schau das
kleine Loch da!" Die Aufmerksamkeit des Hundes wird geweckt
und er hört auf zu knurren. Führt das Training einfach zu keinem
Erfolg, sollte Sie einen Fachmann zu Rate ziehen.

8. Aggressivität gegenüber einem bestimmten Familienmitglied

Der Hund ist gegenüber einem bestimmten Familienmitglied,
oft einem Kind, misstrauisch und zeigt Aggressionen.

Allgemeine Ursachen
Mit größter Wahrscheinlichkeit handelt es sich hier um ein
schmerzbedingtes Problemverhalten. Eine denkbare Möglichkeit
ist, dass der Hund eines oder mehrere Schmerzerlebnisse genau
mit diesem Familienmitglied in Verbindung bringt. Eine andere
und wahrscheinlichere Möglichkeit besteht darin, dass der Hund
aus Respekt und / oder Vertrauen seine Irritation nicht gegenüber
einem anderen Familienmitglied zeigt. Der Hund hat im Allgemeinen vor Kindern weniger Respekt als vor Erwachsenen. Darum
wagt er es auch, seine Irritation gegenüber dem Kind zu zeigen.
Man erwartet, dass ein Hund, der Schmerzen hat, seine Missbilli-

gung gegenüber allen zum Ausdruck bringt, aber dies ist nicht immer der Fall.

Natürlich kann die Aggression auch eine direkte Folge davon sein, was diese Person mit dem Hund angestellt hat. Das kann ein Kind gewesen sein, das noch nicht alt genug ist, um zu wissen, dass man mit Tieren vorsichtig umzugehen hat. In solch einem Fall sind die Eltern dafür verantwortlich, dass der Hund vor dem Kind geschützt wird.

Das Training
Durch das Training wird beabsichtigt, das Vertrauen zwischen dem Hund und dem entsprechenden Familienmitglied, das die aggressive Reaktion auslöst, wieder zu schaffen. Handelt es sich dabei um ein Kind, muss es beaufsichtigt und daran gehindert werden, den Hund zu provozieren. Gelingt es nicht, dieses Vertrauen herzustellen, muss das Kind lernen, den Hund vollkommen in Ruhe zu lassen.

Lesen Sie das Kapitel „Bevor Sie mit dem Training beginnen", vor allem die Abschnitte über Schmerzen, Stress, Führerschaft. Trainieren Sie nicht am Symptom, bevor nicht alle erdenkbaren Ursachen überprüft worden sind. Gibt es einen medizinischen Fehler, muss mit großer Wahrscheinlichkeit am Symptom überhaupt nicht trainiert werden. Besteht die Irritation weiterhin, analysieren Sie, ob weitere Krankheiten als Ursache vorhanden sind und beginnen nun mit Übungen, die das Vertrauen fördern. Loben Sie jedes Mal, wenn der Hund gegenüber dem „Auserwählten" keine Aggression zeigt. Diese Person sollte ihm sein Futter geben, mit ihm spielen und mit ihm spazieren gehen. Dadurch fasst der Hund Vertrauen zu dieser Person und verbindet etwas Angenehmes und Interessantes mit ihr (bei Kindern muss diese Kontaktpflege aber unter Aufsicht stattfinden).

9. Aggressivität gegenüber fremden Menschen

Der Hund bellt hemmungslos fremde Menschen an oder greift sie sogar an, besonders dann, wenn sie in sein Revier eindringen. Er ist gegenüber Augenkontakt mit Fremden sehr empfindlich.

Allgemeine Ursachen

Die gewöhnlichste Ursache ist Angst und Zurückhaltung im Welpenalter, die beim Erwachsenen durch Aggressivität kompensiert worden ist. Eine andere Ursache kann sein, dass der Hund die Erlaubnis hatte, seine Revierverteidigung zu entwickeln, ohne dass der Besitzer eingegriffen hat. Es kann sogar vorkommen, dass der Hund irritiert ist und wütend wird, weil er angebunden ist oder sich hinter einer Hecke oder einem Zaun befindet. Stressprobleme können ebenfalls die Aggression verstärken.

Es darf nicht vergessen werden, dass Angst für diese Aggression verantwortlich ist. Das Vertrauen zu der fremden Person fehlt. Ein kennzeichnender Charakterzug dieser „angst-aggressiver" Hunde ist, dass sie unglaublich stark an den Personen hängen, zu denen sie Vertrauen aufbauen konnten. (Das haben sie mit den ängstlichen Hunden gemeinsam.) Für diese Hunde gibt es nur Liebe oder Hass – ohne Zwischenstufen.

Das Training

Die Absicht des Trainings besteht darin, die Aggression abzubauen, indem man dem Hund beibringt, Vertrauen zu fremden Menschen zu haben. Er soll lernen, die Ansichten von Herrchen und Frauchen zu respektieren, die ihn davon überzeugen sollen, dass es verboten ist, Menschen anzugreifen.

Man arbeitet hier mit Figuranten und das Prinzip besteht darin, dem Hund zu verbieten, aggressiv zu reagieren, und zu trainieren, dass der Hund zu so viel Fremden wie möglich Vertrauen fasst, indem er stufenweise immer mehr akzeptiert und zu generalisieren beginnt. Wenn man jedes Mal das Wort „Gruß!" wiederholt, wenn der Hund einen Figuranten akzeptiert und begrüßt, kann man nach und nach dieses Kommando ausnutzen. Das Training verläuft wie in der Situation, in der der Hund Angst vor Fremden hat (s. S. 261 ff.).

Das Training beginnt an der Leine! Sonst ist das Risiko, dass es ihm gelingt, einen Angriff durchzuführen, zu groß. Hat der Hund einmal jemanden gebissen, wird es für ihn später sehr schwer, zu diesem Vertrauen zu bekommen – das Gleiche gilt umgekehrt zweifellos auch für das „Opfer". Beginnen Sie damit, das Kapitel „Bevor Sie mit dem Training beginnen" zu lesen, unter besonderer

Wenn Hunde sich aneinander
gewöhnen sollen, dürfen keine
Spannungen auftreten,
weder beim Menschen noch
in Form einer straffen Leine.
Am besten ist es, wenn beide
Hunde frei sind.

Beachtung der Abschnitte über Schmerzen, Stress, Regelmäßigkeit
und Routine, Führerschaft, Gehorsamstraining.

Hat der Hund einen starken Geschlechtstrieb, kann der Verdacht entstehen, dass es einen Zusammenhang zwischen dem Geschlechtstrieb und der Aggression gibt. Aber bei dieser Form der Wut ist dies kaum wahrscheinlich.

Ist der Hund nicht zu sensibel und das Problem groß, kann mit der Wurfkette (s. S. 254 ff.), andernfalls mit der Wasserpistole trainiert werden.

Viele Figuranten werden benötigt
Nehmen Sie mit einigen Figuranten Kontakt auf und instruieren Sie diese gründlich. Gibt es einen Unterschied bei der Reaktion des

Hundes auf verschiedene Menschen, soll man mit dem Figuranten beginnen, gegenüber dem der Hund am wenigsten aggressiv ist. Die erste Begegnung sollte in einer neutralen Umgebung stattfinden. Sehen Sie auch Seite 261 ff. (Angst vor Menschen).

Der geringste Versuch, einen Figuranten anzugreifen, wird durch Sie unmittelbar mit der Kette oder durch Wasser gestoppt. Jeder Versuch zu schnuppern oder den Leckerbissen des Figuranten entgegenzunehmen, wird hingegen in einem aufmunternden Ton gelobt.

Am Anfang soll der Figurant den Hund vollständig ignorieren. Aber wenn das Training fortgeschritten ist, soll der Figurant ohne Augenkontakt versuchen, den Hund herbeizulocken, um ihm einen Keks oder Gleichartiges zu geben. Sie folgen die ganze Zeit jeder Bewegung des Hundes und loben jeden Fortschritt. Machen Sie auch ruhig miteinander einen langen Spaziergang. Dadurch ist der Hund dann weniger stark auf den Figuranten fixiert.

Wenn der Hund einen bestimmten Figuranten akzeptiert, soll dieser mit in den Garten kommen oder an der Tür läuten, um zu provozieren. Wird der Hund aggressiv, wird das Verbotstraining mit „Nein" verstärkt und anschließend jede friedliche Annäherung an den Figuranten mit freundlichen, lobenden Worten unterstützt. Die meisten Fremden kommen ja durch die Tür und es ist daher von größter Wichtigkeit, dass an dieser zentralen Stelle besonders viele Übungen durchgeführt werden.

Wenn der Hund einen Figuranten akzeptiert hat und dieser durch die Tür kommen kann, ohne dass der Hund aggressiv reagiert, beginnt man mit dem nächsten Figuranten. Später kann man den Fremden an der Türe klingeln lassen, von dem der Hund am meisten provoziert wird.

Dieses Training ist einfach und die Prognosen sind gut. Es kann jedoch schwierig sein, Personen zu finden, die sich freiwillig zur Arbeit mit einem aggressiven Hund zur Verfügung stellen. Aber das sollte kein Hinderungsgrund sein. Sollten jedoch alle Ihre Versuche, das Verhalten des Hundes zu ändern, erfolglos bleiben, sollten Sie Hilfe bei einem Fachmann suchen.

10. Aggressivität gegenüber anderen Hunden

Normalerweise handelt es sich um einen Rüden, der gegenüber anderen Rüden aggressiv ist. Aber das Problem kann auch bei Hündinnen auftreten. Seltener ist Aggressivität gegenüber dem Geschlechtspartner, d. h., dass ein Rüde z. B. eine Hündin überfällt. Welpen werden normalerweise von jeder Form der Aggressivität verschont. Der Grad der Aggressivität variiert von Steifbeinigkeit bis zum unerwarteten Angriff auf einen zufällig anwesenden Hund.

Allgemeine Ursachen
Oft liegt ein Zusammenspiel mehrerer Ursachen zugrunde. Weniger häufig ist sie erblich verursacht, sie tritt jedoch bei einigen

Hunderassen ausgeprägter auf. Ein starker Geschlechtstrieb kann besonders bei Rüden, aber auch bei Hündinnen, dazu führen, dass sie gegenüber anderen Hunden selbstsicherer auftreten.

Schmerzen sind als Ursache weit verbreitet. Vor allem dann, wenn der Hund sehr aggressiv ist, jeden anderen Hund attackiert, ohne Rücksicht auf Geschlecht und Alter zu nehmen und ohne, dass er dem anderen Hund durch Drohsignale die Chance einräumt, sich zu unterwerfen. Die schmerzbedingte Irritation richtet sich gegen Hunde, denen der Hund nicht vertraut oder die er nicht respektiert.

Schlechte Erfahrungen im Welpenalter sind auch eine weit verbreitete Ursache. Es kann auch sein, dass der Hund während seiner Entwicklung nie die Erlaubnis bekam, anderen Hunden zu begegnen und mit ihnen auf normale Art umzugehen. Ein Hund, der viel an der Leine ist und zu anderen Hunden kein Kontakt aufnehmen darf, wird frustriert, s. S. 206 ff. Auch das Verhalten des Besitzers spielt eine große Rolle, es kann viel zu einem Abwehrverhalten gegenüber anderen Hunden beitragen. Stress und Konflikterlebnisse verstärken das Problem.

Das Training

Nachdem Aggressivität kein natürliches und normales Verhalten der Hunde ist, reicht es nicht aus, die Wut gegenüber anderen Hunden mit geringfügigen Ereignissen während seiner Entwicklung zu begründen. Beruht sie auf schlechten Erfahrungen, dann gibt es im Lebenslauf des Hundes Ereignisse, die dieses Verhalten klar und eindeutig erklären, z. B. ein vorheriger Schock, ausgelöst durch eine Attacke eines anderen Hundes, der von hinten angriff. Steht die ausgelöste Reaktion in keinem angemessenen Verhältnis zu diesem Ereignis, dann sollte daran gedacht werden, dass Schmerzen als Ursache eine große Rolle spielen können.

Lesen Sie den Abschnitt „Bevor Sie mit dem Training beginnen" S. 230 ff., besonders die Kapitel Schmerz, Stress, Weit verbreitete Fehler, Regelmäßigkeit und Routine, Führerschaft und Gehorsamstraining.

Vermuten Sie eine Überproduktion von Geschlechtshormonen, kann ein Hormonpräparat eingesetzt werden. Lassen Sie sich vom Tierarzt beraten. Handelt es sich um eine Hündin, die während der Läufigkeit aggressiv wird, lassen Sie die Schilddrüse untersuchen.

Trainieren Sie viel ohne Leine und üben Sie schrittweise das Herbeirufen, das Stehenbleiben und „Nein", während andere Hunde zu sehen sind. Das Ziel ist, dass der Hund nie ohne Erlaubnis zu einem anderen Hund hingeht. Verwenden Sie eventuell die Wurfkette.

Eigentlich sollte angestrebt werden, dass der Hund andere Hunde akzeptiert und sie auch gerne hat. Aber wenn dieser Hund jeden anderen angreift und ihnen ernsthaft schadet, dann muss man sich zuerst um die Ursachen kümmern: Schmerzen, Stress und hormonelle Fehlsteuerungen. Außerdem ist auf den Gehorsam großer Wert zu legen. Es sollte verhindert werden können, dass er überhaupt selbstständig zu anderen Hunden hingeht. Es ist sehr wichtig, dass ein Hund möglichst frühzeitig lernt, andere Hunde zu mögen.

Eine geeignete Trainingsmethode durch die erreicht werden kann, dass der Hund in der Nähe eines anderen Hundes gehorcht, ist die Wurfkette. Sie verstärkt nicht die Kampflust des Hundes durch Schmerzerlebnisse und ist doch ausreichend stark, um eine Blockierung abzubauen.

Jedes Mal, wenn ein aggressiver Hund einen anderen sieht, regt er sich auf. Das ist eine Stressreaktion. Daher ist es wichtig, mit ihm ruhig zu arbeiten und den Hund jedes Mal beruhigt, wenn er in der Ferne oder in der Nähe einen anderen Hund sieht. Hierzu bieten sich vor allem Leckerbissen an, die bei Stressreaktionen eine beruhigende Wirkung haben. In *der gleichen Sekunde,* in der der Hund auf Abstand einen anderen Hund erblickt, beginnen Sie, ihn beruhigend zu loben und geben ihm ein Leckerbissen. Während er frisst, soll er den anderen Hund sehen. Nach einigen Wiederholungen wird der Hund das Erscheinen eines anderen mit Ruhe und Leckerbissen verknüpfen. Aber es dauert seine Zeit.

Bitten Sie einen anderen Hundebesitzer um Hilfe. Er soll sich mit seinem Hund in einem ausreichend großen Abstand aufstellen oder mit ihm auf und ab gehen. Wiederholen Sie diese Übung mehrmals und, ist sie erfolgreich, verringern Sie schrittweise den Abstand zum anderen Hund.

Versuche mit Massagen haben interessante Effekte gezeigt. Durch beruhigende Massagen an hierfür geeignete Stellen konnten innerhalb kurzer Zeit Erfolge erzielt werden. Die Hunde veränderten dadurch ihre Einstellung zu anderen Hunden. Aber dieses Gebiet ist noch in der Entwicklungsphase.

Machen Sie es nicht noch schlimmer!
Ihr eigenes Verhalten ist von allergrößter Wichtigkeit. Viele Hundebesitzer rufen ihre Hunde zu sich, leinen sie an und verlassen den Platz, wenn andere Hunde in der Nähe auftauchen. Sie befürchten einen Kampf. Viele Hunde reagieren besonders gespannt auf den Ruf „Hier", der Ruf ist zwischenzeitlich zu einem Signal geworden mit der Bedeutung, ein fremder Hund kommt.

Oft wird die Leine gestrafft und man versteift sich, wenn ein anderer Hund gesehen wird. Das fühlt ein Hund unmittelbar und er wird davon beeinflusst. Außerdem fühlt sich der Hund angeleint, was frustrierend wirkt (physische Hindernisse sind frustrierender als psychische, s. S. 206 ff.). Gleiches erleben angeleinte Hunde, denen erlaubt wurde, sich gegenseitig zu begrüßen, während die Besitzer jetzt jedoch die Leinen immer mehr verkürzen, um eine Beißerei zu verhindern. Dagegen kann gerade dies den Kampf erst recht auslösen! Ein anderer, weit verbreiteter Fehler ist es, auf die beiden Hunde zuzulaufen, wenn sie sich angespannt gegenüber stehen, um zu verhindern, dass sie übereinander herfallen. Wenn die Hunde ihre Besitzer herbeilaufen hören, überträgt sich deren Aufregung auf die Hunde und die Situation entwickelt sich schnell in eine ungewollte Richtung.

Wenn zwei Hunde miteinander kämpfen, darf man nicht damit beginnen, auf sie einzuschlagen. Wenn Hunde Schmerzen empfinden, feuert dies deren Kampflust nur noch mehr an. Dagegen ist es möglich, die Hunde an den Hinterbeinen und am Schwanz auseinanderzuziehen (nicht reißen, hierdurch könnten Verletzungen entstehen). Sollte ein Eimer Wasser in der Nähe sein, kann man diesen über die beiden Kämpfer schütten.

Dominanz und Aggression
Viele Hunde sind eher dominant als aggressiv. Sie kämpfen nicht, aber sie unterdrücken gerne andere Hunde, die ihnen begegnen.

Ein derartiger Hund ist nicht aggressiv. Hier reicht es aus, von diesem Hund wegzulaufen, wenn er Augenkontakt zu einem anderen Hund aufgenommen hat, damit er Ihre Unterstützung nicht mehr spürt. Ist er in seiner Aktion sehr übertrieben, wird dies wahrscheinlich durch ein Stressproblem verursacht. Der Hund ist sicher unterstimuliert. Untersuchen Sie dieses genauer (s. S. 194 ff.).

Wenn der Hund nicht allzu aggressiv ist, kann man einen „Hundefiguranten" einsetzen. Am besten ist ein Hund, der ruhiger, größer und älter als der eigene ist. Die beiden Hunde sollten sich an einer neutralen Stelle treffen, z. B. auf einer Wiese. Bei der Begegnung ist es wichtig, dass beide Hunde alleine sind – also keiner der Besitzer näher als 20–30 m herankommt. Besonders wichtig ist dies für den aggressiven Hund. Bevor die Hunde aufeinanderstoßen, sollten Sie Ihren daran erinnern, dass er alleine mit dem anderen ist, indem Sie ihn rufen und die „Arena" schnell verlassen. Dadurch wird Ihr Hund unruhig und unsicher, weil ihm die Unterstützung fehlt, die er sonst gewohnt ist. Sollten die Hunde mit dem Kampf beginnen (dies ist sehr unwahrscheinlich), dann darf man nicht hinlaufen, um sie auseinanderzubringen, sondern warten Sie einen Augenblick, um zu sehen, ob das Ganze nicht wieder von alleine aufhört. Seien Sie ganz still! Achten Sie darauf, dass keiner der Hunde einen Stock oder ein Spielzeug hat, das er bewachen möchte.

Auch bei einer überraschenden Begegnung mit einem anderen Hund kann so verfahren werden, aber Sie sollten nie riskieren, dass einer der Hunde dabei zu Schaden kommt! Wenn der Versuch, das Verhalten des Hundes zu ändern, nicht gelingt, sollten Sie einen Fachmann um Rat fragen.

11. Abwehrhaltung beim Fressen

Der Hund lässt keinen in die Nähe kommen, wenn er frisst. Er knurrt, wenn man versucht, ihm einen Knochen oder etwas Ähnliches wegzunehmen.

Allgemeine Ursachen

Der Hund wurde beim Fressen oder beim Nagen an einem Knochen provoziert. Er wurde für das Bewachen und das Knurren bestraft. Dies sind die beiden häufigsten Ursachen. Schmerzen und ein übertriebenes Hungergefühl können ebenfalls dafür verantwortlich sein.

Wenn ein Hund frisst, sollte er in Frieden gelassen werden. Denken Sie daran, wie irritierend es für Sie selbst ist, wenn ständig jemand kommt, der Sie anstößt und mit Ihnen reden möchte, während Sie essen.

Für die wilden Hunde ist es ganz natürlich, die Nahrung zu bewachen, auch gegen Ranghöhere. Ein Knurren wird hier nicht falsch verstanden, sondern respektiert. Dem Hund ist es erlaubt, in Ruhe zu fressen. Aber wir Menschen missverstehen dieses Knurren. Wir glauben, dass dies eine aggressive Handlung ist. Das stimmt jedoch nicht. Wenn der Hund über der Futterschüssel knurrt, ist dies nicht ein Zeichen mangelnden Respekts gegenüber demjenigen, der in die Nähe kommt. Es fehlt am Vertrauen. Der Hund vertraut der herbeikommenden Person nicht und deshalb knurrt er aus Angst und Unsicherheit davor, dass ihm jemand das Futter wegnehmen könnte. Durch eine Strafe wird der Hund kein Zutrauen zu der Person fassen können. Im Gegenteil, das Problem verschlimmert sich.

Das Training

Das Training geht davon aus, dem Hund beizubringen, dass er sich auf die Leute verlassen kann, auch wenn er frisst. Er soll wissen, dass er die Erlaubnis hat, in Ruhe zu fressen. Beginnen Sie damit, das Kapitel „Bevor Sie mit dem Training beginnen" zu lesen, unter besonderer Beachtung der Abschnitte über Stress, Aktivierung, Fütterung und Führerschaft. Sorgen Sie dafür, dass jedes Familienmitglied und jede Person in der Umgebung respektiert, dass der Hund, wenn er frisst, in Ruhe gelassen wird. Keiner darf den Hund an der Futterschüssel stören! Knurrt der Hund, dann werden Sie nicht wütend. Dadurch wird es nur schlimmer. Tun Sie so, als haben Sie nichts gehört. Probieren Sie, ein paar Mal zu gähnen. Dies ist in aller Regel ein aggressionsdämpfendes Verhalten, welches die Hunde in ähnlichen Situationen selbst anwenden. Es hilft tatsächlich dann und wann. Probieren Sie es! Man wird dadurch nicht zu einem schlechteren Führer, weil man nicht reagiert, wenn der Hund knurrt. Es ist nur eine menschliche Prestigevorstellung, die uns dies glauben lässt.

Sie denken vielleicht, dass man dafür sorgen muss, dass man einem Hund auch bestimmte Dinge wegnehmen kann. Ja, selbstverständlich. Aber dies erreicht man nicht, indem man ihn hart anfasst und ihm den eigenen Willen aufzwingt. Das macht den Hund nur ängstlich und unsicher. Die einzige Methode ist die, sich mit dem Hund einen Beutehandel zu erlauben: „Wenn ich Deinen Knochen bekomme, bekommst du einen Leckerbissen!" Wenn er den gefressen hat, bekommt er seinen Knochen sofort wieder. So lernt der Hund, dass der Knochen nicht verschwindet, wenn Sie ihn einen Augenblick an sich nehmen. Wenn der Hund nur Knochen bewacht, ist die einfachste „Kur" die, ihm keine zu geben. Dann ist das Problem aus der Welt.

Vielleicht wird das Knurren und das Bewachen auch durch einen abnorm starken Appetit verursacht. Vielleicht wird er falsch gefüttert oder die Mahlzeiten sind zu klein. Probieren Sie, ihm mehr Futter und mehr Bewegung zu geben (damit er nicht zu fett wird).

Kontrollieren Sie, ob er Würmer hat und lassen Sie eine Kotprobe vom Tierarzt untersuchen.

Folgender Trick kann auch ausprobiert werden, um das Hungergefühl des Hundes zu dämpfen. Das Hungergefühl wird von bestimmten „Sattheitskomponenten", vor allem dem Fett- und Blutzuckergehalt des Blutes gesteuert. Man gibt etwa 10 Minuten vor der Mahlzeit etwas Traubenzucker (entweder als Pulver oder in Tablettenform), dies bewirkt beim Hund ein Gefühl der Sattheit. Der Traubenzucker wird vom Körper leicht aufgenommen und führt zu einer Erhöhung des Blutzuckergehaltes, das Gehirn registriert ein Sättigungsgefühl. Die Wirkung hält nur kurze Zeit an, deshalb muss der richtige Anwendungszeitpunkt gefunden werden. Bewirkt die Traubenzuckertablette 10 Minuten vor dem Fressen keine Änderung des Verhaltens, verändern Sie den Zeitraum. Bei einem überaktiven Hund können Sie es einmal mit 8 Minuten versuchen. Finden Sie den richtigen Zeitpunkt, wird er ruhig zur Schüssel gehen, entspannt fressen und nicht bewachen. Aber er darf natürlich nicht provoziert werden. Wiederholen Sie die Traubenzuckergabe einige Male, dann kann das Problem verschwunden sein.

Andere Probleme

12. Der Hund kann nicht alleine zu Hause gelassen werden

Der Hund bellt, heult und winselt, wenn er alleine ist. Er reißt Gegenstände herab und zernagt sie.

Allgemeine Ursachen
Die weit verbreitetste Ursache dieses Problems ist eine starke Abhängigkeit von den Familienmitgliedern, die auf frühere Unsicherheit schließen lässt. Das Phänomen ist sehr verbreitet, besonders bei Hunden, die als Erwachsene das Heim wechselten. Eine andere weit verbreitete Ursache kann sein, dass ein Hund als Welpe häufig zu Hause allein war, ohne es gelernt zu haben, allein zu sein. Einsamkeit ist für einen kleinen Welpen ein sehr großer Schrecken, weil er vom Schutz der Erwachsenen ganz abhängig ist.

Eine indirektere Ursache, die das Problem oft gewaltig verstärkt, sind Stress und Über- oder Unterstimulierung.

Das Training
Durch das Training sollen zuerst Stressfaktoren entfernt werden. Zweitens soll der Hund lernen, sich allein sicher zu fühlen und zu schlafen. Schlafen würde er in dieser Situation auch unter natürlichen Bedingungen.

Lesen Sie bitte zuerst das Kapitel „Bevor Sie mit dem Training beginnen", unter besonderer Beachtung der Abschnitte über Stress, Aktivierung, Regelmäßigkeit, Routine und Gehorsamstraining.

Beginnen Sie damit, den Hund ordentlich zu aktivieren, das dem Hund drinnen und draußen genügend Abwechslung bietet und ihn auch ausreichend und vielseitig beschäftigt. Beginnen Sie dann, ihn an das Alleinsein zu gewöhnen, indem Sie ihn anfangs nur ein paar Sekunden alleine lassen. Verlassen Sie den Hund. Sagen Sie: „Auf Wiedersehen, ich komme bald wieder".

Gehen Sie ein paar Schritte weg zur Keksdose hin. Nehmen Sie einen Keks und gehen Sie zurück und geben den Keks dem Hund. Wiederholen Sie diese kleine Übung einige Male. Läuft der Hund Ihnen nach, wenn Sie weggehen, sollten Sie ihn vorsichtig zum Ausgangspunkt zurückführen und dann wieder kurz weggehen. Dehnen Sie das Training aus, wenn sich der Hund ruhig und sicher verhält. Wartet er brav auf seinen Keks, können Sie mit der Keksdose länger wegbleiben. Aber das soll schrittweise geschehen. Allmählich gehen Sie mit der Keksdose zur Haustüre. Wenn Sie dieses ein paarmal probiert haben, können Sie dazu übergehen, den Mantel anzuziehen und die Tür zu öffnen. Der Hund hat dies früher damit verbunden, dass er nun allein sein soll. Vielleicht entsteht deshalb in diesem Stadium ein Problem. Machen Sie nicht weiter, bis der Hund vollständig sicher ist. Wenn der Hund den Mantel akzeptiert hat, können Sie etwas schneller vorgehen und die einsamen Perioden verlängern. Aber seien Sie vorsichtig! Bei jedem Anzeichen von Unsicherheit müssen Sie das Tempo verringern. Es ist auch wichtig, dass die Zeiträume variiert werden. Einige Male können Sie über eine kürzere Zeit weg sein, das andere Mal nur Sekunden. Üben Sie jeden Tag, mindestens 30- bis 40-mal.

Während der Lernphase sollten Sie es vermeiden, den Hund solange allein zu lassen, dass er zu heulen und zu bellen beginnt. Dadurch würden Sie die Fortschritte zerstören. Suchen Sie eine Tagespflegestelle oder nehmen Sie den Hund mit.

Beginnt der Hund während der Übung zu heulen oder zu bellen, sollten Sie nicht zu ihm zurückgehen. Ihre Ankunft ist für den Hund eine Belohnung, auch, wenn Sie wütend sind – er entgeht seiner Einsamkeit. Es empfiehlt sich zu warten, bis der Hund ruhig ist. Verursachen Sie ein kleines Geräusch, welches die Aufmerksamkeit des Hundes erregt, gehen Sie einen Moment später zu ihm.

13. Der Hund beißt sich selbst

Der Hund kann, besonders wenn er aufgeregt ist, einen kräftigen Juckreiz bekommen, häufig an den Pfoten („Ameisenkrabbeln").

Allgemeine Ursachen
Zuerst sollte man untersuchen, ob die Ursache rein medizinischer Art ist. Stoffwechselstörungen und Allergien spielen eine große Rolle, aber es können auch Ursachen aus dem psychischen Bereich verantwortlich sein. Der Hund erlebt vielleicht starke Spannungen und dieser Zustand der Unruhe kann dazu führen, dass er einen Juckreiz empfindet. Das Lecken und Kratzen wirkt angstlindernd und dämpft die Unruhe.

Das Training
Das Training hat das Ziel, dass er aufhört sich zu kratzen, zu beißen oder zu lecken, durch eine medizinische Behandlung, durch Einhalten entsprechender Diätvorschriften und indem man die Angespanntheit des Hundes durch ein Aktivierungsprogramm, das den Hund beruhigt, löst. Beginnen Sie damit, das Kapitel „Bevor Sie mit dem Training beginnen" zu lesen, unter besonderer Beachtung der Abschnitte über Stress, Krankheit, Fütterung und Aktivierung. Der Tierarzt sollte den Hund untersuchen und Ihnen eine Fütterungsempfehlung geben. Auch die Homöopathie kann erfolgreich eingesetzt werden.

Beginnen Sie ein umfassendes, ruhiges Aktivierungsprogramm und vermeiden Sie alle Situationen, die den Juckreiz hervorrufen könnten, z. B. überstimulierende Aktivitäten. In schweren Fällen kann man es mit einem vorsichtigen „Nein!" probieren, wenn er beginnt, sich zu kratzen oder zu beißen, z. B. wenn es sich um eine Gewohnheitshandlung handelt und eine entspannende Wirkung hat. Aber nutzen Sie dies nur als letzten Ausweg. Hilft nichts, gehen Sie nochmals zum Tierarzt und lassen Sie ihn erneut untersuchen.

14. Der Hund ist nicht stubenrein

Achtung! Folgendes gilt nur für erwachsene Hunde. Der Hund pinkelt und/oder erledigt sein Geschäft im Haus und nichts hilft dagegen.

Allgemeine Ursachen
Eine häufige Ursache ist Stress, meistens Überstimulierung, der sich störend auf die Verdauung auswirkt. Falsches Erlernen der Sauberkeit und blockierende Angst (Strafe erhöht die Angst) sind auch häufig Ursachen hierfür. Man sollte auch immer auf Erkrankungen der Harnwege achten und eine Urinprobe durchführen.

Das Training
Das Training hat das Ziel, dass der Hund stubenrein wird, indem man die Stressfaktoren beseitigt und zum Welpentraining zurückgeht. Auf diese Art kann man die Angst des Hundes vermindern und die Voraussetzungen für einen guten Trainingserfolg schaffen.

Beginnen sie damit, das Kapitel „Bevor Sie mit dem Training beginnen" zu lesen, unter besonderer Beachtung der Abschnitte über Stress, Regelmäßigkeit, Routine und Krankheiten (Erkrankungen der Harnwege). Beginnen Sie mit einem Aktivierungsprogramm und vermeiden Sie alles, was überstimulierend sein kann. Trainieren Sie die Stubenreinheit wie bei einem kleinen Welpen, siehe S. 136 ff. „Welpenerziehung". Vermeiden Sie jede Form einer Bestrafung.

15. Reisekrankheit

Der Hund erbricht beim Autofahren. Er zeigt Unwillen, wenn er in das Auto einsteigen soll.

Allgemeine Ursachen
Wahrscheinlich ist die Ursache meist psychisch bedingt, weil man das Leiden oft durch Training effektiv heilen kann. Hunde, die vor dem Autofahren Angst haben, sind häufig krank. Die Angst wird

dadurch verursacht, dass das erste Erlebnis mit einer Autofahrt negativ war – z. B. eine Fahrt zum Tierarzt. Bei vielen Hunden ist die erste Reise damit verbunden, im Auto vom Züchter zum neuen Eigentümer zu fahren. Wurde er vor dieser Fahrt gefüttert, kann es geschehen, dass er erbricht. Er verknüpft nun das Autofahren mit dem Krankwerden. Natürlich kann das Problem auch rein medizinische Ursachen haben.

Das Training
Man sollte es so gestalten, dass die Fahrt mit dem Auto zu einem lustbetonten Erlebnis wird. Dies geschieht dadurch, dass man mit dem Hund an Orte fährt, an denen er sich gerne aufhält und zu Beginn sollte dieses Ziel in kurzer Zeit erreichbar sein. Füttern Sie den Hund nie vor einer Fahrt mit dem Auto.

Beginnen Sie damit, das Kapitel „Bevor Sie mit dem Training beginnen" zu lesen, unter besonderer Beachtung der Abschnitte über Stress, Krankheit und Fütterung.

Fahren Sie jeden Tag mehrmals eine kleine Runde – am Anfang nur 50 bis 70 m. Am besten ist es, wenn eine Wiese oder ein Wald in der Nähe ist, also ein Ort, an dem der Hund sich gerne aufhält. Oder man fährt zu einer Person oder einem befreundeten Hund, die der Hund gerne besucht. Mit diesen kurzen Ausflügen erreicht man, dass der Hund nicht reisekrank wird, und er entdeckt, dass es ganz lustig ist, im Auto zu fahren. Vielleicht „vergisst" der Hund einfach, krank zu werden. Nach und nach werden die Ausflüge etwas länger, aber führen stets zu „netten Orten" und sind nie so lange, dass es dem Hund wieder übel wird. Die Fahrtstrecke wird nur langsam und allmählich verlängert. Der Hund sollte so sitzen, dass er zum Fenster hinaussehen kann. Man sollte im Auto selbstverständlich nicht rauchen, wenn der Hund dabei ist.

Eine alternative Methode
Das Problem mit dieser Trainingsmethode ist, dass sie sehr zeit- und arbeitsaufwendig ist. Es sind täglich Zeiten für die Autofahrten anzusetzen. Es muss abgesprochen werden, dass sich andere Personen und Hunde am Ziel der Fahrt aufhalten.

In der Alternativmedizin, die sich mit der Akupunktur und der Akupressur beschäftigt, wurde kürzlich ein Punkt an den Handgelenken des Menschen entdeckt, mit dessen Hilfe dieser Übelkeit entgegengewirkt werden kann. Durch Aktivierung dieses Punktes konnten reisekranke Personen, vor allem Kinder, geheilt werden. Seitdem gibt es ein elastisches Armband zu kaufen, das mit einer eingearbeiteten Kugel auf diesen Punkt drückt.

Dies machte mich neugierig und ich ließ einige Hundebesitzer mit reisekranken Hunden versuchen, auf einen entsprechenden Punkt an den Pfoten des Hundes zu drücken. Die Resultate waren wirklich verheißungsvoll. Ich hatte jedoch nur eine geringen Anzahl von Fälle, so dass es noch zu früh ist, eine sichere Aussage zu treffen. Alle Hunde wurden durch die Behandlung entweder ganz geheilt oder ihr Zustand verbesserte sich wesentlich, so dass es einen Versuch wert ist, es auszuprobieren. Drücken Sie mit einem gewissen Druck, aber nicht so stark, dass es weh tut, dicht hinter dem großen Zehenballen. Auf der Zeichnung ist die Druckstelle zu erkennen. Führen Sie das mindestens bei 10 bis 15 Autofahrten durch. Denken Sie daran, dass eine erlernte Verhaltensweise, die verschwunden war, spontan zurückkommen kann. Hatte der Hund daher eine längere Unterbrechung bei den Autofahrten, muss bei der ersten Fahrt der Akupressurpunkt wieder aktiviert werden, auch wenn der Hund schon lange nicht mehr reisekrank war.

16. Überaktivität

Mit seiner Aktivität stellt der Hund das ganze Haus auf den Kopf. Er ist selten länger als ein paar Sekunden ruhig. Aber nachts schläft er, als läge er im Koma. Tagsüber ist er unermüdlich.

Allgemeine Ursachen
Einer der Gründe, weshalb ein Hund überaktiv ist, kann sein, dass man versucht, ihn durch physische Betätigung müde zu machen. Je mehr man den Hund aber bewegt, desto lebhafter wird er. Er bekommt ja eine immer bessere Kondition. Oft handelt es sich um Hunde, die einer Überstimulierung ausgesetzt sind, d. h., sie spielen heftig mit anderen Hunden oder spielen viel mit Bällen und Stöcken. Überaktivität kann aber auch durch hormonelle Störungen verursacht werden.

Das Training
Das Training hat zum Ziel, den Hund durch Aktivierung, „geistige Bewegung" und Massagen zu beruhigen und seine Aktivitäten in ein geregelteres Schema einzupassen.

Beginnen Sie damit, das Kapitel „Bevor Sie mit dem Training beginnen" zu lesen, unter besonderer Beachtung der Abschnitte über Stress, Regelmäßigkeit, Routine und Aktivierung. Statt ihm noch mehr Bewegung zu verschaffen, sollte sie schrittweise herabgesetzt werden. Wie viel oder wie wenig Bewegung ein Hund haben soll, ist individuell unterschiedlich und von der Größe des Hundes abhängig. Aber ein Hund von der Größe eines ausgewachsenen Schäferhundes sollte täglich ungefähr drei Stunden Bewegung haben. Ein Welpe hingegen braucht nicht mehr Bewegung als die, die er beim Milieutraining in der Stadt und in anderen Umgebungen hat. Es ist wichtig, einer festgelegten Tagesroutine konsequent zu folgen. Der Hund soll wissen, wann er ruhen soll. Aktivieren Sie Ihren Hund durch „geistige Bewegung", entwickeln Sie ein Aktivierungsprogramm.

Mehrmals am Tag massieren Sie ihren Hund mit ruhigen Handbewegungen. Beginnen Sie am Kopf und „kneten" Sie alle Muskeln durch, bis der Hund vollständig entspannt ist. Vor allem bearbeiten Sie den Nacken und den Rücken. Nach der Massagestunde erheben Sie sich vorsichtig, damit sich der Hund nicht wieder engagiert. Er soll nun einige Zeit schlafen.

17. Der Hund ist nicht zur Zusammenarbeit bereit

Der Hund hört nicht und ist schwer auszubilden. Er ist z. B. bei dem Gehorsamstraining eigensinnig und es ist schwierig, mit ihm zu arbeiten. Er macht meistens, was er selbst will.

Allgemeine Ursachen
Mangelnder Respekt vor Ihnen als Führer kann eine Ursache sein. Vieles hängt von der Persönlichkeit des Hundes ab. Häufig handelt es sich um selbstständige, eigenwillige Hunde. Die häufigste Ursache ist jedoch Stress. Vor allem Unterstimulierung. Der Hund fasst seinen Besitzer als langweilig auf. Dieser unternimmt zu wenig und spricht zu wenig mit dem Hund.

Das Training
Das Training hat das Ziel, auf eine freundliche und ruhige Art den Respekt des Hundes zu vergrößern. Vor allem müssen wir die Abhängigkeit von der Leine abbauen, (s. S. 250). Durch intensive Aktivierung schafft man Kontakt und Harmonie. Dem Hund erscheint es, als würden Sie interessanter werden, wenn Sie Aktivitäten finden, die ihn herausfordern.

Beginnen Sie, das Kapitel „Bevor Sie mit dem Training beginnen" zu lesen, unter besonderer Beachtung der Abschnitte über Stress und Aktivierung.

Trainieren Sie täglich in kurzen Phasen den Gehorsam. Werden Sie etwas bestimmender und loben Sie jeden Fortschritt sehr. Beginnen Sie mit der Aktivierung. Sind Sie mit ihm draußen, bringen Sie ihm bei, dass er Sie unter Aufsicht halten muss. Rennen Sie plötzlich von ihm weg. Verstecken sie sich ab und zu. Wenn Sie ihn herrufen, sollte er mit einer Aktivierungsübung belohnt werden. Kommt er, sagen Sie z. B.: „Such den Schlüssel." Jedes Mal, wenn der Hund Sie spontan anschaut, belohnen Sie ihn mit einem freudigen Ausruf, werfen Sie ihm einen Leckerbissen oder ein Spielzeug zu. Nach einer Woche haben Sie ein Ergebnis.

18. Nervosität, Unruhe und Unterwürfigkeit

Der Grund dafür, dass diese unterschiedlichen Probleme in einem Kapitel zusammengefasst werden, liegt darin, dass in vielen Fällen die Ursache die gleiche ist und ebenso das Training. Der Hund ist nervös, erschrickt bei einem plötzlichen Geräusch, ohne sonst eigentlich ängstlich zu sein. Er ist rastlos und es fällt ihm schwer, sich längere Zeit ruhig zu verhalten, und er wirkt, als hätte er eine Menge Überschussenergie. Er ist unterwürfig, wirkt eingeschüchtert und sehr empfindlich gegenüber Ermahnungen.

Allgemeine Ursachen
Nervosität und Unruhe können mehrere Ursachen haben. Zu den häufigsten gehören Schmerzen (s. S. 173 ff.) der Schock, besonders im frühen Alter (s. S. 221 ff.), Frustration (s. S. 206), Konflikte (s. S. 213 ff.) und Stress (s. S. 189 ff.). Unterwürfigkeit kann auch durch eine harte Behandlung verursacht werden, häufig damit kombiniert, dass der Hund sensibel und weich ist. Die Erfahrungen im Welpenalter spielen eine sehr große Rolle.

Das Training
Das Training hat zum Ziel, den Hund zu beruhigen und das Selbstvertrauen zu fördern. Aber zuallererst ist nach Schmerzphänomenen zu suchen, die mit großer Wahrscheinlichkeit hierfür verantwortlich sind.

Beginnen Sie damit, das Kapitel „Bevor Sie mit dem Training beginnen" zu lesen, unter besonderer Beachtung der Abschnitte über „Weit verbreitete Fehler", Krankheit, Stress, Regelmäßigkeit, Routine und Aktivierung.

Analysieren Sie, welche Fehler Sie selbst und andere Familienmitglieder machen und ändern Sie das. Achten Sie auf jedes Anzeichen eines Schmerzsymptoms. Hier kann Ihnen jemand helfen, der etwas von der Schmerzanalyse versteht.

Trainieren Sie das Selbstvertrauen. Alles was niederdrückend und erschreckend wirkt, sollte vermieden werden (s. S. 245). Der Hund soll möglichst viel Erfolg und viele angenehme Erlebnisse haben. Mentale Aktivierung ist ein effektives Mittel, um das

Selbstvertrauen des Hundes zu stärken und ihn zu beruhigen. Aktivieren Sie ihn täglich.

19. Der Hund reißt auf Spaziergängen aus, jagt und läuft hinter Fahrzeugen her

Der Hund gerät sofort außer Kontrolle oder kann nicht mehr zurückgerufen werden, wenn er etwas sieht, das er jagen möchte. Es kann sich um Jogger, Radfahrer, Autos, Tiere, Gerüche oder Geräusche handeln.

Allgemeine Ursachen
Die häufigste Ursache ist – man selbst! Aus der Sicht des Hundes ist man todlangweilig! Versuchen Sie, sich einmal selbst mit den Augen eines Hundes zu beobachten, wenn Sie mit dem Hund spazieren gehen. Sind Sie anregend, lebhaft, erfinderisch und interessant? Sicher nicht! Ich glaube, dass viele Hunde ihre Besitzer als ein Transportgerät betrachten, von dem sie draußen begleitet werden bis zu der Stelle, an der es Spaß gibt, und das den Hund nach einiger Zeit wieder entfernt. Spaß bringt all das, was sich im Umfeld des Hundes bewegt und geschieht. Jagende Hunde interessieren sich für alles, was sich schnell bewegt, was „flieht".

Das Training
Ziel des Trainings ist es, durch Aktivierung in den Augen des Hundes interessanter zu werden, durch Respekt den Hund daran zu hindern abzuhauen und, so weit möglich, ihm durch Vertrauen schaffende Übungen beizubringen, wie er mit dem Objekt seiner Jagd umzugehen hat.

Beginnen Sie damit, das Kapitel „Bevor Sie mit dem Training beginnen" zu lesen, unter besonderer Beachtung der Abschnitte über Führerschaft und Aktivierung.

Aktivieren Sie Ihren Hund sowohl zu Hause als auch unterwegs. Auf diese Art werden Sie für den Hund interessanter und werden zum besseren Führer, der die Initiative übernimmt und dem der Hund folgen kann. Dadurch hat er weniger Zeit und Energie übrig, um eine „Beute" zu jagen. Wenn Sie Ihren Hund rufen, sollten Sie eine kleine, lustige Übung durchführen, statt ihm nur einen Keks zu geben. Da er Überschussenergie hat, wird er alle Aufgaben lieben, die er für Sie durchführen kann. Auf dem Spaziergang können Sie z. B. einen Handschuh oder einen Schlüssel „verlieren" und den Hund danach suchen lassen – und dies als Belohnung für das Herkommen! Sie können ihn auch auf einem Stein oder Baumstamm balancieren lassen, ihn kleine Zirkuskunststücke ausführen lassen oder andere unterhaltsame Tätigkeiten sich ausdenken.

Wenn der Hund auf Spaziergängen außer Sichtweite verschwindet, kann es helfen, wenn man sich jedes Mal versteckt, wenn der Hund acht bis zehn Meter Abstand hat. Der Hund weiß dann nicht mehr sicher, wo Sie sich aufhalten und er wird sich daran gewöhnen, in ihrer Nähe zu bleiben. Aber das geht nur dann gut, wenn der Hund sensibel und leicht zu beeindrucken ist.

Ist Ihr Hund weniger sensibel und schwieriger zu beeinflussen ist, sagen Sie jedes Mal konsequent „Nein" oder „Steh", sobald er eine Grenze überschreitet, die am Anfang bei vier bis fünf Meter Abstand liegt. Bei diesem Abstand hat man den Hund noch so gut unter Kontrolle, dass man ihn daran hindern kann, wenn er weglaufen möchte. Wenn der Hund diese Grenze akzeptiert, kann man ihm etwas mehr Freiheit geben, aber nur, wenn er vollständig unter Kontrolle bleibt.

Wenn Sie „Nein!" und „Steh!" mit einem sensiblen Hund üben, können Sie als Hilfsmittel auch die Wasserpistole verwenden oder werfen ihm die Leine auf das Hinterteil. Wenn Sie die Leine als Hilfsmittel verwenden, sollten Sie das Training, genauso wie im Abschnitt „Wurfkette" beschrieben, gestalten. Handelt es sich um einen härteren, selbstständigeren Hund, dann verwenden Sie die Wurfkette (s. S. 254 ff.).

Kontrollieren Sie die Situationen
Wenn der Hund Menschen, Tiere oder etwas anderes, was sich bewegt, jagt, kann man mit Figuranten arbeiten. Es ist nicht ausreichend, auf eine passende Situation zu warten, man muss die Situation selbst herbeiführen. Radfahrer, Fußgänger, Jogger, Autos, andere Hunde etc. können Figuranten sein. Mit anderen Tieren ist es schwieriger, man kann fremde Tiere nicht als Ver-

suchsobjekt verwenden. Vorteilhaft sind auch Pappmodelle, die auf Wägelchen oder Schlitten montiert wurden. Mit Hilfe eines Seiles an einer Rute kann das Modell bewegt werden und – aus einiger Entfernung – die Illusion eines Hasen vermitteln. Eine lange, dünne Schnur ist ein gutes Hilfsmittel. Die Schnur sollte hinter dem Hund herschleifen, damit dieser das Gefühl hat, frei zu sein. Soll der Hund gebremst werden, treten Sie auf die Schnur. Springen Sie auf die Schnur und „verlesen Sie ihm sofort die Regeln." Der Hund sollte mit einer gewöhnlichen Leine zum Trainingsplatz geführt werden. Diese Leine wird entfernt, aber die dünne Schnur bleibt. Sie müssen darauf achten, dass es am Hals des Hundes keinen harten Ruck gibt, wenn Sie auf die Schnur treten. Im Wald auf einer weichen Unterlage ist das Risiko geringer, aber auf Wegen und harten Unterlagen ist das Risiko sehr groß. Trainieren Sie auf einer harten Unterlage, sollte der Hund ein Geschirr tragen.

Nach einem verabredeten Signal, das der Hund nicht bemerken soll, taucht das „Objekt" auf. Sobald der Hund den ersten Schritt macht, um abzuhauen, kommt ein „Nein". Reagiert er nicht, wirft man ihm die Leine oder die Wurfkette leicht auf das Hinterteil. Zeigt er sich unbeeindruckt, treten Sie auf die Schnur, springen zum Hund und lesen ihm „die Regeln" vor. Die Situation wird einige Male wiederholt. Wenn der Hund an der Schnur vollständig unter Ihrer Kontrolle steht, wiederholt man die Situation ohne Schnur. Loben Sie ihn beruhigend. Bleibt der Hund stehen, wird er ausgiebig gelobt und auch ein bisschen getröstet. Das Training auf Abstand muss nun mit einem Training in größerer Nähe ergänzt werden, damit der Hund lernt, die Objekte zu tolerieren, z. B. Autos oder Jogger. Nach dem Training geht man zum Objekt, damit es begrüßt und beschnüffelt werden kann. So lange sich der Hund korrekt aufführt, wird er sanft gelobt und bekommt Leckerbissen. Auf diese Weise wird die richtige Reaktion, nämlich ruhig und beherrscht zu sein, verstärkt.

Bis zu diesem Zeitpunkt haben Sie eigentlich noch keinen effektiven Lernerfolg erreicht. Es wurde nur erreicht, den Hund so schnell als möglich unter Kontrolle zu bringen, weil dieses Problem einfach zu gefährlich ist, z. B. kann der Hund auf eine verkehrsreiche Straße laufen. Aber trotzdem sollte das langfristige

Ziel sein, dass der Hund auf Spaziergängen nicht mehr ausreißen und jagen *möchte*.

Um dieses Ziel zu erreichen, braucht es viele Leckerbissen, Geduld und tägliche Aktivierung. Jedes Mal, wenn der Hund *beginnt*, auf ein Objekt seiner Jagdbegierde zu blicken, z. B. einen Jogger, beginnen Sie ihn zu loben und ihm einen Leckerbissen zu geben. Arbeitet man mit Hilfe von Figuranten, dann kann diese Person mehrmals hin- und herlaufen. Der Hund wird bald beginnen, dem Figuranten nur noch mit einem ruhigen, entspannten Blick zu folgen und damit wurde ein großer Lernfortschritt erzielt.

Damit das Training wirklich erfolgreich ist, muss der Hund generalisieren können. Die Übung wird an unterschiedlichen Stellen (3- bis 4-mal) wiederholt. Ansonsten besteht das Risiko, dass der Hund nur auf dem Trainingsplatz nicht mehr jagt.

20. Der Hund läuft von zu Hause weg

Der Hund reißt aus, wenn er die geringste Chance bekommt oder noch schlimmer: vollkommen spontan.

Allgemeine Ursachen

Der Hund langweilt sich. Außerdem kann ein starker Geschlechtstrieb die Ursache sein. Der Hund ist auf Freiersfüßen. Wenn der Hund erst Geschmack am Streunen gefunden hat, wird er, so oft er kann, dieses Abenteuer wiederholen.

Das Training

Das Training hat das Ziel, den Hund zu Hause zu aktivieren und dafür zu sorgen, dass der Hund auch zu Hause seinen Spaß hat. Eventuell kann der starke Geschlechtstrieb des Hundes beeinflusst werden, s. S. 187 f.

Sorgen Sie dafür, dass der Hund nicht bestraft wird, wenn er heimkommt. Es ist gleichgültig, wie aufgeregt Sie auch sind, empfangen Sie ihren Hund immer freundlich und angenehm.

Beginnen Sie damit, das Kapitel „Bevor Sie mit dem Training beginnen" zu lesen, unter besonderer Beachtung der Abschnitte über „Weit verbreitete Fehler", Stress, Aktivierung und Führerschaft. Beginnen Sie mit einem Aktivierungsprogramm, das Sie jeden Tag mehrmals üben.

Falls sich im Zaun Löcher befinden, reparieren Sie diese. Es ist nicht zu erreichen, dass ein Hund auf einem Grundstück bleibt, ohne dass man selbst die ganze Zeit dabei ist, um ihn zu überwachen. Es gibt elektrische Vorrichtungen, Leitungen im Boden und elektrische Halsbänder am Hund, die ich jedoch als Tierquälerei ansehe und vor deren Einsatz ich abraten möchte. Es ist wichtig zu wissen, dass kein Hund 100-prozentig auf einem Grundstück bleiben wird. Der einzig wirklich sichere Halt ist ein Zaun.

Springt der Hund über den Zaun, kann der Zaun einfach und effektiv erhöht werden. Jeder Zaunpfahl wird verlängert, indem ein Stab an ihm festgebunden wird. Zwischen diesen Verlängerungen werden Schnüre mit 10 cm Abstand gespannt und an diesen Schnüren werden farbige Plastikstreifen befestigt. Diese Streifen bewegen sich im Wind und dem Hund fällt es äußerst schwer, ein Hindernis zu überspringen, das sich bewegt.

Nach einem halben Jahr, wenn sich der Hund das Streunen abgewöhnt hat, entfernen Sie die Schnüre und die Pfähle.

Sieht es so aus, als hätte der Hund eine hohe Produktion an Geschlechtshormonen, dann lassen Sie sich vom Tierarzt beraten.

21. Der Hund frisst alles Mögliche

Der Hund frisst alles Mögliche, was er findet, meist Kot und Ähnliches.

Allgemeine Ursachen
Oft wird dies dadurch verursacht, dass der Hund sich auf dem Spaziergang langweilt. Das Problem kann auch durch eine Verdauungsstörung und einen Mangel an bestimmten Nährstoffen durch falsch zusammengesetzte Nahrung verursacht werden. Die Gewohnheit, alles Mögliche zu fressen, kann beibehalten werden, auch wenn eine evtl. medizinische Ursache beseitigt wurde.

Das Training

Das Ziel des Trainings ist, dem Hund durch Aktivierung eine Alternative zum Fressen zu geben. Bringen Sie dem Hund bei, „Nein!" auch auf Abstand und ohne Leine zu respektieren. Untersuchen Sie, ob dieses Fressen medizinisch bedingt ist. In so einem Fall ändern Sie die Fütterung und ermitteln, welche Medikamente benötigt werden. Wird das Problem durch Mängel an bestimmten Nährstoffen verursacht, sollte eine entsprechende Beratung in Anspruch genommen werden. Der Einsatz von Homöopathie kann erfolgreich sein.

Denken Sie auch daran, dass es für den Hund nicht gefährlich ist, wenn er z. B. Pferdeäpfel frisst, auch wenn es auf Sie einen unappetitlichen Eindruck macht. Die Tiere entscheiden mit Hilfe des Geruchssinns, ob etwas giftig oder ungiftig ist. (Achtung! Diese Regel funktioniert bei bestimmten Chemikalien nicht!)

Beginnen Sie damit, das Kapitel „Bevor Sie mit dem Training beginnen" zu lesen, unter besonderer Beachtung der Abschnitte über Krankheiten (Parasiten), Fütterung und Aktivierung. Der Hund sollte von einem Tierarzt untersucht werden.

Aktivieren Sie Ihren Hund intensiv, sowohl zu Hause als auch unterwegs. Sagen Sie „Nein!", wenn er etwas Unerlaubtes fressen möchte. Loben Sie, wenn er sich mit Schnüffeln begnügt.

Bringen Sie ihrem Hund bei, fressbare Dinge zu markieren, indem Sie selbst z. B. Brotstücke auslegen. Genau, wie man einem Hund beibringen kann, Pfifferlinge zu markieren, kann er auch lernen, alles, was aus seiner Sicht fressbar ist, zu markieren. Schnüffelt der Hund an dem ausgelegten Brotstück, sagen Sie in einem ruhigen Ton „Nein", sofort loben Sie und bieten ihm ein Leberstückchen oder einen anderen extrem guten Leckerbissen an. Aber halten Sie diesen über den Kopf des Hundes, damit er sich setzt. Sobald er dies tut, bekommt er diesen Leckerbissen und wird sehr gelobt. Wiederholen Sie das mit unterschiedlichen Futtermitteln an verschiedenen Stellen mehrmals. Finden Sie unterwegs etwas, was der Hund sicherlich fressen möchte, trainieren Sie damit.

22. Übertriebenes Bellen

Der Hund bellt zum richtigen und zum falschen Zeitpunkt oder in besonderen Situationen, z. B. im Auto oder wenn es an der Tür klingelt.

Allgemeine Ursachen
Die häufigste Ursache dafür, dass ein Hund übertrieben bellt, ist Stress, vor allem Unterstimulierung, Angst vor oder Aggressivität gegenüber Fremden (s. S. 257 ff.). Ein sehr starkes Revierverhalten kann ebenfalls zugrunde liegen. Oft beobachtet man dieses Phänomen auch bei Hündinnen mit eingebildeten Welpen. Die Erklärung hierfür ist, dass die Hündin ihre eingebildeten Welpen bewacht.

Das Training
Hier gilt es, dem Hund beizubringen auf Befehl still zu sein bzw. es sollte möglich sein, das Gebell unter Kontrolle halten zu können. Denken Sie daran, falls der Hund aus Angst oder Aggressivität bellt, sollten diese Probleme zuerst behandelt werden. Bellen ist meistens eine warnende, alarmierende Handlung, aber der Hund kann auch aus Freude und Erwartung bellen.

Ein Hund soll die Erlaubnis zum Bellen haben! Eine der wichtigsten Aufgaben des Hundes ist es ja, seine Umgebung zu bewachen. Aber er soll lernen aufzuhören, wenn ihm dies befohlen wird. Ein schwieriges Problem ist der Hund, der im Auto andauernd bellt. Schwierig deshalb, weil es vor allem ein Stressproblem ist. Und schwierig deshalb, weil sich der Fahrer ja nicht auf beides konzentrieren kann, auf den Straßenverkehr und auf die Hundeerziehung. Diese Situation führt häufig zu einem mächtigen Gebrüll, verschiedenen Drohungen und hässlichen Flüchen. Die Gefahr, dass beide im Graben landen, ist offensichtlich. Häufig macht man in seinem Eifer, das Problem zu lösen, das Ganze noch schlimmer, weil man den Hund noch mehr erregt, statt ihn zu beruhigen.

Beginnen Sie damit, das Kapitel „Bevor Sie mit dem Training beginnen" zu lesen, unter besonderer Berücksichtigung der Abschnitte über „Weit verbreitete Fehler", Führerschaft und Aktivierung.

Beginnen Sie mit einem ausgiebigen Programm mit mentaler Aktivierung, am besten mehrmals täglich, damit der Hund müde wird. Bei Hunden, die wegen Kleinigkeiten bellen, braucht man im Allgemeinen sonst nichts mehr zu tun.

Schwieriger ist es, wenn der Hund wegen der Türglocke bellt. Eine Möglichkeit besteht darin, folgende Verknüpfung entstehen zu lassen: Die Türglocke bedeutet die Ankunft eines Besuchers mit einem Leckerbissen. Sie stellen an der Tür eine Büchse mit Leckerbissen auf und hängen eine Anweisung daneben, dass jeder, auch die Familienmitglieder, dem Hund beim Hereinkommen ein Leckerbissen zu geben hat. Bellt der Hund, springen Sie nicht hoch, um ihn mit ihrem Ruf „Pfui, sei ruhig" noch zu unterstützen. Bleiben Sie ruhig auf dem Sofa sitzen. Bevor der Hund mit seinem Gebell nicht aufgehört hat, gehen Sie nicht zur Tür. Und dann erwartet ihn dort ein Leckerbissen.

Sollten Probleme mit dem Nachbarn auftreten und Sie müssen einfach schneller zu einem Ergebnis gelangen, können Sie auch etwas bestimmter auftreten. Ein Familienmitglied übernimmt das Klingeln an der Tür. Der Hund darf an die Tür rennen, während Sie ruhig hinter ihm hergehen. Fordern Sie ihn auf, sich einige Meter hinter der Tür abzusetzen. Reagiert er nicht, sondern bellt weiter, lesen sie ihm „die Regeln" vor. Hilft auch das nicht, spritzen Sie ihm einen Strahl Wasser auf die Nase und sagen „Nein". Loben Sie ihn, wenn er sitzt und schweigt.

Beim Öffnen der Tür sind Sie bereit, um sofort wieder einzugreifen. Er wird sicherlich sofort zur Tür rennen, aber das darf er nicht. Erst wenn die Person hereingekommen ist und Sie zu ihm sagen: „Geh begrüßen!", kann er hingehen und dort erwartet ihn ein Leckerbissen.

Bellt der Hund ohne Grund „ins Blaue" und nur wenn man nicht in der Nähe ist, ist dies wahrscheinlich ein Stressproblem. In so einem Fall ist die Aktivierung die richtige und natürliche Methode.

Ein Vorschlag, um das Problem mit dem bellenden Hund im Auto zu lösen, ist, das Gitter zu entfernen, das häufig den Hund vom Führer trennt. Bei einem Kombi-Fahrzeug kann dem Hund auch erlaubt werden, auf der Rückbank zu sitzen. Der Hund ist dadurch eher geneigt, ruhig zu sein, weil er näher an seinem Besitzer ist.

Ein anderer Vorschlag ist, dem Hund die Bedeutung des Wortes „Nein!" mit der Wasserpistole beizubringen (s. S. 253). Fahren Sie jeden Tag eine kurze Runde. Fahren Sie dabei langsam. Beginnt der Hund zu bellen, sagen Sie „Nein!". Hilft dies nicht, wiederholen Sie es und spritzen gleichzeitig Wasser auf den Hund. Nicht schreien, dies regt den Hund nur auf. Der Hund soll lernen, auch so darauf zu hören. In der gleichen Sekunde, in der der Hund schweigt, sollten Sie ihn loben und ihm einen Keks geben. Wenn Sie weiterfahren, sollten Sie ihn loben und zu ihm ruhig sprechen, um ihn zu beruhigen und ihm zu erzählen, was er für ein tüchtiger Hund ist. Wiederholen Sie das mehrere Tage hintereinander. Vergessen Sie nicht, den Hund jeden Tag gründlich zu aktivieren. Ein Hund, der voller Stress und Überschussenergie ist, kann sich nicht beherrschen, wenn er glücklich oder auf eine andere Art erregt ist. Im Auto zu fahren und Besuch zu bekommen ist für viele Hunde toll und sehr lustig und bedeutet oftmals die einzige Aufmunterung in einem langweiligen Alltag. Durch Aktivierung geben Sie dem Hund die Möglichkeit, seine Überschussenergie auf eine andere Art als durch Bellen loszuwerden, und so kann man mit einem besseren Gewissen in anderen Situationen Selbstbeherrschung verlangen.

23. Der Hund „reitet"

Der Hund umklammert mit den Vorderpfoten Gegenstände, bevorzugt Arme und Beine der Familienmitglieder, und führt Paarungsbewegungen aus.

Allgemeine Ursachen
Das Verhalten wird oft durch den Geschlechtstrieb verursacht, aber es können auch andere Ursachen vorliegen. Es kann auch bei nicht geschlechtsreifen Tieren, auch bei Welpen, auftreten und hat dann keine sexuelle Bedeutung. Auch bei erwachsenen Hunden kann es ganz ohne sexuelle Bedeutung vorkommen. Man kann beim aggressiven Verhalten beobachten, dass die Hunde einander durch „Reiten" herausfordern oder sie legen das Kinn auf

306

den Rücken des Gegners (Einleitung des „Aufreitens"). Dies ist eine sehr provozierende Handlung.

Das Training

Das Training hat das Ziel, dem Hund beizubringen, dass das „Reiten" verboten ist. Es ist kein Fehler, dem Hund dieses Verhalten zu verbieten. Es ist im Grunde ein größerer Fehler, dieses Verhalten ausführen zu lassen, da es dadurch noch verstärkt wird. Wird dieses Verhalten durch einen starken Geschlechtstrieb verursacht, kann eine hormonelle Behandlung helfen. Sprechen Sie mit einem Tierarzt. Ist es ein Rüde, kann auch einmal Knoblauch in folgender Dosierung ausprobiert werden: Bei kleineren Hunden eine halbe Zehe im Futter, bei größeren eine ganze Zehe.

Beginnen Sie damit, das Kapitel „Bevor Sie mit dem Training beginnen" zu lesen, unter besonderer Beachtung der Abschnitte über Aktivierung und Geschlechtshormone.

Aktivierung ist bei einem unterstimulierten Hund das einzige Gegenmittel. Proben Sie zuerst einmal ein ausgiebiges Aktivierungsprogramm über mehrere Wochen. Hilft das nicht, probieren Sie es mit Knoblauch. In vielen Fällen hilft ein Wasserstrahl, nicht ins Gesicht, sondern auf den Bauch gerichtet, wenn der Hund beginnt, aufzureiten. Leicht zu verstehen, wie unbehaglich kaltes Wasser in einer derart erregten Situation ist. Bemerken Sie auf Dauer keine Besserung, gehen Sie zum Tierarzt, um eine Hormonuntersuchung und eine entsprechende Therapie durchführen zu lassen.

24. Der Hund bettelt

Der Hund bettelt am Tisch.

Allgemeine Ursachen

Dieses Verhalten entspricht dem Prinzip der operanten Konditionierung, (s. S. 115). Hat der Hund einmal etwas bekommen, weil er bettelte, dann hat er bald gelernt, dass Bettelei zum Erfolg führt.

Das Training
Zuallererst sollte man dazu Stellung nehmen, ob man den Hund betteln lassen möchte oder nicht. Es ist eine ganz persönliche Angelegenheit, ob man dies als Problem ansieht oder nicht. Ich persönlich genieße beim Essen die Gesellschaft des Hundes.

Es ist verkehrt, einen Hund zu bestrafen, weil er ruhig am Tisch sitzt und bettelt. Er hat ja keine falsche Handlung aktiv ausgeführt, sondern er saß nur da und verfolgte jeden Bissen vom Teller bis zum Mund. In einer solchen Situation kann er es nicht verstehen, weshalb man ihn bestraft. Der Hund sollte gefüttert werden, bevor man sich selbst an den Tisch setzt. Stört die Bettelei des Hundes, ist es das einfachste und das humanste, wenn man den Hund nicht in das Esszimmer lässt. Dann muss er auch nicht mit einem Maul voller Speichel einem leckeren Duft gegenübersitzen. Wenn man fertig ist, kann man hinausgehen und ihm eine kleine Geschmacksprobe geben. Geben Sie dem Hund nie etwas, wenn er zum Tisch kommt. Der Tisch sollte nicht zu einem angenehmen Ort für ihn werden, das sollte dagegen der Raum sein, in dem sich der Hund aufhält.

25. Der Hund springt an Personen hoch

Der Hund springt mit den Vorderpfoten an Personen hoch.

Allgemeine Ursachen
Das Hochspringen des Hundes ist häufig ein Ausdruck für Freude und Herzlichkeit und der Versuch, mit seiner Liebeserklärung so nahe als möglich an das Gesicht zu kommen.

Das Training
Das Training hat zum Ziel, dem Hund eine Alternative zu dieser Handlungsweise zu geben. Für den Hund ist es natürlich hochzuspringen, wenn er sich freut. Er muss lernen, was er stattdessen tun soll. An fremden Menschen sollte der Hund unter keinen Umständen hochspringen.

Man beginnt damit, dem Hund beizubringen, welche andere Form der Begrüßung der Hund ausführen soll. Das Wort kann lauten: „Schön begrüßen!" Für den Hund soll dies gleichbedeutend sein mit: „Sitz", eingeübt mit einem Leckerbissen, der vom Besucher oder Figuranten über den Kopf des Hundes gehalten wird, wird das Sitzen eingeleitet, gleichzeitig sagt Herrchen oder Frauchen: „Schön begrüßen." Dies wird mehrfach wiederholt. Am Anfang geht der Hund zusammen mit seinem Besitzer zum Figuranten, später geht dieser zum Hund. Am Anfang ist der Figurant ganz still, später lockt er ihn zu sich, in einer weiteren Stufe verleitet er zum Springen. Bald lernt der Hund, dass „Schön begrüßen" bedeutet, sich hinzusetzen und einen Leckerbissen zu bekommen. Nun ist es soweit, dass der Leckerbissen nicht mehr vom Besucher kommen muss, sondern es reicht aus, dass der Besitzer den Leckerbissen verteilt, sobald der Hund sich abgesetzt hat.

Eine strengere Methode ist, die Phase des Hochspringens für den Hund etwas zu verlängern. Springt der Hund hoch, hebt man ihn noch einige Zentimeter höher. Diese unfreiwillige Verlängerung des Sprunges wird als unangenehm empfunden, um dieses Gefühl noch zu verstärken, kann er danach noch getröstet werden. Ist das Problem sehr groß, kann auch die Wurfkette eingesetzt werden, aber erst, wenn alles andere ausprobiert worden ist. Respektiert der Hund das Geräusch der Kette, reicht es aus, ihm die Kette zwischen die Hinterfüße zu werfen, wenn er zum Sprung ansetzt. Man muss ihn nicht mit er Kette treffen.

Beim Training sollte ein Begriff verwendet werden, der nichts mit dem Wort „Springen" oder „Hopp" zu tun hat. Viele Hunde haben mit diesem Wort das positive Erlebnis beim Überspringen eines Hindernisses verknüpft. Das beste Wort ist: „Nein".

Beachten Sie, dass man ihn auch selbst auf eine nette Art begrüßen sollte, wenn man dies dem Hund beibringen möchte. Das heißt, sich herabzubeugen und es dem Hund ermöglichen, seine Freude und Zuneigung zu zeigen. Warnung! Es gibt einen alten Rat, dem Hund auf die Hinterpfoten zu treten oder das Knie in die Brust zu stoßen, wenn er hochspringt. Wenden Sie diese Methoden nicht an. Sie erschrecken und verwirren den Hund.

26. Der Hund stiehlt

Der Hund klaut Essbares, wenn dies niemand sieht.

Allgemeine Ursachen
Essbares wie Kleingebäck und Ähnliches sind verlockend. Die häufigste Ursache für das Stehlen ist die Unterstimulierung. Der Hund langweilt sich und sucht Abwechslung. Eine andere Ursache kann natürlich auch sein, dass der Hund hungrig ist. Einige Hunde haben einen enormen Appetit, ohne dass ihnen sonst etwas fehlt, beispielsweise ist der Labrador Retriever eine Rasse mit einem gewaltigen Appetit. Auch Innenparasiten vergrößern den Hunger sowie kleine Mahlzeiten, weil befürchtet wird, der Hund wird zu dick. Hormonelle Fehlsteuerungen können nicht ausgeschlossen werden. Vor allem das Schilddrüsenhormon Thyroxin ist in diesem Zusammenhang interessant.

Das Training
Das Training beabsichtigt, dem Hund eine Alternative zu seiner eigenen Tätigkeit anzubieten. Hat er ein erlebnisreiches Leben mit unterhaltsamen Aktivitäten und Bewegung, dann besteht kein großes Risiko mehr, dass er weiter stiehlt. Beginnen Sie daher ein umfassendes Programm mit mentaler Aktivierung.

Kümmern Sie sich auch darum, dass der Hund ein ausreichendes und gehaltvolles Futter erhält. Wenn der Hund hungrig ist, kann es nicht verwundern, dass er stiehlt! Geben Sie ihm mehr Futter und mehr Bewegung, dann wird er nicht dick.

Ist der Hund hungrig, selbst wenn er ausreichend Nahrung bekommt, dann muss man das Hungergefühl beeinflussen, ohne ihm mehr Futter zu geben. Das Hungergefühl wird über Inhaltsstoffe des Blutes gesteuert. Das Gefühl der Sattheit entsteht, wenn das Blut einen höheren Gehalt an Zucker und Fett hat. Versuchen Sie einmal, dem Hund ungefähr 10 Minuten vor der Fütterung etwas Traubenzucker zu geben (als Pulver oder in Form von Tabletten). Das ruft ein Gefühl der Sattheit hervor, das den Appetit auf spätere Verlockungen vermindert. Der Reiz des Stehlens schwindet.

Ansonsten gilt es, den Hund zu überwachen. Geben Sie ihm über längere Zeit keine Chance und füttern Sie ihn regelmäßig.

Verschließen Sie die Tür zur Küche und auch sonst darf niemand Nahrungsmittel herumliegen lassen.

27. Der Hund zieht an der Leine

Der Hund zieht fortwährend und stark an der Leine, trotz wiederholter Versuche, ihm dies abzugewöhnen.

Allgemeine Ursachen
Dass der Hund unterstimuliert ist, ist nur die alltäglichste Ursache. Sicher hat er auch von Anfang an nicht gelernt, dass man an der Leine nicht ziehen darf. Viele Hunde werden gezwungen, auf jedem Spaziergang „bei Fuß" zu gehen oder sie werden an der Leine sehr kurz gehalten. Dadurch wird das Ziehen erlernt.

Das Training
Beginnen Sie damit, das Kapitel „Bevor Sie mit dem Training beginnen" zu lesen, unter besonderer Berücksichtigung der Abschnitte „Stress", vor allem Unterstimulierung, Führerschaft und Aktivierung.

Hat der Hund erlernt „Fuß" zu gehen, darf dies nicht zu oft verlangt werden. Hierdurch wird der Hund gezwungen, auf das Tempo und die Absichten des Besitzers zu achten und kann sich auf dem Spaziergang auf nichts anderes mehr konzentrieren. Der Hund sollte (ausgenommen im Training) nicht bei Fuß gehen müssen, ausgenommen auf kurzen Strecken, über die Straße oder vorbei an nervösen Personen etc. – der Rest des Spazierganges gehört dem Hund. Er sollte die Erlaubnis haben, in der Umgebung zu schnüffeln und Dinge zu untersuchen. Nur eine Forderung ist zu stellen: an der Leine darf nicht gezogen werden!

Bedenken Sie bitte die Gefahren der Rucktechnik, vor allem mit dem Würgehalsband, s. S. 182. Versuchen Sie eine andere Methode, ihrem Hund das Gehen an der Leine beizubringen, auch wenn es etwas länger dauert

Ich selbst habe mit folgender Methode guten Erfolg:

Vor allem wird der Hund ordentlich aktiviert, er darf nicht unterstimuliert sein.

Mit dem Hund an der Leine stehe ich zuerst still. Sobald er mich anblickt und glücklich ausschaut, beginne ich, ihn zu loben. Nun beginne ich zu gehen und lobe ihn die ganze Zeit. In der zehntel Sekunde, in der der Hund zu ziehen beginnt, sage ich „Nein". Natürlich habe ich das vorher mit dem „verbotenen Leckerbissen" eingeübt. Gehorcht der Hund nicht, bin ich schnell bei ihm und „lese ihm einige Regeln vor". Ich erzähle ihm, was ich davon halte, wenn er zieht. Und so verfahre ich konsequent weiter. Es ist nicht einmal erlaubt und einmal verboten.

Eine andere Möglichkeit wurde bereits im Welpenkapitel genannt. Sie wurde von dem Norweger Turid Rugaas entwickelt. Jedes Mal, wenn sich die Leine strafft, bleibt er sofort stehen. Das sind viele Stopps, aber der Hund lernt bald, es zu vermeiden, an der Leine zu ziehen.

Welches Halsband?

Das Halsband spielt keine Rolle. Der Hund zieht genau an einem normalen Halsband wie an einem Würgehalsband. Verwenden Sie ein angenehmes, z. B. ein Halsband mit gebremsten Würgern oder eines ohne jedes Würgen. Geschirre sind eine gute Alternative.

Zieht der Hund stark und es scheint nichts zu helfen, dann können Sie auch die Wurfkette einsetzen. Respektiert der Hund das Geräusch, rasseln Sie mit ihr oder werfen Sie sie genau in dem Moment, indem der Hund zu ziehen anfängt.

Vergessen Sie nicht, intensiv zu loben, wenn der Hund ohne zu ziehen an der Leine geht. Aber loben Sie nicht zu anregend, damit er nicht wieder mit dem Ziehen anfängt!

28. Problematische Scheinträchtigkeit

Die Hündin beschützt Gegenstände gegenüber Familienmitgliedern oder Fremden, ist unruhig, bewacht intensiv das Revier, bellt viel, möchte nicht spazieren gehen, baut Nester und Höhlen.

Allgemeine Ursachen

Die Scheinträchtigkeit wird durch Veränderungen des Hormonhaushaltes verursacht, die eine Verhaltensänderung bewirken. Die Hündin reagiert so, als würde sie Welpen haben (s. S. 188).

Das Training

Durch das Training soll verhindert werden, dass sich die Hündin in einer Phase der Verhaltensänderung negative Eigenschaften angewöhnt. Zuerst sollten die Familienmitglieder, andere Menschen und Hunde es unterlassen, die Hündin zu bestrafen oder zu provozieren, wenn die Verhaltensänderung nicht allzu ausgeprägt ist (die Hündin z. B. angreift o. Ä.). Außerdem ist die scheinträchtige Hündin häufig unterstimuliert. Sie will nur zu Hause bei ihren „Welpen" bleiben. Dies ist eine gefährliche Kombination: Überschussenergie und Scheinträchtigkeit.

Beginnen Sie damit, das Kapitel „Bevor Sie mit dem Training beginnen" zu lesen, unter besonderer Berücksichtigung der Abschnitte über Krankheit (Hormone), Stress, Regelmäßigkeit und Routine.

Die Hündin sollte so viel Frieden und Ruhe haben wie möglich. Beschäftigen Sie sie, so oft sie Lust dazu hat, aber ohne sie zu etwas zu zwingen. Häufig verliebt sich die Hündin in einen Gegenstand, den sie als „Welpen" betrachtet. Wenn dies ein Gegenstand ist, den die Hündin absolut nicht haben soll, sollte man ihn entfernen, wenn die Hündin dies nicht sieht und stattdessen einen anderen Gegenstand an den Platz legen. Entfernen Sie rechtzeitig Quietschspielzeuge. Deren Töne können das Mutterverhalten fördern und das Problem vergrößern.

Knurrt die Hündin, sollte man sie dafür nicht bestrafen. Es sind ja „die Welpen", die sie verteidigt. Überhören Sie ihr Knurren so gut wie möglich. Eingreifen sollte Sie jedoch, wenn Menschen attackiert werden.

Zwischen und vor jeder Scheinträchtigkeitsperiode sollte sie intensiv aktiviert werden, damit ihre Überschussenergie abgebaut werden kann.

Literaturverzeichnis

Fox, M. W.: Behavior of wolves, dogs and related canids, Harper & Row, New York, 1972.

Fox, M. W.: Understanding, Your dog, 1974.

Hallgreen, A.: Lyckliga, lydiga hundar, ICA-förlaget, Västerås, 1984.

Hallgreen, A.: Hund och människa, eget förl., Stockholm, 1974.

Hallgreen, A.: Arga hundar, Hunden i fokus, Stockholm, 1981.

Hallgreen, A.: Hundens gyllene regler, Eget förlag, 1984.

Hallgreen, A.: Lehrbuch der Hundesprache, Oertel + Spörer, Reutlingen, 1992.

Hansson, M.: Min bästa vän, Jycke-Tryck förlag, Köping, 1984.

Hill, W.: Learning, Methuen, London, 1963.

Holland, J. G. and B. F. Skinner: The analysis of behavior, McGraw-Hill, N. Y., 1961.

Lorenz, K.: Er redet mit dem Vieh, den Vögeln und den Fischen, Deutscher Taschenbuchverlag, München, 1974.

Lorenz, K.: So kam der Mensch auf den Hund, Deutscher Taschenbuchverlag.

Lorenz, K.: Das sogenannte Böse. Zur Naturgeschichte der Aggression, Deutscher Taschenbuchverlag, München, 1979.

Meach, D.: The Wolf, Natural History Press, Garden City, N. Y., 1970.

Pfaffenberger, C.: The new knowledge of dog behaviour, Howell Book House, N. Y., 1967.

Rothausen, B.: Bargen Simson, 1977.

Scott, J. P. and J. L. Fuller: Genetics and the social behavior of the dog, Chicago press, Chicago, 1965.

Seligmann, M. E. P.: Hjälplöshet, Aldus, Stockholm, 1976.

Trumler, E.: Hunde ernst genommen, R. Piper & Co. Verlag, München, 1974.

Zimen, E.: Der Wolf – Mythos und Verhalten, Meyster Verlag, München, 1978.

Weitere Literatur (Zusammenstellung der Übersetzerin)

Anderson, R. S. und H. Meyer: Ernährung und Verhaltung von Hund und Katze, Schlütersche Verlagsanstalt und Druckerei, Hannover, 1984.

Tortora, Daniel: Schwieriger Hund was tun? Albert Müller Verlag, Rüschlikon, Schweiz, 1979.

Wegner, W.: Kleine Kynologie, Terra Verlag, Konstanz, 1979.

Trumler, E.: Der schwierige Hund, Kynos Verlag, Mürlenbach, 1978.

Abbildungsverzeichnis

Umschlagbild: Lehari, Ermo

Abbildungen im Text (Seitenangabe):
Amundin, Mats, Kolmardens Tierpark: 51, 67, 80, 81, 82, 83
Colditz, Dr. Gabriele: 49, 64, 76, 97, 100, 117, 138, 142, 167
Fotostudio Wortmann, Achern: 134
Hallgren, Anders: 258
Holm, Perola: 22, 24, 60, 61, 62, 63, 84, 88, 91, 98, 120, 159, 170, 232, 233, 263, 280
Lundin, Karl Henry: 207
MCMLXI Walt Disney Production: 50, 95
Müller, Christiane: 56, 57, 96, 199, 202, 203
Narewski, Ute: 139, 145, 148
Rauth-Widmann: 255
Strigel, Jürgen und Jutta: 195

Technische Zeichnungen:
Nilsson, Hasse: 43
Elfström, Katarina: 20, 28, 35, 37, 40, 52, 53, 58, 65, 72, 150, 153, 155, 156, 212, 215, 251, 266
Sign. Rose-Marie: 31

Sachbücher rund um den Hund

Lehrbuch der Hundesprache

Mit dem Hund auf du und du

Anders Hallgren

3. Auflage, 158 Seiten,
14 Farb- und
60 SW-Abbildungen,
14,8 × 21 cm, gebunden
ISBN 3-88627-165-X
DM/sFr. 28,– / öS 208,–

Hunde haben eine gut entwickelte und reiche Sprache. Sie haben dadurch vielfältige Möglichkeiten, untereinander Botschaften auszutauschen. Sie erzählen sich wesentlich mehr, als man bislang glaubte. Ein Hund kann mit Leichtigkeit einen anderen Hund zu einer Beißerei herausfordern oder dafür sorgen, daß keine Beißerei entsteht. Er kann einem anderen Hund erklären, daß er an einer Kontaktaufnahme interessiert ist oder daß dieser lieber Abstand halten soll.

Die gleiche Sprache, die die Hunde untereinander gebrauchen, verwenden sie auch gegenüber dem Menschen.

Während unsere Hunde aber instinktiv ihre eigene, angeborene Sprache sowohl sprechen als auch verstehen können, müssen wir Menschen sie Schritt für Schritt erlernen. Wie man dabei erfolgreich vorgeht, zeigt uns das Werk von Anders Hallgren.

Verlagshaus Reutlingen · Oertel + Spörer

Postfach 16 42 · D-72706 Reutlingen
Telefon 0 71 21 / 302-552/-553 · Fax 0 71 21 / 302-558

Sachbücher rund um den Hund

Vom Welpen zum idealen Schutzhund
Manfred Müller

6., überarbeitete und ergänzte Auflage, 248 Seiten,
42 Farb- und 20 SW-Abbildungen, 14,8 × 21 cm, gebunden,
ISBN 3-88627-160-9, DM/sFr. 39,80 / öS 295,–

Nur sieben von 400 weltweit vorkommenden Hunderassen wird das Prädikat „Schutzhund" zuerkannt. Bekannte Schutzhunde sind beispielsweise der Hovawart und der Deutsche Schäferhund.

Im allgemeinen kommt es dem Schutzhund-Besitzer darauf an, einen treuen Begleiter an seiner Seite zu wissen, der ihn respektiert und auf den er sich jederzeit und in jeder Situation verlassen kann.

Der echte, führige Schutzhund
Manfred Müller

2., vollständig überarbeitete und erweiterte Auflage, 244 Seiten,
14 Farb- und 12 SW-Abbildungen, zahlreiche Zeichnungen
14,8 × 21 cm, gebunden, ISBN 3-88627-167-6, DM/sFr. 39,80 / öS 295,–

Aufgabe des Schutzhundes ist es, dem Menschen jederzeit und in jeder Situation schützend zur Seite zu stehen.

Hundeführer erhalten viele Hinweise hinsichtlich einer lern- und tierpsychologisch richtigen Behandlung, Formung und Führung des Schutzhundes.

Das grundlegende Werk empfiehlt sich für Hundezüchter, Hundeführer, Helfer und Richter.

Der erfolgreiche Hundeführer
Manfred Müller

212 Seiten, 3., vollständig überarbeitete Auflage, 30 Farb- und
4 SW-Abbildungen, 14 Zeichnungen, 14,8 × 21 cm, gebunden
ISBN 3-88627-150-1, DM/sFr. 36,– / öS 270,–

Welche Voraussetzungen muß ein erfolgreicher Hundeführer erfüllen? Welche Hunderasse und welcher Hundetyp paßt zu wem? Was ist beim Hundekauf zu beachten, und welche Tests sind vor einer Entscheidung sinnvoll?

Mit dieser hohen Schule der Hundeführung wird jedem Hundefreund ein praxisorientierter Ratgeber an die Hand gegeben, der dem Hund und dem Menschen gleichermaßen dient.

Die Spezialausbildung des Schutzhundes
Von Manfred Müller

2. Aufl., 168 Seiten, 20 Abbildungen, zahlreiche Zeichnungen, gebunden, ISBN 3-88627-026-2
DM 32,– / sFr. 34,– / öS 250,–

Das Werk behandelt Lernvorgänge, Lehren und Führen und Spezialausbildung des Sporthundes, des Schutzhundes, des Wachhundes, des Familienhundes, des Begleithundes, des Fährtenhundes und des Rettungshundes mit den einschlägigen Prüfungsordnungen.

Verlagshaus Reutlingen · Oertel + Spörer
Postfach 16 42 · D-72706 Reutlingen
Telefon 0 71 21 / 302-552/-553 · Fax 0 71 21 / 302-558